国家出版基金项目
NATIONAL PUBLICATION FOUNDATION

国家出版基金项目
“十四五”时期国家重点出版物出版专项规划项目

川藏铁路拉林段 · 重大工程地质问题研究

雅鲁藏布江缝合带工程地质特征及对铁路工程的影响研究

蒋良文　总主编

蒋良文　李渝生　乔志斌　等　著

中国铁道出版社有限公司
CHINA RAILWAY PUBLISHING HOUSE CO., LTD.
北　京

内 容 简 介

本书为“川藏铁路拉林段·重大工程地质问题研究”丛书之分册。本书系统论述板块构造研究的基本原理与技术路线、区域地球动力学环境、区域地层岩石的建造及改造、区域地质构造及其演化与区域应力场、地壳岩体应力—形变的研究方法与技术体系；全面分析研究雅鲁藏布江缝合带的发育特征、建造及演化特征、应力场特征及对铁路工程建设的影响等。

本书适合工程地质领域的科研人员、设计人员、工程技术人员使用，也可供高等院校工程地质、构造地质及铁路工程等专业研究生和高年级本科生学习。

图书在版编目(CIP)数据

雅鲁藏布江缝合带工程地质特征及对铁路工程的影响研究/蒋良文等著.—北京：中国铁道出版社有限公司，2023.6

(川藏铁路拉林段·重大工程地质问题研究)

“十四五”时期国家重点出版物出版专项规划项目

ISBN 978-7-113-29842-5

Ⅰ.①雅…　Ⅱ.①蒋…　Ⅲ.①雅鲁藏布江-地缝合线-工程地质-地质特征-影响-铁路工程-研究　Ⅳ.①U2

中国版本图书馆 CIP 数据核字(2022)第 215069 号

书　　名：雅鲁藏布江缝合带工程地质特征及对铁路工程的影响研究

作　　者：蒋良文　李渝生　乔志斌　等

策　　划：张卫晓

责任编辑：张卫晓　　**编辑部电话**：(010)51873193　　**电子邮箱**：zhxiao23@163.com

封面设计：崔丽芳

责任校对：安海燕

责任印制：樊启鹏

出版发行：中国铁道出版社有限公司(100054，北京市西城区右安门西街 8 号)

网　　址：http://www.tdpress.com

印　　刷：北京联兴盛业印刷股份有限公司

版　　次：2023 年 6 月第 1 版　2023 年 6 月第 1 次印刷

开　　本：787 mm×1 092 mm 1/16　**印张**：13.75　**字数**：280 千

书　　号：ISBN 978-7-113-29842-5

定　　价：126.00 元

编 委 会

序

川藏铁路是世纪性战略工程。川藏铁路拉林段绵亘于青藏高原冈底斯山与喜马拉雅山之间的藏东南谷地，90%以上的线路在海拔3 000 m以上，16次跨越雅鲁藏布江，沿线山高谷深，相对高差达2 500 m。线路整体位于印度洋板块和欧亚板块碰撞形成的雅鲁藏布江缝合带构造单元，是世界地壳运动最强烈的地区之一。拉林铁路建设面临显著的地形高差、强烈的板块活动、频发的地质灾害、敏感的生态环境、恶劣的气候条件、薄弱的基础设施六大环境特征，修建难度之大世所罕见。由此带来了工程建设环境极其恶劣、铁路长大坡度前所未有、超长深埋隧道最为集中、山地灾害防范任务艰巨、生态环境保护责任重大五大技术难题。拉林铁路东端连接规划建设中的川藏、滇藏铁路，可通往西南及东中部地区，向北、向西连接青藏铁路和规划的新藏铁路，可通往青海、新疆等地，是西藏对外运输通道的重要组成部分。拉林铁路的建成通车具有重大的现实意义和深远的历史意义。

川藏铁路拉林段西起西藏自治区拉萨市，经贡嘎、扎囊、山南、桑日、加查、朗县、米林，东止于林芝市区。工程前期调查研究和选线所面临的工程地质、选线和生态等难题，国内外无经验可借鉴和参考，也正是因为复杂的地形、地质、气候、生态等因素，工程地质对线路走向起决定性作用，严重影响铁路建设的成本、工期、安全和运营等。众多一线工程地质专家，对各种方案一一进行精心的踏勘、调查、研究、分析、论证与研判，最终为川藏铁路确定科学的建设方案。2021年6月25日，拉林铁路的开通运营，标志着工程地质选线的成功，也标志着工程地质专家多年的辛苦工作获得圆满成功，为拉林铁路确定的建设方案是科学的、正确的。

“川藏铁路拉林段·重大工程地质问题研究”丛书分为《雅鲁藏布江缝合带工程地质特征及对铁路工程的影响研究》《川藏铁路拉林段沿线地质灾害分布特征与发育规律研究》《雅鲁藏布江缝合带断裂活动性及区域水文地质与水热活动研究》《雅鲁藏布江缝合带地区泥石流发育特征研究》四册。该丛书系统总结了拉林铁路勘察设计经验和科研成果，全面阐述了川藏铁路拉林段勘察设计选线过程中的典型工程地质问题，以及开展的系列调查、鉴定、分析、研究及评价成套技术思路，内容涵盖拉林铁路沿线地理环境和地质、岩石建造、地质构造、地貌与新构造运动、地质灾害（地震、滑坡、崩塌、泥石流、风沙、高地应力及高地温）等。丛书专业性强，具有一定的学术价值，对类似工程建设具有指导意义和参考价值。

“川藏铁路拉林段·重大工程地质问题研究”丛书，再现了前期现场调查资料、科研成果、宝贵现场图片和试验数据，并有新的论述；丛书理论联系实际，内容全面、系统、完整，论述深入浅出。丛书展现了铁路工程地质领域的最新发展，致力推动我国铁路建设技术新发展，是对我国铁路勘察技术体系的补充和完善，使我国铁路建设领域又占领了一个新的制高点，有力地支撑了铁路“走出去”和“一带一路”倡议。

听闻该丛书即将出版，感到由衷高兴，相信工程地质领域专家和铁路建设者都能从书中得到启示和借鉴，并有所获益。

特此欣然作序！

2021年7月27号

目　　录

1 区域地层及岩石建造特征

1.1 地层区划

雅鲁藏布江缝合带构造单元属于藏滇地层大区，根据《西藏自治区岩石地层》(西藏自治区地质矿产局，1997 年)、《西南区区域地层》(郝子文，1999 年)、《青藏高原及邻区地质图 1∶1 500 000(附说明书)》(中国地质科学院成都地质矿产研究所，2007 年)以及相关的1∶250 000、1∶200 000 区调图幅及报告，如《中华人民共和国区域地质调查报告 拉萨市幅 泽当镇幅(比例尺：1∶250 000)》(西藏自治区地质调查院，2007 年)的综合对比，划分三个地层区及五个地层分区，如图 1.1 所示。雅鲁藏布江缝合带以南为喜马拉雅地层区(Ⅰ)，划分为高喜马拉雅(Ⅰ$_1$)、康马—隆子(Ⅰ$_2$)和拉孜—曲松(Ⅰ$_3$)三个地层分区；雅鲁藏布江缝合带以北为冈底斯—腾冲地层区(Ⅱ)，划分为拉萨—察隅(Ⅱ$_1$)和班戈—八宿地层分区(Ⅱ$_2$)；雅鲁藏布江地层区(Ⅲ)。

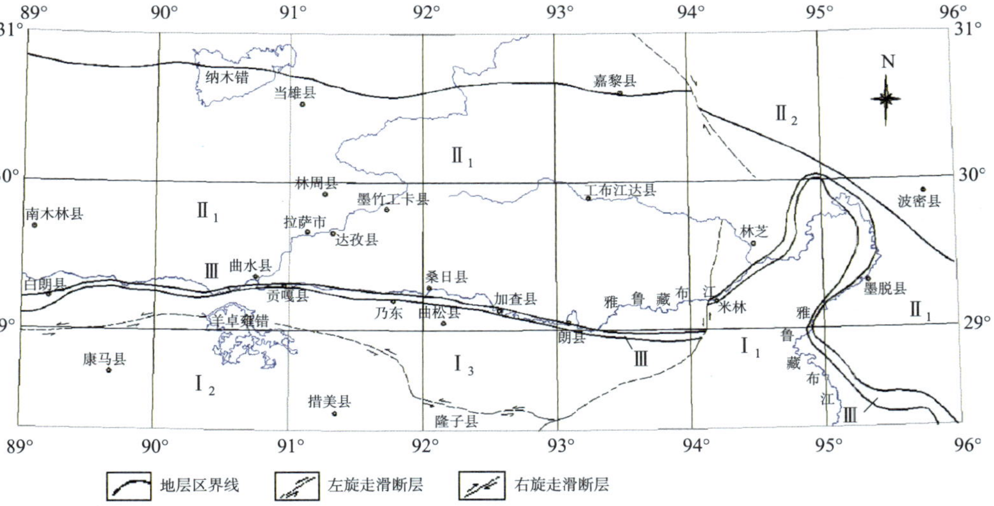

图 1.1 区域地层分区图

Ⅰ—喜马拉雅地层区(Ⅰ$_1$—高喜马拉雅地层分区；Ⅰ$_2$—康马—隆子地层分区；Ⅰ$_3$—拉孜—曲松地层分区)；Ⅱ—冈底斯—腾冲地层区(Ⅱ$_1$—拉萨—察隅地层分区；Ⅱ$_2$—班戈—八宿地层分区)；Ⅲ—雅鲁藏布江地层区

综合考虑《西藏自治区岩石地层》(西藏自治区地质矿产局，1997 年)、《西南区区域地层》(郝子文，1999 年)、《青藏高原及邻区地质图 1∶1 500 000(附说明书)》(中国地质科学院成都地质矿产研究所，2007 年)及相关 1∶250 000、1∶200 000 区调图幅及报告(2003 年—2007 年)等前人资料和现场地质调查对比分析；同时，根据板块构造演化与沉积环境的关系，运用现代沉积学、地层学的理论与方法，通过对区域各相关图幅地层序列进行了清理、对比和划分，建立雅鲁藏布江下游地区地层区划和地层岩石单位对比系统，见表 1.1[班戈—八宿地层分区(Ⅱ$_2$)距研究区较远，所以未列入表中]。

表 1.1　区域地层区划与地层岩石单位

<table>
<tr><th colspan="3" rowspan="2">地质年代</th><th colspan="3">喜马拉雅地层区(Ⅰ)</th><th rowspan="2">雅鲁藏布江地层区(Ⅲ)</th><th>冈底斯—腾冲地层区(Ⅱ)</th></tr>
<tr><th>高喜马拉雅分区(Ⅰ$_1$)</th><th>康马—隆子分区(Ⅰ$_2$)</th><th>拉孜—曲松分区(Ⅰ$_3$)</th><th>拉萨—察隅分区(Ⅱ$_1$)</th></tr>
<tr><td rowspan="7">新生代</td><td rowspan="2">第四纪</td><td>全新世</td><td colspan="5">湖积(Qh^l)、冲积(Qh^{al})、风积(Qh^{eol})、沼泽沉积(Qh^f)、河床沉积(Qh)、滑坡堆积(Q^{del})、</td></tr>
<tr><td>更新世</td><td colspan="5">湖积(Qp^l)、冲积(Qp^{al})、洪积(Qp^{pl})、崩积(Q^{col})、残坡积(Q^{eld})、冰积</td></tr>
<tr><td rowspan="2">新近纪</td><td rowspan="2">渐新世</td><td rowspan="5"></td><td rowspan="5"></td><td rowspan="5"></td><td rowspan="5"></td><td>乌郁群(N_2W)</td></tr>
<tr><td>大竹卡组(E_3N_1d)</td></tr>
<tr><td rowspan="3">古近纪</td><td rowspan="2">始新世</td><td>帕那组(E_2p)</td></tr>
<tr><td>年波组(E_2n)</td></tr>
<tr><td>古新世</td><td>典中组(E_1d)</td></tr>
<tr><td rowspan="12">中生代</td><td rowspan="2">白垩纪</td><td>K_2</td><td rowspan="12"></td><td>宗卓组(K_2z)</td><td rowspan="8"></td><td rowspan="11">朗县混杂岩 JKZ.
米林混杂岩群 ZKG</td><td>设兴组($K_2\hat{s}$)</td></tr>
<tr><td>K_1</td><td>甲不拉组(K_1j)</td><td>楚木龙组($K_1\hat{c}$)
塔克那组(K_1t)</td></tr>
<tr><td colspan="2">K-J</td><td>桑秀组(J_3K_1s)</td><td>林布宗组(J_3K_1l)</td></tr>
<tr><td rowspan="4">侏罗纪</td><td>J_3</td><td>维美组(J_3w)
遮拉组($J_3\hat{z}$)</td><td>多底沟组(J_3d)
却桑温泉组(J_3q)
桑日群(J_3S)</td></tr>
<tr><td>J_2</td><td>陆热组($J_{1-2}l$)</td><td>马里组(J_2m)</td></tr>
<tr><td>J_{1-2}</td><td></td><td>叶巴组($J_{1-2}y$)</td></tr>
<tr><td>J_1</td><td>日当组(J_1r)</td><td>甲拉蒲组(J_1j)</td></tr>
<tr><td rowspan="3">三叠纪</td><td>T_3</td><td>涅如组(T_3n)</td><td>修康岩群($T_3X.$)
朗杰学岩群($T_3L.$)
杰德秀岩组($T_3j.$)
江雄岩组($T_3jx.$)
宋热岩组($T_3s.$)</td><td>查曲浦组($T_{1-2}\hat{c}$)</td></tr>
<tr><td>T_2</td><td rowspan="11"></td><td rowspan="11"></td><td rowspan="2">列龙沟组(P_3l)
蒙拉组(P_3m)</td></tr>
<tr><td>T_1</td></tr>
<tr><td rowspan="14">古生代</td><td rowspan="3">二叠纪</td><td>P_3</td><td rowspan="14"></td><td>洛巴堆组(P_2l)</td></tr>
<tr><td>P_2</td><td rowspan="3">松多岩组(C-Pz)
来姑组(C_2-P_1l)</td></tr>
<tr><td>P_1</td></tr>
<tr><td rowspan="3">石炭纪</td><td>C_3</td></tr>
<tr><td>C_2</td><td>诺错组(C_1nc)</td></tr>
<tr><td>C_1</td><td rowspan="2">泥盆纪松宗组($D_{2-3}s$)</td></tr>
<tr><td>泥盆纪</td><td>D</td></tr>
<tr><td>志留纪</td><td>S</td><td rowspan="2"></td></tr>
<tr><td>奥陶纪</td><td>O</td></tr>
<tr><td>寒武纪</td><td>€</td><td>曲德贡岩组($Pz_1q.$)</td><td rowspan="2">松多岩群(AnOS.)
岔萨岗岩组($AnO\hat{c}.$)</td></tr>
<tr><td rowspan="3">元古代</td><td colspan="2">新元古代 Pt_3</td><td></td><td></td></tr>
<tr><td colspan="2">中元古代 Pt_2</td><td></td><td rowspan="2">拉轧岗日岩群($Pt_{1-2}L.$)</td><td rowspan="2"></td><td></td></tr>
<tr><td colspan="2">古元古代 Pt_1</td><td>南迦巴瓦岩群($Pt_1N.$)</td><td>冈底斯岩群($Pt_{1-2}G.$)
林芝岩群($Pt_1L.$)</td></tr>
</table>

主要岩石地层单位以《西藏自治区岩石地层》为基本标准，部分以《西南区区域地层》《四川省岩石地层》(四川省地质矿产局，1997 年)为标准做适当调整，少数新建单位参照了《青藏高原及邻区地质图 1∶1 500 000(附说明书)》说明书的意见。合并或取消一些歧义、生僻的地层名称，对少数定义和特征不明的地层单位暂时保留。

1.2 地层与岩石建造

1.2.1 喜马拉雅地层区(Ⅰ)

喜马拉雅地层区包括三个次级地层构造单元(表 1.2)，即高喜马拉雅地层分区($Ⅰ_1$)、康马—隆子地层分区($Ⅰ_2$)和拉孜—曲松地层分区($Ⅰ_3$)。

表 1.2 喜马拉雅地层的地层岩石单位

<table>
<tr><th colspan="3">地质年代</th><th>高喜马拉雅分区($Ⅰ_1$)</th><th>康马—隆子分区($Ⅰ_2$)</th><th colspan="3">拉孜—曲松分区($Ⅰ_3$)</th></tr>
<tr><td rowspan="12">中生代</td><td rowspan="2">白垩纪</td><td>K_2</td><td rowspan="20"></td><td>宗卓组(K_2z)</td><td colspan="3" rowspan="7"></td></tr>
<tr><td>K_1</td><td>甲不拉组(K_1j)</td></tr>
<tr><td colspan="2">K-J</td><td>桑秀组(J_3K_1s)</td></tr>
<tr><td rowspan="4">侏罗纪</td><td rowspan="2">J_3</td><td>维美组(J_3w)</td></tr>
<tr><td>遮拉组($J_3\hat{z}$)</td></tr>
<tr><td>J_2</td><td>陆热组($J_{1\text{-}2}l$)</td></tr>
<tr><td>J_1</td><td>日当组(J_1r)</td></tr>
<tr><td rowspan="5">三叠纪</td><td rowspan="3">T_3</td><td rowspan="3">涅如组(T_3n)</td><td rowspan="3">修康岩群($T_3X.$)</td><td rowspan="3">朗杰学岩群($T_3L.$)</td><td>杰德秀岩组($T_3j.$)</td></tr>
<tr><td>江雄岩组($T_3jx.$)</td></tr>
<tr><td>宋热岩组($T_3s.$)</td></tr>
<tr><td>T_2</td><td rowspan="7"></td><td colspan="3" rowspan="11"></td></tr>
<tr><td>T_1</td></tr>
<tr><td rowspan="6">古生代</td><td>二叠纪</td><td>P</td></tr>
<tr><td>石炭纪</td><td>C</td></tr>
<tr><td>泥盆纪</td><td>D</td></tr>
<tr><td>志留纪</td><td>S</td></tr>
<tr><td>奥陶纪</td><td>O</td></tr>
<tr><td>寒武纪</td><td>€</td><td rowspan="2">曲德贡岩组($Pz_1q.$)</td></tr>
<tr><td rowspan="3">元古代</td><td colspan="2">新元古代 Pt_3</td></tr>
<tr><td colspan="2">中元古代 Pt_2</td><td rowspan="2">拉轨岗日岩群($Pt_{1\text{-}2}L.$)</td></tr>
<tr><td colspan="2">古元古代 Pt_1</td><td>南迦巴瓦岩群($Pt_1N.$)</td></tr>
</table>

1. 高喜马拉雅地层分区（I_1）

依据岩性组合、原岩建造、变质程度及接触关系等，参考《中华人民共和国区域地质调查报告 林芝县幅（比例尺：1∶250 000）》（云南省地质调查院，2003 年）林芝县地质图和《中华人民共和国区域地质调查报告 墨脱县幅（比例尺：1∶250 000）》（成都地质矿产研究所，2003 年）墨脱县地质图的地层划分，将变质较浅变形强烈、含（蛇绿）混杂岩部分，划入朗县混杂岩（K*L*），时代置于白垩纪；中深变质杂岩部分划为古元古界南迦巴瓦岩群（$\mathrm{Pt_1}N.$）。

南迦巴瓦岩群是一个地区性岩石地层单位，代表喜马拉雅山脉南迦巴瓦峰一带的基底结晶岩系，主要出露于雅鲁藏布江大拐弯腹地的南迦巴瓦、派镇、多雄拉、直白等地。

张振根（1987 年）曾运用 Rb-Sr 等时线法测得南迦巴瓦岩群同位素年龄值（749.38±37.22）Ma；《中华人民共和国区域地质调查报告 通麦幅 波密幅（比例尺 1∶200 000）》（西藏自治区地质矿产局，1995 年）波密县地质图在测区西兴拉的阿尼桥片岩组内的斜长石角闪岩样品中获得 Rb-Sr 等时线年龄值（1 064±82）Ma，在多雄拉片麻岩获得 Rb-Sr 等时线年龄值（961±139）Ma；成都地质矿产研究所（1997 年）在直白的布弄隆运用U-Pb 法，获得直白高压麻粒岩片麻岩岩组花岗质片麻岩中锆石的同位素年龄值为（1 312±16）Ma，与聂拉木群年龄值（1 100～1 900 Ma 和 600～1 100 Ma）中期相当。据此推断南迦巴瓦岩群的成岩时代应当为早中元古代。

在地层分组划分方案问题上存在两个亚群和三个岩组划分的不同见解。

1）a、b 亚群划分方案

依据岩性组合、剖面结构和同位素地质年龄以及区域地层对比，南迦巴瓦岩群（$\mathrm{Pt_1}N.$）进一步划分为 a 亚群（$\mathrm{Pt_1}N.^{a}$）及 b 亚群（$\mathrm{Pt_1}N.^{b}$），为一构造岩层单位，时代暂归古元古代。

（1）a 亚群（$\mathrm{Pt_1}N.^{a}$）

a 亚群地层主要为一套含蓝晶斜长片麻岩、变粒岩、钙硅酸盐岩及少量大理岩、斜长角闪（片）岩、中长透辉石榴角闪片麻岩（榴闪岩、榴辉岩、麻粒岩）的包体或透镜体的岩石组合，具有中压麻粒岩相，局部为高压麻粒岩相变质的特点。岩石大多经过了剪切作用，发育石榴黑云角闪长英质、长英质糜棱岩和糜棱岩化。a 亚群原岩可能为含火山岩的类复理石建造。

（2）b 亚群（$\mathrm{Pt_1}N.^{b}$）

b 亚群分布于 a 亚群东南，在巴嘎村剖面出露叠置厚度大于等于 8 911.77 m，向东逐渐变为 491.61 m 以上，主要为一套含榴蓝晶夕线二长片麻岩、含蓝晶石榴黑云二长片麻岩、黑云斜长变粒岩、大理岩组合。其中，夹有少量榴闪岩（1～2）cm×（10～20）cm 的包体或透镜体。包体与围岩界线明显，并与片麻理一致，显示了角闪岩相—中高压麻粒岩相变质的特点。b 亚群原岩可能为一套巨厚的海相砂泥质夹碳酸盐岩建造。

2)三个岩组划分方案

此外,《中华人民共和国区域地质调查报告　墨脱县幅(比例尺:1∶250 000)》(成都地质矿产研究所,2003 年)墨脱县地质图将其划分为三个岩组:由下至上为直白岩组、多雄拉混合岩和派乡岩组。成都理工大学(2006 年)在进行雅鲁藏布江中段研究编图时,将“多雄拉混合岩”改称为“多雄拉岩组”,以便于理解和对应。

(1)直白岩组($Pt_{2\text{-}3}z$)

出露于米林南、东部一带,在南依沟、米林、派镇、直白村一带分布广泛,构成多雄、大渡卡拟选坝区的基岩。在区域上呈现北东～南西向展布,叠置厚度大于等于 1 293 m [据《中华人民共和国区域地质调查报告　墨脱县幅(比例尺:1∶250 000)》(成都地质矿产研究所,2003 年)实测剖面数据],与派乡岩组、多雄拉岩组呈断层接触。

岩石组合为一套富铝片麻岩[图 1.2(a)]、混合片麻岩、花岗质片麻岩及大理岩,夹石榴单斜辉石岩、石榴角闪岩[图 1.2(b)]、蓝晶二长片麻岩等高压麻粒岩(HPG)夹层或扁豆体,岩石具高温流变特征。其变质程度达角闪岩相,局部麻粒岩相;原岩属浅海相沉积—火山岩建造。

(a)黑云斜长片麻岩　　(b)混合岩化石榴角闪岩

图 1.2　直白岩组的岩性特征

(2)多雄拉岩组($Pt_{2\text{-}3}d$)

主要出露于米林与墨脱之间的地带,在南迦巴瓦峰南西的松林口—多雄拉—拉格—汗密一线、米林德阳拉等较高海拔地区广泛分布,可见的叠置厚度大于等于 3 000 m。其北西侧与直白岩组、派乡岩组为韧性断裂接触;在汗密南东侧一线以雅鲁藏布南界断裂与雅鲁藏布江地层区的朗杰学蛇绿混杂岩($T_3L^{o\varphi m}$)中的石英岩片(sa)、变质玄武岩(β)、绿片岩等呈断层接触。

多雄拉岩组在本区是一套较为特殊的岩石类型,其主要分布在南迦巴瓦岩群的核部,由条带状混合片麻岩[图 1.3(a)]、眼球状混合岩[图 1.3(b)]等组成,常见各种中～基性片岩、片麻岩、变粒岩、角闪岩、磁铁石英岩等残留型透镜状岩块[图 1.3(c)]。岩石发育塑性流动褶皱及鞘褶皱,矿物拉伸定向、混合岩化过程中长石变斑晶生长普遍发育。

(a)条带状混合岩　　(b)眼球状混合岩　　(c)角闪岩残留体

图 1.3　多雄拉岩组

(3)派乡岩组($Pt_{2\text{-}3}p$)

与直白岩组相邻，主要见于米林茨巴村南至派镇一带的雅鲁藏布江两岸，是组成南迦巴瓦峰(主峰区)、加拉白垒峰的主体地层，出露叠置厚度大于等于 491 m。与直白岩组及多雄拉岩组为韧性断裂接触，在茨巴村至赤白村一带以雅鲁藏布江南界断裂与雅鲁藏布江地层区朗杰学蛇绿混杂岩($T_3L^{o\varphi m}$)中的石英岩片(sa)、基底岩片(WNj)等呈断层接触。

派乡岩组岩性主要由黑云变粒岩、片麻岩(图 1.4)及多层大理岩(mb)、结晶灰岩(ca)组成，岩性相对单调，变质程度偏低；发育一系列尖棱状的相似褶皱，劈理化较普遍。岩石外貌有风化略强的趋势。

图 1.4　派乡岩组中的黑云变粒岩与黑云斜长片麻岩互层

2. 康马—隆子地层分区（$Ⅰ_2$）

1）拉轨岗日岩群（$Pt_{1-2}L.$）

构成然巴变质核杂岩之杂岩核，伴有古新世二长花岗岩体侵入，为一套中深变质的片麻岩、结晶片岩变质岩系。主要为糜棱岩化片岩，夹斜长角闪质糜棱岩等，韧性剪切作用强烈。由于遭受多期次变形变质作用，其层序及原生叠置关系均已破坏殆尽，层间以片麻理、片理和糜棱面理为界面，为一典型的构造岩石地层单位。

1953 年李璞等命名为前寒武纪亚堆扎拉群；1979 年《中华人民共和国区域地质调查报告 拉萨幅（比例尺：1∶1 000 000）》（西藏区调队，1979 年）改划为晚三叠世噶波组；1993 年《西藏自治区区域地质志》（西藏自治区地质矿产局，1993 年）定为时代不明的变质岩系；1994 年《中华人民共和国区域地质调查报告 浪卡子幅 泽当幅（比例尺：1∶200 000）》（西藏自治区地质矿产局，1994 年）浪卡子幅厘定为前震旦纪亚堆扎拉岩群；1997 年《西藏自治区岩石地层》清理为前震旦纪拉轨岗日群；2004 年潘桂棠等将其确定为中～新元古界拉轨岗日岩群。

参照上述资料并结合邻区 1∶250 000 区调新资料[如《中华人民共和国区域地质调查报告 定结县幅 陈塘区幅（比例尺：1∶250 000）》（中国地质大学（武汉）区域地质调查研究院，2003 年）]，拉轨岗日岩群同位素年龄为 484～630 Ma 的花岗岩侵入，显示其成岩年龄应为晚元古代或更早（《西藏自治区岩石地层》）；又据 2003 年 1∶250 000 定结县幅区调资料在侵入拉轨岗日岩群的花岗片麻岩中获锆石 SHRIMP 年龄为（1 812±7）Ma，故其时代有属古元古代之可能。综合多数年龄资料，暂将其置于古～中元古代。故将其厘定为古～中元古代拉轨岗日岩群（$Pt_{1-2}L.$）。

2）早古生代曲德贡岩组（$Pz_1q.$）

早古生代曲德贡岩组（$Pz_1q.$）仅出露于米林—大莫谷热、来果桥一带及然巴—色木岗一带，为一套变形强烈、变质达高绿片岩相的岩性单一的石英片岩、二云片岩、含榴二云片岩组合的中浅变质岩系，如图 1.5 所示。

（a）二云片岩

（b）杂质片岩

图 1.5 米林觉卡村曲德贡组

该套地层由一套岩性单一的结晶片岩为主的变质地层，其间发育次级剥离断层和褶叠层。因与下伏南迦巴瓦岩群和上覆朗县混杂岩、早白垩世石英闪长岩之间均为剥离断层接触，为一受滑脱构造夹持的构造岩层单位。

曲德贡岩组从岩性组合特征推测，原岩为成分和结构成熟度较高的滨浅海相陆源碎屑杂砂岩建造。

3)晚三叠世涅如组(T_3n)

康马—隆子地层分区(Ⅰ$_2$)的三叠纪地层仅有晚三叠世涅如组(T_3n)，为一套浅海陆棚相、陆棚斜坡相、次深海盆地相和滨浅海相沉积。分布于《中华人民共和国区域地质调查报告　拉萨市幅 泽当镇幅(比例尺:1∶250 000)》(西藏自治区地质调查院，2007 年)拉萨市地质图西南隅打惹—查嘎—羊卓雍措一带。

1983 年西藏区调队在康马县涅如区附近新建晚三叠世涅如群;1993 年《西藏自治区区域地质志》沿用晚三叠世涅如群;1997 年《西藏自治区岩石地层》改称晚三叠世涅如组;其后沿用至今。

涅如组(T_3n)下部为灰色、中厚层状、变质细粒岩屑石英砂岩，夹深灰色、粉砂质绢云板岩;中部为深灰色、粉砂质绢云板岩夹灰色、中薄层、变质细粒岩屑石英砂岩;上部为灰色、中厚层状、变质细粒岩屑石英砂岩夹深色、粉砂质绢云板岩;顶部为灰紫、紫红色变质细砂岩。

4)侏罗系

康马—隆子地层分区(Ⅰ$_2$)的侏罗纪地层发育较全，由老到新出露有早侏罗世日当组(J_1r)、早～中侏罗世陆热组($J_{1-2}l$)、中侏罗世遮拉组($J_2\hat{z}$)、晚侏罗世维美组(J_3w)，为一套稳定型被动大陆边缘浅海盆地沉积。

(1)日当组(J_1r)

日当组为一套以灰、深灰色粉砂质绢云板岩、粉砂岩、页岩为主，少量具有“杂色层”特点，夹少量灰黑、深灰色，薄层状、透镜状生物骨屑灰岩，局部见灰色薄层状具中小型交错层理、波痕岩屑石英砂岩。灰岩中含丰富介壳碎片，底侵蚀面含下伏泥岩团块。板岩中发育水平层理，炭质含量高，具硅、铁泥质结构，为潮坪—陆棚相沉积。

(2)陆热组($J_{1-2}l$)

陆热组为一套浅灰色灰质水云母黏土岩、泥质灰岩、硅质岩等组合。岩性由深灰、灰黑色中层状泥晶灰岩夹灰色中层状粉砂岩、粉砂质板岩组成。灰岩与板岩常见互层状，灰岩中发育平行层理、低角度冲洗层理，显示浅水高能频繁暴露的浅海台地—台地浅滩沉积特征。

(3)遮拉组($J_2\hat{z}$)

遮拉组地层岩石以深灰、灰绿色致密块状玄武岩和杏仁状玄武岩、灰色致密状英安岩为主，岩石组合显喷溢—沉积特征，喷发旋回顶部发育紫红色凝灰岩，具“红顶”现象。底部与陆热组呈整合接触。在羊卓雍措洞嘎—粗巴一带，为一套深灰色粉砂质黏土岩、薄层细砂岩、粉砂岩等组合。

(4)维美组(J_3w)

维美组岩石组合为底部石英质砾岩及含砾石英砂岩,具冲刷侵蚀界面;下部为灰色中厚层状变质细粒石英砂岩,灰色厚层状粉砂质板岩夹中薄层变质粉砂岩,砂岩底部见浅灰色厚层状复成分砂砾岩、砾岩,发育水平层理、微波状交错层理和炭化植物碎屑及黄铁矿星点,为河流三角洲相沉积;上部为灰色粉砂质绢云板岩夹灰色薄层状粉砂岩及少量砂屑灰岩薄层。

5)侏罗系～白垩系

康马—隆子地层分区($Ⅰ_2$)的侏罗纪～白垩纪地层仅发育桑秀组(J_3K_1s),1983 年王乃文在浪卡子县卡东一带创建桑秀组(J_3K_1s);《中华人民共和国区域地质调查报告 浪卡子幅 泽当幅(比例尺:1∶200 000)》(西藏自治区地质矿产局,1994 年)划为晚侏罗世桑秀组(J_3s)。根据所含化石的时代为基末利期—贝利阿斯期乃至凡兰吟期,故仍沿用王乃文的桑秀组(J_3K_1s)之含义,时代为晚侏罗世至早白垩世。

桑秀组(J_3K_1s)岩石建造上部主要为杏仁状玄武岩、粉砂岩、石英砂岩及灰岩透镜体夹细晶石英安山岩;下部为凝灰质、砂质水云母黏土岩、泥质粉砂岩,夹长石石英砂岩透镜体。

6)白垩系

白垩纪地层出露有早白垩世甲不拉组(K_1j)和晚白垩世宗卓组(K_2z)。

(1)甲不拉组(K_1j)

1962 年杨遵仪和吴顺宝在江孜县甲不拉沟创建"加不拉组";1976 年王义刚改称为甲不拉组;1993 年《西藏自治区区域地质志》和 1997 年《西藏自治区岩石地层》沿用至今。

岩石组合以含钙质粉砂质泥岩为主,夹灰色薄层泥质粉砂岩、细晶灰岩透镜体、长石石英砂岩条带及瘤状灰岩。

(2)宗卓组(K_2z)

1962 年杨遵仪和吴顺宝在江孜县宗卓创建宗卓组;1976 年王义刚等将宗卓组归为上白垩统;1997 年《西藏自治区岩石地层》沿用至今。西藏措美县邦布晚白垩世宗卓组(K_2z)实测剖面,出露较全,化石丰富、构造简单而具代表性[《中华人民共和国区域地质调查报告 琼果幅 曲德贡幅(比例尺:1∶50 000)》(西藏自治区地质调查院,2002 年)]。

宗卓组为一套沉积混杂堆积岩,含有大量硅质岩、石英砂岩、含钙质砾岩、凝灰岩、火山岩、灰岩、超基性岩等外来岩块。其形态、大小各异(小者 30 cm、大者 50 m 甚至 1 km),呈无序状、无分选杂乱地嵌在钙质页岩中。

总的看来,甲不拉组、宗卓组的岩相以滨海、浅海陆棚相和陆棚斜坡相、次深海～深海盆地沉积为主。甲不拉组包括海侵期滨浅海沉积、高水位期次深海盆地相、海退期浅海陆棚相。

3. 拉孜—曲松地层分区（I_3）

拉孜—曲松地层分区包括晚三叠世修康岩群和晚三叠世朗杰学岩群，前者为构造混杂岩，后者为小有序而大无序的构造地层体。

1）晚三叠世修康岩群（$T_3X.$）

修康岩群分布于《中华人民共和国区域地质调查报告　拉萨市幅 泽当镇幅（比例尺：1∶250 000）》（西藏自治区地质调查院，2007 年）拉萨市地质图西南隅亚巴—工木孜—甲当—白地乡一带，呈东西向展布，出露宽 5～8 km，面积约 215 km^2。

修康群为 1983 年西藏区调队创建于拉孜县修康附近，为一套火山硅质岩建造，含有晚三叠世放射虫硅质岩、中基性火山岩及大量的外来岩块为特征。

岩群中韧性剪切断裂发育，为典型的构造混杂岩。基质为一套糜棱岩化的绿泥绿帘片岩、含炭质绢云粉砂质板岩、细粒长石杂砂岩、岩屑晶屑凝灰岩。发育粒序层理、重荷模沉积构造，其组合为次深海—深海远源复理石沉积。

岩群中发育大量构造岩块，其岩性有强蚀变超基性岩、蚀变辉长岩、辉绿岩、硅质岩、蚀变杏仁状玄武岩、大理岩等。

2）朗杰学岩群（$T_3L.$）

朗杰学岩群在本地层分区分布甚广，据岩石组合划分为宋热岩组（$T_3s.$）、江雄岩组（$T_3jx.$）及杰德秀岩组（$T_3j.$）。

（1）宋热岩组（$T_3s.$）

宋热岩组分布于西部拉绥乡、江惹村、马尼村、然木一带。呈东西向展布，与四周地层均呈断层接触。主要为灰色中细粒长石石英砂岩，深灰色粉砂质绢云母板岩、变质粉砂岩，宋热岩组地层如图 1.6 所示。

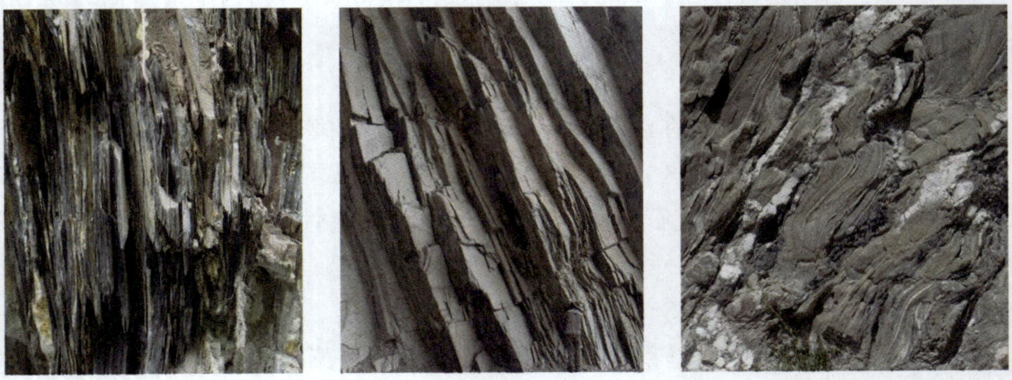

(a)炭质片岩　　(b)绢云板岩　　(c)变质粉砂岩

图 1.6　宋热岩组（$T_3s.$）地层

（2）江雄岩组（$T_3jx.$）

江雄岩组分布于 2007 年 1∶250 000 泽当镇地质图南部德庆当村、门中岗、列木当、亚当、达让、洛堆村一带，呈东西向展布，与宋热岩组、杰德秀岩组均呈断层接触。

岩性主要为灰色变质含长岩屑石英杂砂岩，粉砂质绢云板岩、板岩夹变玄武岩。江雄岩组地层如图 1.7 所示。

(a)绢云板岩　(b)变质石英杂砂岩

图 1.7　江雄岩组($T_3jx.$)地层

(3)杰德秀岩组($T_3j.$)

杰德秀岩组[《中华人民共和国区域地质调查报告　林芝县幅(比例尺:1∶250 000)》(云南省地质调查院,2003 年)称吉登许岩组]分布于西部加查县联麦村及仲达镇、林芝县幅西南隅下白若断裂以南。呈东西向展布，与江雄岩组、嘎学岩群均呈断层接触。

地层为一套岩性单一的深灰～灰黑色含炭质绢云千枚岩、千枚状板岩，变质长石石英细砂岩、杂砂岩、粉砂岩，夹变质中酸性及基性火山岩、绿片岩、白云母石英片岩及大理岩组合，并具有泥质岩含炭高、色深的特点。杰德秀岩组地层如图 1.8 所示。

(a)绢云粉砂岩　(b)炭质片岩　(c)砂板岩

图 1.8　杰德秀岩组($T_3j.$)地层

该套地层原岩为一套大陆边缘含火山碎屑岩建造。由于沉积相相变，西部地层含砂质较多，沉积形成的地层多为板岩，其中片岩及石英较少；东部含泥质较多，沉积形成的地层板岩较少，片岩及石英较多。

1.2.2 冈底斯—腾冲地层区(Ⅱ)

冈底斯—腾冲地层区包括雅鲁藏布江缝合带与班公错—怒江断裂带之间的广大地域,区内地层岩石建造极为复杂。雅鲁藏布江下游地区仅涉及其南部的拉萨—察隅地层分区(Ⅱ$_1$),所以仅介绍拉萨—察隅地层分区地层岩石单位,见表 1.3。

表 1.3 冈底斯—腾冲地层区拉萨—察隅地层分区(Ⅱ$_1$)地层岩石单位

地质年代			拉萨—察隅地层分区(Ⅱ$_1$)	
新生代	第四纪	全新世	湖积(Qh^{l})、冲积(Qh^{al})、风积(Qh^{eol})、滑坡堆积(Q^{del})	
		更新世	湖积(Qp^{l})、冲积(Qp^{al})、洪积(Qp^{pl})、残坡积(Q^{eld})、冰积	
	新近纪	渐新世	乌郁群(N_2W)	
			大竹卡组(E_3N_1d)	
	古近纪	始新世	帕那组(E_2p)	
			年波组(E_2n)	
		古新世	典中组(E_1d)	
中生代	白垩纪	K_2	设兴组($K_2\hat{s}$)	
		K_1	楚木龙组($K_1\hat{c}$)	塔克那组(K_1t)
	K-J		林布宗组(J_3K_1l)	
	侏罗纪	J_3	多底沟组(J_3d)	
			却桑温泉组(J_3q)	
			桑日群(J_3S)	
		J_2	马里组(J_2m)	叶巴组($J_{1-2}y$)
		J_1	甲拉蒲组(J_1j)	
	三叠纪	T_3	麦隆岗组(T_3m)	
		T_2	查曲浦组($T_{1-2}\hat{c}$)	
		T_1		
古生代	二叠纪	P_3	列龙沟组(P_3l) 蒙拉组(P_3m)	
		P_2	洛巴堆组(P_2l)	
		P_1	松多岩组(C-Pz)	来姑组(C_2-P_1l)
	石炭纪	C_3		
		C_2		
		C_1	诺错组(C_1nc)	
	泥盆纪	D	泥盆纪松宗组($D_{2-3}s$)	
	志留纪	S		
	奥陶纪	O		
	寒武纪		松多岩群(AnOS.)	岔萨岗岩组(AnOĉ.)
元古代	新元古代 Pt_3			
	中元古代 Pt_2		冈底斯岩群($Pt_{1-2}G.$)	
	古元古代 Pt_1			林芝岩群 $Pt_1L.$

1. 古～中元古代念青唐古拉群

念青唐古拉岩群是研究区出露的最老地层，主要分布于米林—林芝—鲁朗—东久—缩瓦拉—墨脱一带呈弧形带状展布，是构成雅鲁藏布江缝合带外环的主要岩系。

念青唐古拉岩群由李璞等(1959 年)的“念青唐古拉片麻岩”演变而来。目前定义为由黑云二长片麻岩、黑云斜长片麻岩、绿帘斜长角闪片岩、透辉石大理岩、长石石英岩及石英岩、石英片麻岩、花岗片麻岩、板岩及千枚岩等组成的一套变质地层体，构成区域古老的结晶基底。

通过对该套变质杂岩剖面及其变质变形特征，并依据岩性组合、剖面结构和同位素地质年龄，结合区域地层对比，新建的构造地层单位林芝岩群($Pt_1L.$)以及冈底斯岩群两个亚群。

1)林芝岩群

林芝岩群是新建的构造岩层单位，出露于雅鲁藏布江结合带以北，冈底斯山的结晶基底岩系。朗县拉日芝—林芝及工布江达县雪卡区—洞比一带，广泛分布的一套统称为“林芝群”的中深变质岩系，可进一步分为八拉岩组($Pt_1b.$)、贡嘎岩组($Pt_1g.$)和真巴岩组($Pt_1\hat{z}.$)三个岩组，地层岩石建造以片麻岩、变粒岩、斜长角闪(片)岩、片岩及少量大理岩为主。

(1)八拉岩组($Pt_1b.$)

八拉岩组东起尼洋河与雅鲁藏布江交汇处林芝八拉村附近，向西沿雅鲁藏布江两岸的米林岗嘎大桥—扎西绕登—玉松，直至朗县大周塘一带，长逾 140 km，南北宽 10～22 km；为变超基性～基性岩岩组，叠置厚度达 4 300 m 以上。

主要岩石有角闪透辉石岩、黑云角闪片岩、斜长角闪片岩、角闪斜长片麻岩、斜长角闪变粒岩、角闪斜长变粒岩和少量黑云变粒岩、石榴绿泥石斜黝帘石斜长片麻岩、大理岩、含榴斜黝帘角闪黑云石英片岩及含磁铁石英岩，八拉岩组地层岩石如图 1.9 所示。

(a)八拉岩组角闪片麻岩　(b)八拉岩组混杂岩　(c)八拉岩组斜长石英片麻岩

图 1.9　八拉岩组($Pt_1b.$)地层岩石

尼洋河与雅鲁藏布江交汇处黑云石榴角闪片岩、黑云石榴角闪斜长片岩及黑云石榴斜长片麻岩增多；卧龙镇作许至玉松一带，斜长角闪岩中常含超基性麻粒岩和基性～中基性麻粒岩的残留体或残块，与围岩过渡，界限不清。林芝岩群中的典型地质构造特征如图 1.10 所示。

(a)肿缩式窗棂构造

(b)紧闭褶皱

图 1.10　林芝岩群中岩石

(2)贡嘎岩组($Pt_1g.$)

贡嘎岩组主要分布于八拉岩组北侧，西起朗县加仓国一带，向东沿冈底斯山脊南侧的巴家下—泉白桑—峨塘带状分布，直至尼洋河东侧贡嘎村附近，长约 125 km、南北宽 10～23 km，为一套变中酸～酸性岩岩组。出露叠置厚度 1 454.2～6 204.1 m。以韧性断裂与八拉岩组接触。

主要岩石有黑云角闪斜长片麻岩、黑云斜长角闪片麻岩、黑云斜长片麻岩、花岗质片麻岩、石榴黑云二长片麻岩、石英岩，夹蓝晶夕线黑云石英片岩及透闪透辉大理岩，典型地质构造特征如图 1.11 所示。

图 1.11　贡嘎岩组($Pt_1g.$)石英二云母斜长片麻岩

东部天坡龙—多果—打马伦—峨塘一带，混合岩化强烈，发育各类混合岩，与围岩呈过渡关系。常见眼球状、条纹条痕状、条带状及均质混合岩等。并见有露头尺度的混合花岗岩→均质混合岩→阴影(条痕)状混合岩→条带状混合岩的变化。混合岩中常见黑云斜长片麻岩、花岗质片麻岩、石榴黑云二长片麻岩及片岩残留体。原岩可能为一套中酸性(侵入岩)火山岩—沉积钙泥质杂砂岩建造。

(3)真巴岩组($Pt_1\hat{z}.$)

真巴岩组主要分布于贡嘎岩组北侧，沿冈底斯山脊及其南坡的曼朗错、恰多错—多堆等地呈断续的大面积残块状展布于花岗岩中，以及带状分布于堆巴—重达，直至尼洋河东岸林芝真巴一带，东西断续长 110 km，南北宽 10～25 km。地层最大叠置厚度达 7 068.48 m 以上。以韧性断裂与贡嘎岩组接触。

岩性比较稳定，主要为一套含蓝晶夕线石榴二云片岩、含夕线石榴二云石英片岩、含十字夕线石榴二云石英片岩、二云石英片岩、黑云石英片岩及含蓝晶夕线黑云石英片岩，夹黑云斜长片麻岩、角闪黑云片岩、石榴斜长变粒岩及大理岩。原岩可能为一套巨厚的海相砂泥质夹碳酸盐岩建造。真巴岩组岩石如图 1.12 所示。

图 1.12　真巴岩组($Pt_1\hat{z}.$)石英岩(林芝嘎拉)

2)冈底斯岩群($Pt_{1-2}G.$)

冈底斯岩群呈东西向断续分布于雅鲁藏布江北岸，为一套遭受多期次强烈变质复杂变形的变质杂岩系，以 S_{n+1} 片麻理为变形面，发育固态塑性流变顺层横向构造，褶叠层、鞘褶皱、顺层掩卧褶皱发育，其原生结构、构造已被置换殆尽，为典型的构造岩层单位，叠置厚度达 19 704 m 以上。

冈底斯岩群北部为一套黑云角闪斜长片麻岩、黑云斜长片麻岩、黑云斜长变粒岩、黑云二长片麻岩，夹蓝晶矽线黑云石英片岩、透闪透辉大理岩。原岩为一套中酸性火山岩—沉积钙泥质杂砂岩夹碳酸盐岩建造。

南部为一套黑云角闪斜长片麻岩、黑云角闪(片)岩、斜长角闪变粒岩、角闪黑云斜长变粒岩和角闪黑云斜长片麻岩，岩石化学特征具苦橄玄武岩—碱性玄武岩—玄武质粗面安山岩和玄武岩—玄武安山岩—安山岩，为碱性玄武岩和钙碱性火山岩两个岩石组合类型。可能为古～中元古代时的变质基性～超基性火山岩建造。

根据林芝县地质图[《中华人民共和国区域地质调查报告　林芝县幅(比例尺:1∶250 000)》(云南地质调查院,2003 年)]获斜长角闪岩的 Sm-Nd 模式年龄 1 397 Ma,角闪石 ^{39}Ar-^{40}Ar 年龄 1 282～1 417 Ma;1993 年西藏水利电力勘探设计院在桑日县沃卡电站坝址冈底斯岩群片麻岩中获锆石 U-Pb 年龄 1 920 Ma;拉萨—泽当幅区测 U-Pb 变质年龄 482 Ma,冈底斯岩群成岩年龄应为古～中元古代。

2. 寒 武 系

寒武系包括松多岩群(AnOS.)及岔萨岗岩组(AnOĉ.)。

1)松多岩群(AnOS.)

松多岩群集中分布于工布江达县城—德青贡巴—达叶一带,夹于江达—麦村断层和决村—白间村断层之间,呈北西向展布,为一套层间紧闭褶皱和走向断裂发育、变质达绿片岩相二云母级的浅变质岩系,缺底无顶,出露叠置厚度大于 6 538.82 m。

2)岔萨岗岩组(AnOĉ.)

岔萨岗岩组分布于 1∶250 000 泽当镇地质图[《中华人民共和国区域地质调查报告　拉萨市幅 泽当镇幅(比例尺:1∶250 000)》(西藏自治区地质调查院,2007 年)]北部特尖牙—密多一带,达木嘎—新达多—岔萨岗—板岗一带,呈东西向展布,呈断夹块夹持于松多岩组中。主要为一套绿片岩,其间夹有榴辉岩、超基性岩、辉长岩等,为无层无序的构造地层,出露面积约 135 km^2。

3. 泥盆纪松宗组($D_{2\text{-}3}s$)

由李璞(1955 年)创建的松宗系演变而来,原义指出露在八宿县松宗地区的一套石灰岩,时代归属中、晚泥盆世。陈炳蔚等(1982 年)根据八宿县然乌雅则剖面正式将松宗系改名为松宗群。1984 年中国科学院青藏高原综合考察队尹集祥等,在八宿县然乌乡雅则附近观测了泥盆纪灰岩地层剖面,采集了大量的腕足类、珊瑚类、苔藓等,进一步将该套灰岩由下而上细分为雅则组(D_{23})、念淌组($D_{31\text{-}1}$)、贡布山组($D_{31\text{-}2}$)。《西藏自治区岩石地层》(1997 年)沿用松宗群一名,时代为中、晚泥盆世。而后考虑到该套地层岩性较为单一降群为组,起用松宗组一名。

松宗组分布于彼得藏布和帕隆藏布两侧的卡达桥、嘎龙寺、金珠拉和朗秋弄巴一带,厚度大于 871 m。

基本层序有两类:A 类是厚层状粗晶大理岩与纹层状细晶大理岩组成的小型向上变浅变细层序,原岩可能为颗粒灰岩与泥灰岩或藻纹层灰岩的不规则韵律,为典型的浅水碳酸盐台地沉积序列;B 类为薄～厚层结晶灰岩或大理岩夹变砂岩、变粉砂岩组成的不等厚混合沉积层序,砂岩代表一种近岸的、碳酸盐/陆源碎屑混合沉积的潮坪—潟湖沉积序列。

松宗组的岩性、岩相变化比较明显。总体上,其上部的沉积组合和垂向沉积演化序列存在较明显的南北分异特征:北侧为滨外碳酸盐台地,南侧为近陆的碳酸盐/陆源碎屑混合沉积的潮坪—潟湖,呈南浅北深的格局。

松宗组受区域变质和接触变质作用的影响均已重结晶,多为粗晶大理岩,难觅生物化石踪迹。《中华人民共和国区域地质调查报告 通麦幅 波密幅(比例尺:1∶200 000)》(西藏自治区地质矿产局,1995 年)根据波密县城北约 2 km 的凝灰质变砂岩中采获的微古植物化石,将区内该套碳酸盐岩的时代认定为震旦纪~寒武纪。但其中的 Veryhachium sp. 在四川龙门山一带的晚三叠世马鞍塘组和新疆塔里木盆地的早三叠世地层中都有发现,据此界定地层时代的准确性值得商榷。

近年来对原产微古植物化石、同时也是波密群的创名处(波密县城北约 2 km 的山梁)及卡达桥剖面南北两侧的凝灰质变砂岩、变砂岩和炭质板岩都进行了重新采样,但未获得化石的信息。经对彼得藏布两岸地层岩性和岩相发育特征、垂向沉积序列、上覆地层时代的研究及区域构造地层的分析,基本可以与邻区八宿县然乌雅则剖面有充分生物化石依据的松宗组、诺错组对比。据此将该套碳酸盐岩的时代修正为中晚泥盆世,岩石地层为松宗组($D_{2\text{-}3}s$),上覆含大量火山岩的砂泥质沉积为石炭纪诺错组。

4. 石炭系~二叠系

石炭纪~二系纪地层为一套缺底无顶、层间紧闭褶皱和走向断裂发育的变质砂岩、板岩组成的浅变质地层。依据岩石组合特征及少量孢粉资料划分为早石炭世诺错组、晚石炭世~早二叠世来姑组及松多岩组等三个岩组。

1)诺错组(C_1nc)

诺错组由尹集祥等(1984 年)创名于八宿县来古村剖面。《西藏自治区岩石地层》(1997 年)定义为夹持于下伏地层松宗群灰岩和上覆地层来姑组含砾板岩之间的一套板岩和碳酸盐岩地层。

区内诺错组地层岩性组合相对较单一,为一套深灰色粉砂质绢云千枚岩、板岩与变质中细粒石英(杂)砂岩不等厚互层,向上变质砂岩增多,砂岩底部具冲刷侵蚀界面。总体沉积层序可与八宿县来古村剖面对比,厚度 1 003.7~2 369.1 m,与下伏泥盆系松宗组和上覆石炭系来姑组均为整合接触。

诺错组(C_1nc)底部与下伏松宗组呈连续的整合过渡。岩石地层界线之下,以厚层~块状大理岩夹纹层状大理岩为主,夹少量变砂岩薄层,沉积环境为平坦的浅海碳酸盐台地;界线之上以中厚层状的变石英砂岩为主,夹变粉砂岩、板岩和少量灰岩或大理岩。砂岩以成分和结构成熟度都较高的石英砂岩为主,发育平行层理、沙纹层理等浅水沉积标志,为陆源碎屑岩型的滨、浅海环境。显然,诺错组(C_1nc)/松宗组($D_{2\text{-}3}s$)是一个重要的沉积转换界面。

2)松多岩组(C-Pz)

松多岩组由白云母石英片岩、绢云石英片岩、二云(长石)石英片岩及少量黑云石英片岩、条带状大理岩组成。为一套以陆源碎屑岩为主，夹少量碳酸盐岩的沉积岩系。构造变形强烈、复杂，片理发育，以片理为变形面发育顺层掩卧褶皱、褶叠层、顺层韧性剪切、黏滞性石香肠、肠状无根褶皱等，其原生层序多遭置换破坏难以恢复，从而构成典型的构造地层单位。

3)来姑组(C_2P_1l)

1974 年四川省第三区测队将分布于松宗—日东一带的一套以碎屑岩为主夹火山岩和少量碳酸盐岩的地层，命名为中上石炭统来姑群，创名于八宿县来姑村剖面。1997 年《西藏自治区岩石地层》正式将诺错组细碎屑岩之上与上覆洛巴堆组灰岩之间的一套以含砾板岩为特征的地层命名为来姑组，与上、下地层均为整合接触，时代为晚石炭世～早二叠世。

来姑组岩性为一套灰色变质含泥砾、含砾长石石英砂岩，厚层块状长石石英砂岩与含砾粉砂质绢云板岩不等厚旋回，或长石石英砂岩与含砾粉砂质绢云板岩不等厚互层，砂岩底部见冲刷侵蚀界面。总体沉积层序可与八宿县来古村剖面对比。下与诺错组平行不整合接触，上与蒙拉组平行不整合，局部呈断层接触。厚度 1 128.9～1 346.2 m。

5. 二 叠 系

二叠系地层包括出露于却桑—松多地层分区中的中二叠世洛巴堆组(P_2l)、晚二叠世列龙沟组(P_3l)和工布江达小区内的晚二叠世蒙拉组(P_3m)。

1)洛巴堆组(P_2l)

1955 年，李璞等在林周县洛巴堆水库附近首次创名下二叠统洛巴堆层；1962 年盛金章等改为二叠纪洛巴堆群；1973 年—1976 年中国科学院青藏高原综合科学考察队划分为洛巴堆组洛巴堆水库段、马驹拉段和乌鲁龙组；1979 年《中华人民共和国区域地质调查报告　拉萨幅(比例尺：1∶1 000 000)》则统称为早二叠世洛巴堆群；1991 年《中华人民共和国区域地质调查报告　拉萨幅(比例尺：1∶200 000)》(西藏自治区地质矿产局区域地质调查大队，1991 年)将其厘定为早二叠世洛巴堆组。按照二叠系三分的原则，洛巴堆组的时代应属中二叠世茅口期，其下部应包括中二叠世祥播期和栖霞期。

洛巴堆组岩性下部为灰岩，中部为安山岩，上部为灰岩夹石英岩；含蜓、腕足类和双壳类。上部多因断层断失而未见顶，仅在图幅东侧的朗秋弄巴沟顶的雅嘎两侧，见其与上覆未变质～轻微变质的中侏罗统马里组陆相红层呈角度不整合接触。

2)列龙沟组(P_3l)

1979 年孙东立等新建列龙沟组，《中华人民共和国区域地质调查报告　曲水幅(比例尺：1∶200 000)》(西藏自治区地质矿产局，1993 年)划为中二叠世蒙拉组(P_2m)。目前按二叠系三分原则划为晚二叠世列龙沟组，岩性以粉砂岩、凝灰岩及含砾砂岩、砂屑微晶灰岩为主。

3)蒙拉组(P_3m)

徐宪等 1982 年创名于墨竹工卡县门巴区德忠乡日布雄沟剖面，并以附近的蒙拉山命名为蒙拉群。1985 年成都地质矿产所张正贵将其改称为蒙拉组，指岩性为碎屑岩夹少量灰岩，含微体化石。在工布江达之东根里—芦堆—果俄玛一带，下部片理化变质细粒石英砂岩与千枚状含粉砂质绢云板岩互层，中部千枚状含粉砂质绢云板岩夹片理化变质细粒石英砂岩；在巴母果附近获晚二叠世孢粉，上部为变质砂岩、含泥砾及含砾中细粒石英砂岩，夹千枚状含粉砂质绢云板岩。其总体沉积层序和岩性组合大致可与八宿县来古村剖面的纳错组对比。

6. 三叠系

三叠纪地层有早～中三叠世查曲浦组($T_{1-2}\hat{c}$)和晚三叠世麦隆岗组(T_3m)。

1)早～中三叠世查曲浦组($T_{1-2}\hat{c}$)

查曲浦组为1979年1∶1 000 000拉萨幅区调资料，在堆龙德庆却桑寺一带发现的一套中三叠世地层，命名为中三叠世旦巴日孜群，后改称为中三叠统旦巴日孜组；1981年，孙东立将其下部划为晚二叠世列龙沟组，上部改称为早中三叠世查曲浦组；饶荣标等(1985年)、1∶200 000曲水幅(1993年)、《西藏自治区岩石地层》(1997年)沿用至今。

主要岩性为安山质角砾岩、含砂凝灰岩、灰岩及凝灰质砂岩，次为辉石安山岩及硅质灰岩，夹火山角砾凝灰岩、安山岩、中酸性凝灰岩，夹凝灰质砂岩及细砂岩、硅质岩透镜体等。

2)晚三叠世麦隆岗组(T_3m)

1979年西藏综合队在达孜县麦隆岗创名晚三叠世～早侏罗世麦隆岗群；王乃文(1983年)、陈楚震(1984年)等改为晚三叠世麦隆岗组；1986年—1988年夏金宝、刘世坤进一步研究确定为晚三叠世卡尼期～诺利期麦隆岗组，其后沿用至今。

主要岩性为微晶灰岩、生物碎屑灰岩、白云质灰岩、石英砂岩、粉砂岩、晶屑岩屑凝灰岩及钙质板岩，顶部为灰色厚层块状同生角砾岩，因断层切错未见底。

7. 侏罗系

侏罗纪地层在本分区内仅出露上～下侏罗统，划分为甲拉蒲组(J_1j)、马里组(J_2m)、叶巴组($J_{1-2}y$)、桑日群(J_3S)、却桑温泉组(J_3q)及多底沟组(J_3d)等六个岩组。于花岗岩基中呈残留顶盖状产出，为一套中酸性火山－碎屑岩和碳酸盐岩地层。

1)甲拉浦组(J_1j)

甲拉浦组(J_1j)由王乃文1984年创名，是从原麦隆岗群顶部划分出来一个组，将其时代置于早侏罗世；其后沿用至今。

甲拉浦组底部为灰褐色石英质砾岩，厚30 m；下部为中薄层灰岩间夹砂页岩或灰黑色页岩与灰岩互层，厚200 m；上部为灰黑色页岩、炭质页岩与薄层石英砂岩互层，夹薄煤层，厚300 m；顶部为灰黑色中层致密微晶灰岩，厚约100 m，其上为典中组火山岩不整合覆盖。

2)马里组(J_2m)

由史晓颖(1985年)在洛隆县城76°方向45 km处的马里创名，是将原柳湾组下部的碎屑岩单独划分出来建立的，底部为一套紫红色砾岩。1997年《西藏自治区岩石地层》正式采用马里组这一岩石地层单位，时代确定为中侏罗世。

马里组主要为一套未见顶的、出露厚度约 200 m 的紫红色砂泥岩和砾岩，呈一条近东西向延伸的紫红色串珠体。

在雅嘎东侧的半山腰上，该套紫红色碎屑岩出露厚度约 200 m，上部(北侧)被后期逆冲断层削切，直接与石炭系诺错组变石英砂岩断层接触；下(南侧)与洛巴堆组生物碎屑灰岩呈明显的角度不整合接触。

结合区域地质背景及与邻区(松宗、然乌、松冷等地)地层的对比，区内出露的该套紫红色碎屑岩系仅相当于马里组的下部，中上部一套浅灰色夹双壳类生物碎屑灰岩的滨浅海相砂泥质岩系被断失。

3)叶巴组($J_{1-2}y$)

由于岩体的侵吞及断裂破坏，该组地层分布较零星，在林芝幅内划分为两个岩性段，即含火山岩段(一段)、变质碎屑岩段(二段)。

一段($J_{1-2}y^1$)为变质英安流纹岩、流纹岩、英安岩，变质流纹英安岩、英安质凝灰熔岩、火山角砾岩，变质复成分砾岩、砂砾岩、石英砂岩，夹少量大理岩。未见底，厚大于 2 146 m，为一套中酸、酸性火山岩夹粗碎屑岩和碳酸岩组合。显示出海侵期滨～浅海环境下含中～酸性火山喷发沉积产物。

二段($J_{1-2}y^2$)为灰、浅灰色中层状变质石英砂岩、深灰色粉砂质绢云板岩、深灰色绢云千枚岩、灰色二云石英片岩、钠长二云石英片岩、二云片岩组合。由上至下从板岩→千枚岩→片岩与一段整合过渡，厚度 2 894.6 m 以上。为一套高水位期滨～浅海环境下细碎屑沉积产物。

4)桑日群(J_3S)

桑日群主要岩性为安山岩、英安岩、安山质火山角砾岩，夹砂岩、石英板岩、粉砂岩及细砂岩，桑日群地层岩石如图 1.13 所示，多被岩体侵入破坏。

(a)桑日县吓嘎 J_3S 安山岩　(b)贡嘎县杰德秀镇 J_3S 凝灰岩　(c)贡嘎县杰德秀镇 J_3S 石英板岩

图 1.13　桑日群(J_3S)地层岩石

5)却桑温泉组(J_3q)

却桑温泉组星散分布于拉萨幅却桑温泉、堆龙德庆北、泽当镇幅墨竹工卡县甲马、加错德、莫雄和桑日县江唐村等地。

岩性主要为细粒石英砂岩、粉砂岩、细碧岩等，其间长英质岩脉穿插，下部见黑色凝灰质砾岩，总厚度大于 218 m。

6）多底沟组（J_3d）

多底沟组（J_3d）在林芝幅内仅分布于席浪店嘎西侧，出露厚 600 m 以上。桑日县白堆乡一带出露较全，为一套厚达 1 228.46 m 的碳酸盐岩，颜色灰～深灰色，中厚层～块状居多，主要岩性为泥晶灰岩、含内碎屑泥晶灰岩及少量板岩，属半局限滨～浅海沉积环境台地碳酸盐岩相沉积，地层岩石如图 1.14 所示。

（a）杰德秀镇 J_3d 泥晶灰岩夹砂板岩

（b）J_3d 基性岩

图 1.14 多底沟组（J_3d）地层岩石

8. 侏罗纪～白垩纪林布宗组（J_3K_1l）

林布宗组岩性较稳定，中上部岩性由黑色泥岩、粉砂岩及细砂岩互层组成，富含炭质和黄铁矿晶粒。砂岩中有大量的微型斜层理，并且粉砂岩层理为波曲状，向上过渡为泥岩，颜色为深色，富含黄铁矿。

总体上属于弱水动力环境形成的潮坪、潮间带泥坪、混合坪和潮汐水道相沉积；下部由黑色泥质板岩、炭质板岩与砂质板岩组成，夹有多层不稳定的煤线，煤线上下板岩中均见有扁平状钙质结核和植物化石，发育交错层理、水平层理，属于弱水动力环境形成的潮坪、泥坪、含煤沼泽相沉积。

9. 白 垩 系

冈底斯—腾冲地层区（Ⅱ）白垩纪地层划分为早白垩世楚木龙组（$K_1\hat{c}$）、塔克那组（K_1t）及晚白垩世设兴组（$K_2\hat{s}$）等三个岩组。

1）楚木龙组（$K_1\hat{c}$）

楚木龙组主要岩性为石英砂岩夹页岩、板岩、粉砂岩，局部夹砾岩。由西向东地层厚度变化较大，岩性基本稳定。林周县牛马沟一带夹炭质页岩及煤层；却桑一带厚 374.40 m，岩性为灰色石英砂岩夹灰黑色页岩、粉砂岩，局部夹砂砾岩；林布宗一带厚 794.9～908 m，岩性为灰白色含砾砂岩、石英砂岩夹灰色板岩；斯布普一带厚度大于 943 m，岩性以浅灰色石英砂岩、岩屑砂岩、粉砂岩、板岩为主，局部夹砂砾岩；帕古巴一带厚 522.07 m，岩性为灰色石英砂岩、粉砂岩夹板岩，底部砂砾岩。总体上表现为中西部以石英砂岩为主，东部以岩屑砂岩为主的特征。

楚木龙组与下伏林布宗组及上覆塔克那组呈整合接触，为一套水动力条件较强的滨浅海相为主的碎屑岩沉积，局部为滨岸沼泽沉积环境。

2)塔克那组(K_1t)

塔克那组为罗中舒 1973 年创建，建组剖面为林周县之南塔克那村东，其后沿用至今，为一套浅海相浅黄～灰色砂岩、页岩夹灰岩、泥灰岩建造。与下伏林布宗组及上覆塔克那组呈整合接触，为一套水动力条件较强的滨浅海相为主的碎屑岩沉积，局部为滨岸沼泽沉积环境。

3)设兴组($K_2\hat{s}$)

设兴组为王乃文等 1984 年创建，创名地点为堆龙德庆区马乡设兴村，其后沿用至今。

设兴组下部岩性为灰色、绿色砂岩、泥岩，发育有板状斜层理、波状层理、水平层理、钙质结核、干裂等沉积构造，表现为滨岸带沉积；上部岩性为红～紫红色的砂岩、泥岩，发育有波痕、交错层理、水平层理、波状层理、钙质结核、虫孔、干裂等沉积构造，表现为干燥环境下的湖相沉积。

1.2.3 雅鲁藏布江地层区(Ⅲ)

雅鲁藏布江地层区位于雅鲁藏布江南、北界断裂带之间，在雅鲁藏布江—多雄河段，大致沿雅鲁藏布江两岸分布，但主体多见于右岸；在尼洋河口下游的雅鲁藏布江渡口—米瑞乡—江村冲一带的左岸有不宽的出露，其后沿北东方向延至区外的鲁朗、东久、拉月等地。

区内出露的最老地层为上三叠统，岩性复杂多变，多呈构造岩块(片)混杂，各块体间均为断裂接触，为一套混入有外来块体(基底岩片)的蛇绿混杂岩堆积，在米林、林芝及墨脱等地都有分布；白垩系仅见于岗嘎大桥一带及米林附近，为一套蛇绿混杂岩堆积；新生界零星分布。

按照初步拟定的岩石地层划分方案，在雅鲁藏布江—多雄河段编图范围内共划分出 2 个岩石地层单位，其中群级单位为 2 个，见表 1.4，均为蛇绿岩及相关混杂岩地层单位。

表 1.4 雅鲁藏布江—多雄河地区雅鲁藏布江地层区地层划分简表

地层年代	地层单位及代号		主要出露位置
第四纪	冲积(Q^{al})、洪积(Q^{pal})、残坡积(Q^{esl})、崩积(Q^{cl})、滑坡堆积(Q^{del})、湖积(Q^{l})、冰川堆积(Q^{gl})、冰水堆积(Q^{gfl})、风积(Q^{eol})、泥石流堆积(Q^{sef})		米林、林芝、墨脱
白垩纪	朗县蛇绿混杂岩($K^{o\varphi m}$)	W、β、N、$\beta\mu$、Σ、ψ	米林、林芝
三叠纪	朗杰学蛇绿混杂岩($T_3L^{o\varphi m}$)	Σ、op、β、$\beta\mu$、υ、va、N、n、sa、ca、WNq、WNj	米林、林芝、墨脱

1. 朗杰学蛇绿混杂岩(T_3L^{opm})

朗杰学蛇绿混杂岩由《青藏高原及邻区地质图 1∶1 500 000(附说明书)》(中国地质科学院成都地质矿产研究所,2007 年)命名的非正式岩石地层单位。朗杰学蛇绿混杂岩是以朗杰学群正常沉积岩为基质,由于构造混杂有成群分布的变玄武岩(β)、变辉绿岩($\beta\mu$)和变质超基性岩(Σ)岩块等。主要出露于米林及区外西侧的朗县、加查等地的雅鲁藏布江南、北界断裂之间。因其变形变质较强,“基质”岩层较为破碎,又含有构造岩块,故将其单独划出,与朗杰学群并列,代表雅鲁藏布江蛇绿岩带东段混杂堆积的最下部层位。

混杂堆积的主要块体及特征如下:

1)变质超镁铁质岩块(Σ、op)

这类岩块主要分布林芝却霞、纳左等地,作为构造岩块分布在变基性岩和石英岩中。变质超镁铁质岩块一般呈透镜状,个体较小,长轴不大于 20 m。岩石类型主要为蛇纹石化、滑石化橄辉岩[图 1.15(a)]、蛇纹滑石直闪石片岩[图 1.15(b)]、滑石橄榄单斜辉石岩、方解石蛇纹石滑石片岩、蛇纹石化橄榄辉石岩等。

(a)滑石化橄辉岩　　(b)蛇纹滑石

图 1.15　朗杰学蛇绿混杂岩

2)变质镁铁质岩块(β、$\beta\mu$、υ、va、N)

在蛇绿混杂带中,变质镁铁质岩分布广泛,包括呈层状外观的变玄武岩和呈块状产出的变辉长岩、变辉绿岩等。变玄武岩一般作为混杂带的基质,与石英片岩类密切共生。

变质辉长岩按现今的矿物组合属角闪岩类[图 1.16(a)]、斜长角闪岩类、含石榴石角闪斜长片麻岩、含石榴石角闪岩等。这类岩块一般露头尺度不大,呈浑圆状或透镜状,长轴在 0.5~10 m。它们既可以呈独立的块体被包含在绿片岩或石英片岩之中,也可以与变质超镁铁岩块共生。

变质辉绿岩现在的变质矿物组合与变质辉长岩基本相同,但变余辉绿结构在某些地段依然保留,野外依然可见厚层的岩墙。变质、变形后这些岩墙的边界与围岩石英片岩类的片理平行,但并非原始的岩性界线。

除变辉长岩和变辉绿岩的岩块之外，在石英岩和云母石英片岩中还夹有大量的绿片岩类，一般呈中、薄层状夹在石英岩类之中或与之互层，如图 1.16(b)所示。这类岩石的原岩一般视为夹在沉积岩层中的玄武岩类，它们共同构成了洋壳的上部层位。在图面上，表示为混杂带中的基质部分。基质一般变形十分强烈，紧闭褶皱、同斜褶皱、层间揉皱、叠加褶皱、糜棱岩化等变形现象显著。

(a)角闪岩　　(b)绿片岩与石英岩互层

图 1.16　朗杰学蛇绿混杂岩中的变质辉长岩

3)石英岩和白云石英片岩岩片(sa)

这类岩石在本地层区的雅鲁藏布江蛇绿混杂带中出露最广泛。在米林的米浦，林芝的米瑞、江村冲，墨脱的老虎嘴(图 1.17)—马尼翁等处都有成片出露。有些地段石英岩、云母石英片岩类在较大范围内出露稳定。岩石类型主要为一套绢云石英片岩、绢云石英岩、二云石英片岩类；部分具强烈糜棱岩化现象，形成细粒的石英质糜棱岩、石英质糜棱片岩。它们是含泥质硅质岩、泥质长石石英砂岩等的变质产物。

4)碳酸盐岩块(ca)

碳酸盐岩的岩块并不常见，但在混杂带中的产状比较复杂。有些岩块与围岩有清楚的边界，夹在绿片岩、角闪岩和石英片岩中；岩块呈不规则状(图 1.18)、大小悬殊，露头尺寸从 500 m 到 1 km 不等。还有些碳酸盐岩在露头上也呈块体形状，出露规模也较大，但与围岩之间未见清楚的边界，甚至有逐渐过渡的关系。

上述情况表明，混杂带中的碳酸盐岩是多成因的大理岩。有些是两侧老基底中混入的岩块，有些是古特提斯洋盆中的变沉积岩与变玄武岩、重结晶的硅质岩等共生。

5)混杂基质(n)

混杂带中的基质是指存在于各类岩片之间的一套岩石组合，与岩片或岩块之间具有清楚的构造界线。基质的变形程度比岩片或岩块大得多，普遍具有塑性变形现象，常见糜棱岩化、小揉皱、紧闭叠加褶皱等。

图 1.17 朗杰学蛇绿混杂岩中的含云母石英岩

图 1.18 朗杰学蛇绿混杂岩中的粗晶大理岩
（墨脱阿尼桥下游易贡白多雄拉河左岸）

基质部分岩石类型相对较复杂，露头上岩性变化大，往往呈各种岩性互层的现象，但这种层理不代表原始层理。常见的岩石类型有含黑云母斜长角闪（片）岩、二云石英片岩、绢云石英片岩、含白云母石英岩、含石榴二云石英片岩、含白云母钾长石英岩、绿泥绿帘阳起钠长片岩等。在原岩成分上与朗杰学群变质砂板岩相似，但其变质和变形程度较高，故在岩石组合上易与朗杰学群区分。

6）基底岩片（WNq、WNj）

基底岩片是造山作用过程中混杂带两侧的南迦巴瓦岩群和念青唐古拉岩群，经过破碎、混杂、变形拉长形成，在林芝杂木座、米瑞、尼洋河口渡口等地可见，且其分布有一定的规律。来自念青唐古拉岩群的岩片（WNq）主要出露于雅鲁藏布江北界断裂的南东侧；而南迦巴瓦岩群的岩片（WNj）则在雅鲁藏布江南界断裂的北西侧出露。基底岩片露头尺寸大小悬殊，一般为狭长的透镜状，从 1 m 左右到长达 25 km，宽为 2 km，与围岩呈清楚的接触关系。包含基底岩片的基质部分在接近这些岩片的部位一般见强烈的变形，发育揉皱、紧闭褶皱等，如图 1.19 所示。

（a）揉皱

（b）紧闭褶皱

图 1.19 朗杰学蛇绿混杂岩基底岩片中的揉皱及紧闭褶皱

基底岩片的岩石类型以各类片麻岩、变粒岩、片岩为主，如具混合岩化特征的黑云斜长片麻岩、含黑云二长变粒岩、含黑云透辉石变粒岩、蓝晶石榴云母石英片岩等。

综上所述，朗杰学群蛇绿混杂岩主要由经历了低角闪岩相变质作用改造过的含黏土的硅质岩、玄武岩、辉绿岩、辉长岩、超镁铁质侵入岩和少量的灰岩构成。后期的构造变动和构造混杂作用使两侧的基底岩石也被卷入，形成了内外混杂、构造接触的特殊的构造—岩石组合。

2. 朗县蛇绿混杂岩($K^{o\varphi m}$)

由刘世坤、滕云（1994 年）命名的“罗布莎蛇绿岩群”演变而来，包括朗县混杂岩(K^{mlg})和朗县蛇绿混杂岩($K^{o\varphi m}$)两个“组级”非正式岩石地层单位。本地层区仅见朗县蛇绿混杂岩，分布于岗嘎大桥—南依沟口一线的雅鲁藏布江两岸，并为雅鲁藏布江南、北界断裂夹持，向北东至坡扎一带为第四系掩盖，向南西延至区外。

朗县蛇绿混杂岩($K^{o\varphi m}$)由蛇绿岩与复理石经构造混杂形成的“构造有序”地层，其主要岩性分为两部分：一是由蛇绿岩组成分子的岩石组合，变质玄武岩(β)、变质基性杂岩(N)、变辉绿岩($\beta\mu$)和超基性岩(Σ)及蛇纹岩(φ)；二是变质复理石岩石组合，各种千板岩夹变质砂岩[图 1.20(a)]、结晶灰岩（大理岩）。有时可含有外来岩块[图 1.20(b)]，其原来的地层时代一般早于蛇绿混杂堆积的时代。各岩性（层）之间有时保留原始堆积层序或复理石韵律，但总体上均呈构造岩块状产出，各岩块之间以断裂接触。

(a)变质复理石—千板岩夹变质砂岩

(b)外来岩块—大理岩

图 1.20　朗县蛇绿混杂岩

朗县蛇绿混杂岩在各岩块的界线、变质变形程度及混杂岩块的岩性组成等方面，都不及朗杰学蛇绿混杂岩，其混杂的岩块规模相对较小，因而属弧前原地或半原地中浅层次的有限混杂。

1.2.4　区域新生代地层单位及岩石建造

1. 古近纪地层

古近纪地层主要产于拉萨—沃卡地层分区中，从老到新发育有古新统典中组(E_1d)、始新统年波组(E_2n)及帕那组(E_2p)均为火山岩地层体。1953 年李璞等称林子宗火山岩；1979 年 1∶1 000 000 拉萨幅区调资料划为晚白垩世林子宗火山岩组；

1982年夏金宝等改为始新统；1986年1∶200 000拉萨幅新建典中组(E_1d)、年波组(E_2n)和帕那组(E_2p)，其后沿用至今。

1)古新统典中组(E_1d)

典中组(E_1d)分布最广，主要为一套中性、中基性、中酸性火山岩地层体，面积达1 952 km²。典中组岩性较为稳定，主要岩石组合为黑云二辉安山岩、蚀变玻屑凝灰岩、英安质熔结凝灰岩、流纹英安岩、黑云安山岩、凝灰岩、辉石黑云安山岩、安山玢岩、火山集块岩、蚀变安山岩、气孔状安山岩、强蚀变流纹英安岩等。以喷溢相为主，间有弱暴发相。

2)始新统年波组(E_2n)

始新统年波组为一套紫红色火山碎屑岩夹中性熔岩，岩性较稳定，主要岩石组合有紫红色块状砾岩、白色流纹质凝灰岩、灰红色块状岩屑凝灰岩、灰红色块状细砾、紫红色安山质晶屑凝灰岩、紫红色砂岩、凝灰质泥岩、灰红色泥灰岩、强蚀变流纹岩、蚀变安山岩、生物碎屑微晶灰岩、灰紫色安山质晶屑玻屑凝灰岩、角闪安山岩、安山质砾岩等。火山岩的沉积夹层中富产化石，为间歇性火山喷发—沉积建造。

3)始新统帕那组(E_2p)

帕那组(E_2p)为一套流纹质火山角砾岩为主的火山岩系，呈喷发不整合覆于年波组之上。岩石组合主要为一套酸性火山碎屑岩夹少量正常沉积碎屑岩，发育有流纹质熔结玻屑凝灰岩、熔结玻屑凝灰岩、熔结凝灰岩、熔结凝灰火山角砾岩、熔结凝灰角砾岩、流纹质玻屑凝灰岩、流纹质含火山角砾凝灰岩、玻屑凝灰岩、含砾岩屑砂岩、岩屑细砂岩等。以间歇性暴发为主，其间有正常沉积夹层。

2. 古近纪—新近纪地层

古近纪～新近纪地层不甚发育，分布较零散。区内仅发育有大竹卡组(E_3N_1d)和乌郁群(N_2W)。

1)渐新统大竹卡组(E_3N_1d)

大竹卡组由西藏工业局地质队(1964年)创名，1979年西藏综合队在泽当地区创名罗布莎群与大竹卡组大体相当。西藏区调队(1983年)和《西藏自治区区域地质志》(1993年)仍沿用大竹卡一名，其后《西藏自治区岩石地层》(1997年)沿用至今。

该岩组底部为灰紫色、灰绿色、灰色变质复成分砾岩及含砾砂岩，复成分砾岩的颜色多样，砾石成分复杂，有二长花岗岩、玄武岩、千枚岩、板岩、灰岩、火山碎屑岩及脉石英等。砾石含量一般50%～60%，最高达80%以上。粒径悬殊，一般2～20 cm，最大可达100～300 cm，磨圆度较差，具挤压变形，如图1.21所示；中部为长石砂岩、中粒砂岩及细砂岩等；上部为细砂岩及粉砂岩等；顶部为灰、灰黄色含砾绢云粉砂质板岩、含砂质绢云硅质板岩。岩层具明显的下粗上细特征，均遭浅变质，与下伏地层均呈角度不整合关系。

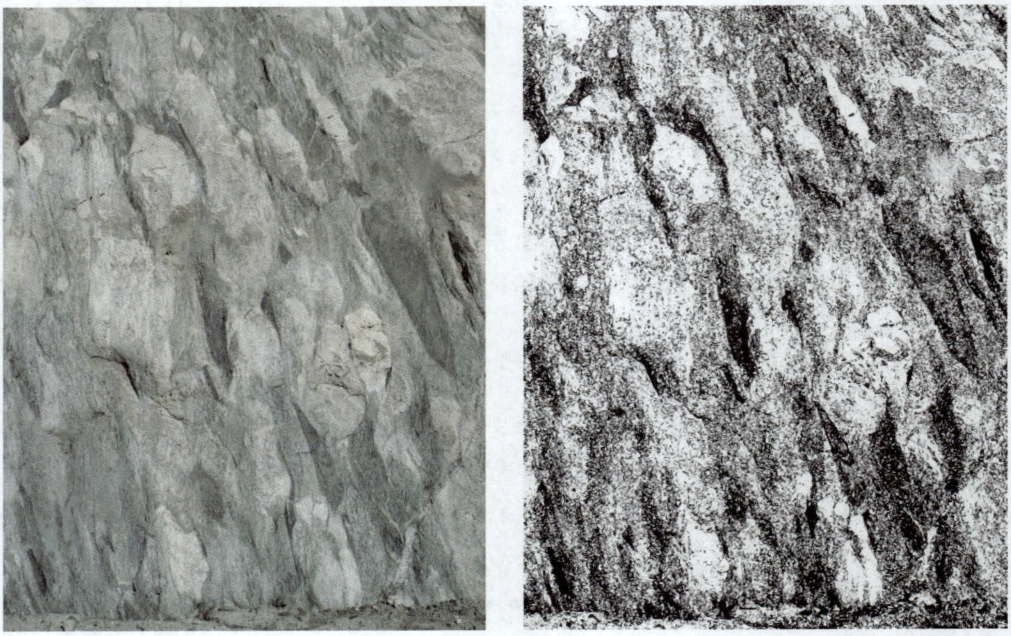

图 1.21　朗县北大竹卡组(E_3N_1d)砾岩

大竹卡组严格受沿喜马拉雅期雅鲁藏布江复合断裂带发育的狭长断陷盆地控制，以陆相粗碎屑岩为主，沉积速度快，磨圆度差，是一套以山麓堆积为主的山间磨拉石建造。发育河流—湖泊沉积体系 5 种类型基本层序，层理多被变形面理破坏。底部发育变质含砾泥质粉砂岩和粉砂质绢云板岩组成的向上变细山麓堆积 A 类型以及砂砾岩滨湖相加积 B 类型；中部发育变质砾岩—含砂砾岩加积—退积 C 类型或变质砾岩的砾石含量减少的加积—退积 D 类型，构成山麓—河流相沉积；顶部为含砾绢云千枚岩组成的滨—浅湖相加积 E 类型。

北部角度不整合覆于早白垩世花岗岩之上，如图 1.22 所示；南部被朗县混杂岩超覆。

图 1.22　朗县大竹卡组(E_3N_1d)砾岩角度不整合覆于早白垩系花岗岩之上

2)乌郁群(N_2W)

乌郁群在区内出露极少。底部为泥岩、含砾砂岩夹砾岩,中部为粉砂质泥岩及含砾砂岩,上部为泥岩夹薄层状细砂岩及粗砂岩。

1.3 岩浆岩

据前人资料及实地调查综合分析,区域内三个地层区的岩浆岩发育情况存在较大差异。

冈底斯—察隅岩浆岩带(不包括划入地层的火山岩及中~深变质的岩浆岩)形成于7个时期,共有15种岩石类型,组成31类岩体(表1.5)。这些岩浆岩主要出露于雅鲁藏布江左岸。

表1.5 雅鲁藏布江下游段岩浆岩简表

岩浆活动期及时代				代号	岩石名称	主要产出位置
时代不明				$\gamma\rho$	花岗伟晶岩	林芝
				$\beta\mu$	辉绿岩	林芝
				va	(变)玄武岩	林芝
				υ	基性岩	米林
				op	蛇绿岩	林芝
				Σ	超基性岩	米林、林芝、墨脱
喜马拉雅期	中期	新近纪	上新世(N_2)	$\eta\gamma_6^5$	二长花岗岩	米林
			中新世(N_1)	$\eta\gamma\pi_6^4$	似斑状二长花岗岩	林芝、墨脱
				$\eta\gamma_6^4$	二长花岗岩	林芝、墨脱
				$\gamma\delta_6^4$	花岗闪长岩	林芝
				$\delta\eta o_6^4$	石英二长闪长岩	林芝
				δo_6^4	石英闪长岩	林芝
	早期	古近纪	渐新世(E_3)	$\eta\gamma_6^3$	二长花岗岩	林芝
			始新世(E_2)	$\gamma\delta_6^2$	花岗闪长岩	墨脱
			古新世(E_1)	$\eta\gamma_6^1$	二长花岗岩	林芝
燕山期	晚期	白垩纪	晚白垩世(K_2)	$\xi\gamma_5^3$	正长花岗岩	墨脱
				$\eta\gamma_5^3$	二长花岗岩	米林
				$\gamma\delta_5^3$	花岗闪长岩	墨脱
				δo_5^3	石英闪长岩	米林
	中期		早白垩世(K_1)	$\eta\gamma_5^2$	二长花岗岩	米林
				$\gamma\delta_5^2$	花岗闪长岩	林芝、米林
				$\gamma\delta o_5^2$	英云闪长岩	林芝、米林
				$\delta\eta o_5^2$	石英二长闪长岩	米林
				δo_5^2	石英闪长岩	林芝、米林
				δ_5^2	闪长岩	米林

续上表

岩浆活动期及时代		代　号	岩石名称	主要产出位置
加里东早期	寒武纪(∈)	$\gamma\delta_3^1$	花岗闪长岩	林芝
		γo_3^1	英云闪长岩	林芝
晋宁晚期	震旦纪(Z)	γ_2^4	片麻状花岗岩	米林
		$\gamma\delta_2^4$	片麻状花岗闪长岩	米林
		δ_2^4	片麻状闪长岩	米林
滹沱期	古元古代(Pt_1)	Σ_2^1	超基性岩	米林

注：据1∶250 000、1∶1 500 000雅鲁藏布江沿江地质图修改；共7个时期、15种岩性，31类岩体。

喜马拉雅地层区内（主要在雅鲁藏布江右岸）零星可见少量侵入岩体，其形成时期、规模远不及冈底斯—察隅岩浆岩带。岩性上以酸性侵入岩占主导，为印支期（三叠纪）～喜马拉雅中期（新近纪中新世 N_1）岛弧—造山带的产物。

雅鲁藏布江地层区内仅偶见少量小规模的孤立侵入体，且多为断片或岩块状产出，岩性复杂，从超基性～酸性岩均有见及，其成因地质背景差异较大，形成时期从滹沱期（古元古代 Pt_1）至喜马拉雅中期（新近纪中新世 N_1）。总体上看，该段岩浆岩具有从雅鲁藏布江右岸向左岸（即由南向北）、由下游向上游（即从东到西）岩性由超基性渐至酸性，形成时代由老渐新的特征，显示出明显地受构造背景及其地史演化的控制。

1.3.1　超基性岩类

超基性岩类多呈零星出露的小岩体，形成于滹沱期和燕山中期。

1. 滹沱期超基性岩(Σ_2^1)

滹沱期超基性岩见于米林一带的念青唐古拉岩群岩组中，由角闪岩（图1.23）和透闪岩组成小岩株，与中～上元古界围岩呈侵入接触，无明显的接触变质现象。

其中，角闪石岩呈绿黑色，具中粒柱状变晶结构，面线状定向构造及网结状构造；透闪岩呈深灰色，具中细粒柱纤状结构，半定向构造，柱状者核部有阳起石残留，绿泥石和碳酸盐矿物呈斑杂状富集。岩石已遭受深达麻粒岩相的变质作用，可形成紫苏角闪透辉麻粒岩及紫苏角闪麻粒岩，如图1.24所示。

图1.23　滹沱期超基性岩以角闪岩块产出，后期受伟晶花岗质混染（墨脱雅鲁藏布江解放大桥右岸上游小路壁）

图1.24　滹沱期超基性岩以辉石麻粒岩包体产出，与围岩界线明显（米林里龙雅鲁藏布江右岸公路壁）

2. 时代不明的超基性岩(Σ)

分布于米林、林芝及墨脱一带的雅鲁藏布江沿岸蛇绿岩或蛇绿混杂岩带中，由数十个大小不等的岩体(块)组成，岩石组合已明显变质、变形。岩性以变质橄辉岩(图 1.24)、斜辉橄榄岩(经进一步蚀变后形成各种蛇纹滑石直闪石片岩类，图 1.25)为主体，其次为变质二辉辉橄岩和纯橄岩(蛇纹岩)，一般呈大小不等、强烈变质(以蛇纹石化、滑石化、直闪石化为主)变形的构造块体，无冷凝边，显示"无根"岩体构造侵位特征(图 1.23)。据已有研究资料，其化学成分镁铁比值 m/f 一般大于 8，属镁质超基性岩类，是未经过部分熔融的原始地幔残余部分。

图 1.25 雅鲁藏布江北界断裂带东侧的蛇纹滑石直闪石片岩
(林芝米瑞德拉村，石锅毛料)

1.3.2 基性岩类

基性岩类按其产出特征及雅鲁藏布江蛇绿岩带内的岩石组合，主要包括三类：

(1)未分的基性杂岩(代号"N"，包括侵入和喷出杂岩)。

(2)各种(变质)玄武岩(β)及玄武岩类为主体的孤立火山岩岩片或岩块(va)。

(3)(变质)辉绿岩及辉绿岩岩墙群($\beta\mu$)。

1.3.3 中～酸性岩类

区域中酸性岩出露广泛，构成冈底斯—察隅岩浆岩带的主体，为燕山中期～喜马拉雅中期碰撞—造山阶段的产物。此外，在晋宁晚期、加里东早期也有小规模的中～酸性岩浆的侵入活动。

1. 晋宁晚期

晋宁晚期中～酸性岩类分布于米林鲁霞村至丹娘乡雅鲁藏布江右岸山里，多因冲沟切割而出露。其岩石类型分为片麻状闪长岩(δ_2^4)、片麻状花岗闪长岩($\gamma\delta_2^4$)及片麻状花岗岩(γ_2^4)三种，受后期构造改造普遍发育片麻理和糜棱面理。岩体侵入于喜马拉雅地层区基底岩系南迦巴瓦岩群直白岩组和派乡岩组中,在多雄拉岩组中未见。岩体均为独立的不规则状小岩株或岩枝,界线较为清楚,接触带不太发育,部分为后期构造改造呈断裂接触。

在鲁霞村普曲沟右岸的片麻状花岗岩中,获得其 U－Pb 同位素年龄值为 525～553 Ma(潘桂棠等,2001 年),属晋宁晚期成熟陆壳形成阶段的产物。

2. 加里东早期

加里东早期岩体见于雅鲁藏布江左岸米林拉浦及天坡龙西侧,尼洋河林芝老县城附近解放乡一带零散出露。按岩性分为英云闪长岩(γo_3^1)、花岗闪长岩($\gamma\delta_3^1$)。受后期构造改造,普遍发育有片麻理,其产状与区域构造线一致。岩体均为独立的不规则状岩株或岩枝,侵入于冈底斯—腾冲地层区基底岩系念青唐古拉岩群中,与围岩界线较清楚,接触带多边缘混合岩化,部分后期构造改造为断裂接触。

英云闪长岩呈灰～浅灰色,中细粒花岗结构,块状构造、片麻状构造;花岗闪长岩为浅灰色,不等粒的花岗结构,块状构造为主,略显片麻状构造。

根据区域对比,该套花岗岩为加里东早期同造山阶段挤压岛弧环境中形成的同熔型花岗岩,其形成时代的同位素 U－Pb 年龄在 461.66～639 Ma;同位素年龄值下延至震旦纪,上延至中奥陶世。综合考虑大致拟定为寒武纪的产物。

3. 燕 山 期

按岩石形成演化系列分为两期,即燕山中期(早白垩世 K_1)闪长岩—二长花岗岩系列、燕山晚期(晚白垩世 K_2)石英闪长岩—正长花岗岩系列。

1)闪长岩—二长花岗岩系列

闪长岩—二长花岗岩系列包括闪长岩(δ_5^2)、石英闪长岩(δo_5^2)、石英二长闪长岩($\delta\eta o_5^2$)、英云闪长岩($\gamma\delta o_5^2$)、花岗闪长岩($\gamma\delta_5^2$)和黑云二长花岗岩($\eta\gamma\beta_5^2$)等六种类型,出露于雅鲁藏布江两岸,但主要出露左岸,总体呈近东西向延伸,与念青唐古拉岩群等呈侵入接触(图 1.26)。岩石具灰色～浅灰色,中～细粒结构,块状构造,局部片麻状构

图 1.26　二长花岗岩($\eta\gamma\beta_5^2$)侵入念青唐古拉岩群

(林芝尼洋河右岸公路壁)

造；矿物成分以更～中长石、微斜长石、石英、普通角闪石、黑云母组成，晚期微斜长石、石英增多，角闪石被黑云母全取代。

2)石英闪长岩—正长花岗岩系列

石英闪长岩—正长花岗岩系列包括石英闪长岩(δo_5^3)、石英二长闪长岩($\delta\eta o_5^3$)、(似斑状)黑云二长花岗岩($\eta\gamma\beta_5^2$)和正长花岗岩($\xi\gamma_5^3$)，与燕山中期闪长岩—二长花岗岩系列呈侵入接触，发育边缘混合岩带。主要出露于雅鲁藏布江两岸，米林—直白段以左岸出露较多，在墨脱—地东一带以右岸出露较常见。岩石为浅灰白～灰白色，中细粒渐变为似斑状结构，块状～斑杂状构造(图 1.27)。矿物成分以更～中长石、微斜长石、石英、普通角闪石及黑云母为主，晚期微斜长石、石英增多、角闪石被黑云母取代。

(a)(δK_1)闪长岩　　(b)($\delta o K_1$)石英闪长岩

图 1.27　早白垩世侵入岩

4. 喜马拉雅期

喜马拉雅阶段，沿雅鲁藏布江发育有五套岩石组合，显示造山晚期(碰撞后)同熔型花岗岩类的特征。区内均有见及，但内部岩石组合不全。其出露以雅鲁藏布江左岸较发育，右岸少见。分布地域以林芝广泛，次为墨脱，米林偶见。区划上则以冈底斯—腾冲地层区广泛分布，是冈底斯—察隅岩浆岩带的主体部分之一。喜马拉雅地层区内有少量出露，雅鲁藏布江地层区内未见。

1)石英二长岩—二长花岗岩系列

石英二长岩—二长花岗岩系列包括古新世($\eta\gamma_6^1$)和始新世($\gamma\delta_6^2$)两个序列，区内仅见二长花岗岩($\eta\gamma_6^1$)、二云二长花岗岩($E_1\gamma\beta\eta m$)[图 1.28(a)]、正长花岗岩($E_1\gamma\xi$)[图 1.28(b)]和花岗闪长岩($\gamma\delta_6^2$)，与燕山期花岗岩、基底岩系(包括念青唐古拉岩群和南迦巴瓦岩群)、盖层石炭系和白垩系等均为侵入接触。

岩石为浅灰～灰白色，中粒～巨粒似斑状结构(图 1.29)，块状～斑杂状构造。主要矿物成分为它形粒状石英、板状更长石和钾长石、少量黑云母，晚期出现褪色白云母。巨斑由碱性长石组成，粒径可达 5～8 cm，近断裂带附近可变形成为定向排列的眼球状。

(a)二云二长花岗岩

(b)正长花岗岩

图 1.28　二云二长花岗岩($E_1\gamma\beta\eta m$)和正长花岗岩($E_1\gamma\xi$)

图 1.29　二长花岗岩的似斑状结构，斑晶长石为劈理切割

(林芝尼洋河右岸)

2)花岗闪长岩—黑云花岗斑岩系列

花岗闪长岩—黑云花岗斑岩系列包括花岗闪长岩($\gamma\delta_6^3$)(图 1.30)、巨斑黑云角闪二长花岗岩($\eta\gamma_6^3$)、钾长花岗岩($\xi\gamma_6^3$)及黑云二长花岗斑岩($\gamma\pi_6^3$)四种类型，区内仅见二长花岗岩，出露相对零星。岩石呈浅肉红～浅玫瑰色或浅灰白色，中细粒结构，晚期为显微粒状基质的斑状结构，块状构造。主要矿物成分有更长石、钾长石、石英、黑云母

图 1.30　花岗闪长岩岩体(米林里龙乡)

等。斑岩中斑晶较小，粒径不大于 1 cm，成分为更长石、石英，少量钾长石。岩石在冷凝结晶时受围岩混染，后期热液蚀变也较普遍。

3)石英二长闪长岩—花岗岩系列

石英二长闪长岩—花岗岩系列生成序列为新近纪中新世(N_1)的石英闪长岩(δo_6^4)、中细粒角闪石英二长闪长岩($\delta\eta o_6^4$)、花岗闪长岩($\gamma\delta_6^4$)、中粒黑云二长花岗岩($\eta\gamma_6^4$)(图 1.31)、中粗粒似斑状黑云二长花岗岩($\eta\gamma\pi_6^4$，属岩体的主体部分)以及中粒似斑状黑云花岗岩(γ_6^4)。

图 1.31 黑云二长花岗岩体(米林德阳拉)

受东西向构造影响，侵入体边界呈近东西向。同时也明显受南北向构造改造，偏北东和北北东方向展布。主体产状为岩基，周围散布小岩株和岩滴状侵入体，呈不规则的环形套叠格局。岩体分别侵入于二叠系～古近系地层及早期岩体中，侵入界面清晰。围岩地层中接触带多具角岩化现象，岩体中含少量早期岩体和地层围岩捕虏体。

4)二长花岗岩($\eta\gamma_6^5$)

新近纪上新世(N_1)二长花岗岩($\eta\gamma_6^5$)仅见于米林德阳拉(图 1.31)等地喜马拉雅地层区南迦巴瓦岩群中，呈较小的不规则椭圆状岩枝产出，以主动侵位方式就位于南迦巴瓦岩群多雄拉岩组中，与围岩侵入接触关系明显，接触带蚀变强烈。

岩性为细粒黑云母二长花岗岩，花岗结构，块状构造，结构构造均一，块度较好。岩石新鲜，未见任何蚀变。主要矿物为碱性长石(含量 38%)、斜长石(含量 29%)、石英(含量 30%)、黑云母(含量 3%)。从其产出分布特征判断，可能属高喜马拉雅造山后期基底隆升阶段的产物。

1.3.4 脉 岩 类

区内脉岩分布广泛，种类较多。按岩性分为基性岩脉、中性岩脉和酸性岩脉等，少见碱性岩脉。岩脉与围岩具明显的侵入接触关系，多呈脉状产出。岩脉一般规模不大，最长可达百余米，宽数米至数十米不等。脉岩的侵入时代与同类岩体大致等时或稍晚，并侵入在相同的地层中，应属主岩浆补充期产物。

1. 基性岩脉

基性岩脉主要分布于雅鲁藏布江南、北断裂带两侧，岩石类型以辉绿岩、辉绿玢岩、辉长岩和变质基性岩等为主，为玄武岩浆结晶分异的产物。

辉绿岩脉呈灰绿～暗绿色，具蚀变辉绿结构，块状构造；矿物成分主要为具强绢云母化基性斜长石、全蚀变由绿泥石及方解石的它形粒状角闪石，有少量石英他形粒状充填。

纤闪石化角闪辉长岩脉呈灰绿色，变余辉长结构、嵌晶结构，块状构造。由全纤闪石化辉石、具微绢云母化和方解石化拉长石、伴有少量黑云母，较粗大的褐色角闪石中包嵌有辉石和斜长石，角闪石边部具次闪石化。

片理化变基性岩脉呈灰绿色，普遍受后期变质和蚀变作用强烈，原岩面貌不清。基性斜长石已转变为钠长石、绿帘石、黝帘石及绢云母，辉石蚀变为纤闪石、绿泥石、方解石，部分角闪石变为阳起石和绿泥石。

2. 中性岩脉

中性岩脉主要分布于冈底斯岩浆弧南部，岩石类型主要有闪长岩、石英闪长岩、闪长玢岩、石英闪长玢岩及少量闪长伟晶岩脉等。

闪长岩脉呈灰色，具中细粒半自形粒状结构，块状构造。矿物成分有斜长石、角闪石、黑云母，副矿物磷灰石、榍石、金属矿物等。

石英闪长岩脉具半自形柱粒状结构，块状构造，矿物成分主要为中长石、普通角闪石、黑云母及少量钾长石等。部分石英闪长岩脉后期次生蚀变强烈，常见绢云母化、绿泥石化、绿帘石化、黝帘石化。

闪长玢岩脉具基质交织结构，块状构造。斑晶为斜长石、角闪石；基质为中长石、角闪石、石英、隐晶质等。斜长石具绢云母化，角闪石具次闪石化。

蚀变石英闪长玢岩脉具蚀变斑状结构，基质具细粒半自形粒状结构，块状构造。斑晶为斜长石、角闪石、黑云母。基质由强绢云母化斜长石、绿泥石化角闪石、白云母化黑云母及石英等组成。

3. 酸性岩脉

酸性岩脉是区内分布最广的脉岩类，在冈底斯、雅鲁藏布江及南侧的喜马拉雅均可见及，但以冈底斯带更为常见，主要有以下四种岩类：

1)花岗岩脉(γ)

花岗岩脉出露广泛，按矿物组合进一步可分为花岗细晶岩、白云正长花岗岩及黑云二长花岗岩等。具细粒花岗结构、细晶结构，块状构造。矿物成分主要为微斜长石或钾长石、酸性斜长石、石英及黑云母、白云母等，部分岩脉中见有少量石榴石，并见绢云母化及绿泥石化，近断裂附近可具轻微碎裂岩化。

2)花岗斑岩脉($\gamma\pi$)

花岗斑岩脉主要分布于冈底斯带北部一线，具斑状结构(基质具球粒结构)，块状构造。斑晶为正长石、更长石及石英，呈港湾状、熔蚀粒状；基质为微晶钾长石、微粒石英、长石和石英组成的球粒状混晶集合体和绢白云母及黑云母雏晶及铁质等。

3)花岗伟晶岩脉(ρ)

花岗伟晶岩脉主要见于林芝、墨脱一带，具伟晶结构，块状构造(图 1.32)。岩石矿物成分主要为微斜长石、石英、斜长石和少量黑云母及白云母等，偶含少量不均匀分布的电气石、石榴石等矿物。

图 1.32 含碱性长石巨斑的伟晶岩(墨脱达木乡)

4)石英脉(q)

石英脉在区内较为发育，为晚期残浆或构造热液产物。多为褐铁矿化石英脉、黄铁矿化石英脉，有少量含铜、钼、铅、锌、磁铁矿化石英脉及乳白色成分单一的石英脉，并见石英脉相互穿插，具有多次活动特点。

1.4 变质岩与变质作用

1.4.1 变质岩带

研究区属于西藏变质地区，跨越喜马拉雅—冈底斯变质地带。区内变质作用复杂，各类变质岩石均较发育，多期次、多类型以及叠加变质较为普遍。除第四系、新近系、古近系及部分上白垩统和上三叠统地层未变质外，其余地层多有不同程度的变质。按照地质背景及变质历史发育和演化特征，从南向北可划分为三个变质岩带。

1. 喜马拉雅变质岩带

喜马拉雅变质岩带位于研究区南部，北邻雅鲁藏布江变质带。变质地层有低角闪岩相—高压麻粒岩相的结晶基底和绿片岩相～低绿片岩相的古生代～中生代沉积盖层，存在变质发育不均匀的现象。

主要岩石类型包括中～高级的片麻岩—麻粒岩—混合岩组合、中～低级的片岩—变粒岩—大理岩组合和低级～极低级的千板岩—变质碎屑岩—变质火山岩—结晶灰岩组合。

2. 雅鲁藏布江变质岩带

雅鲁藏布江变质岩带位于雅鲁藏布江地层区内，为一套低绿片岩相的蛇绿岩、蛇绿混杂岩、混杂岩及复理石沉积层变质。主要岩石为浅变质的蛇绿岩组合、低级的千板岩—绿片岩—变质碎屑岩—结晶灰岩(大理岩)等。

3. 冈底斯变质岩带

冈底斯变质岩带位于雅鲁藏布江变质岩带以北，大致沿冈底斯山脉呈近东西向展布。变质地层为低角闪岩相的结晶基底，绿片岩相—低绿片岩相的古生代～中生代沉积盖层，局部受岩浆侵入影响形成的接触变质带，也存在变质发育不均匀的现象。变质岩石组合包括低级的片岩—片麻岩—变粒岩—大理岩组合，极低级的千板岩—变质碎屑岩—结晶灰岩组合。

总体上雅鲁藏布江变质带变质相对较弱，喜马拉雅变质岩带则较强。从东至西、层序上从下向上变质有渐弱的趋势。

1.4.2 变质岩类

按照变质岩的成因，研究区的变质岩可分为四大类，即区域变质岩、混合岩、动力变质岩和接触变质岩。其中，动力变质岩类属“构造岩”的内容，接触变质岩类在区内发育程度低，故这里暂不论述。

区域变质岩可分为 7 亚类，共 49 种类型，混合岩分为三个类型，见表 1.6。

表 1.6 雅鲁藏布江—多雄河段主要变质岩类型简表

岩类		岩石名称	主要产出层位
区域变质岩	浅变质岩类	变质石英砂岩、变质砂岩、变质杂砂岩	$Pt_{2-3}Nq$、$Pt_3\text{-Ꞓ}R$、$T_3L^{o\varphi m}$、$K^{o\varphi m}$
		变质火山岩	$T_3L^{o\varphi m}$、$K^{o\varphi m}$
	千板岩类	砂板岩、板岩、粉砂质板岩、硅质板岩	$Pt_3\text{-Ꞓ}R$、$T_3L^{o\varphi m}$、$K^{o\varphi m}$
		凝灰岩质绿泥石绢云母板岩、绢云母板岩、钙质板岩	$T_3L^{o\varphi m}$、$K^{o\varphi m}$
		千枚岩、绢云千枚岩	$Pt_3\text{-Ꞓ}R$、$T_3L^{o\varphi m}$、$K^{o\varphi m}$
	片岩类	方解石化钠长绿泥片岩、绿泥片岩、绢云绿泥片岩、阳起石片岩、角闪绿帘石片岩、绿帘绿泥钠长片岩	$T_3L^{o\varphi m}$、$K^{o\varphi m}$
		蓝晶黑云片岩、蓝晶石片岩、十字石片岩、二云母片岩、黑云母片岩、含榴二云片岩	$T_3L^{o\varphi m}$、$Pt_{2-3}Nj$、$Pt_{2-3}Nq$
		绢云石英片岩、(含石榴)黑云石英片岩、二云石英片岩、含榴二云石英片岩、角闪石英片岩	$Pt_{2-3}Nq$、$Pt_{2-3}Nj$、$Pt_3\text{-Ꞓ}R$、$T_3L^{o\varphi m}$、$K^{o\varphi m}$
	变粒岩类	黑云变粒岩、石榴黑云变粒岩、石榴角闪斜长变粒岩、黑云斜长变粒岩、石榴黑云斜长变粒岩	$Pt_{2-3}Nj$、$Pt_{2-3}Nq$

续上表

岩类		岩石名称	主要产出层位
区域变质岩	片麻岩类	片麻岩、富铝片麻岩、花岗质片麻岩、蓝晶二长片麻岩、黑云片麻岩	$Pt_{2\text{-}3}Nq$、$Pt_{2\text{-}3}Nj$
	结晶灰岩 大理岩类	大理岩、结晶灰岩、钙硅酸盐质片麻岩	$Pt_{2\text{-}3}Nq$、$Pt_{2\text{-}3}Nj$、Pt_3-∈R、$K^{o\varphi m}$
	其他岩类	石英岩	$Pt_{2\text{-}3}Nq$
		斜长角闪岩、角闪岩	$Pt_{2\text{-}3}Nq$、$Pt_{2\text{-}3}Nj$
		石榴单斜辉石岩、石榴角闪岩	$Pt_{2\text{-}3}Nq$、$Pt_{2\text{-}3}Nj$
混合岩	混合岩 混合片麻岩 花岗片麻岩	黑云变粒岩～片麻岩	$Pt_{2\text{-}3}Nq$、$Pt_{2\text{-}3}Nj$

注：表中未包括蛇绿岩类、(区域)动力变质作用形成的及其变晶系列的岩石类型。

1. 区域变质岩

区域变质岩为研究区出露最广的一类变质岩，在三个变质带中均广泛发育。层位上从基底到盖层，分布位置上从东到西有变质减弱的趋势。岩石类型以浅变质的碎屑岩—火山岩、千板岩和结晶灰岩—大理岩类多见，片岩类次之，其他类型相对局限。

1)浅变质岩类

按岩性分为变质碎屑岩和变质火山岩两类。

(1)变质碎屑岩类

主要岩石类型有变质石英砂岩、变质砂岩～粉砂岩、变质杂砂岩等，原岩类型较易识别。岩石多以杂基或填隙物变质结晶和部分碎屑颗粒重结晶为特点；其中，杂基或填隙物常结晶为绢云母、绿泥石或伊利石等矿物。碎屑石英及少量长石、方解石等因重结晶而加大，原碎屑棱角变得模糊，颗粒向填隙间粒状转变。常与千枚状板岩(图1.33)、结晶灰岩、变质火山岩等构成低级～极低级变质岩组合。在中上元古界～上白垩统中可见，其中以冈底斯带和雅鲁藏布江带相对发育。

图1.33　变质砂岩与板岩组成的不协调褶皱(林芝米瑞乡)

(2)变质火山岩类

变质火山岩包括原岩为玄武岩、安山岩、流纹岩及其成分相当的火山碎屑岩(以凝灰岩为主)。岩石保留较清楚的火山岩结构和构造、喷发韵律层特征和外貌特点,仅在熔岩的基质或凝灰岩的部分凝灰中发生重结晶和变质结晶,通常形成一些微粒状的长石、石英、绢云母、绿泥石等矿物集合体。原熔岩中的斑晶、火山碎屑岩中的火山碎屑(包括岩屑、晶屑、玻屑)有程度不同的弱变质交代或变质结晶。该类岩石可进一步按原岩成分特征分为变质玄武岩、变质安山岩、变质流纹岩等类型。变质火山岩主要呈夹互层状与变质碎屑岩、结晶灰岩及大理岩、千板岩等产出,在冈底斯带和雅鲁藏布江带中的上古生界～中生界中可见。

2)千板岩类

千板岩类是本区最为发育的一类变质岩,广泛见于古生界～中生界正常沉积地层及混杂堆积地层中。以板岩类最为常见,千枚岩分布则较为局限。

(1)板岩类

板岩类岩性主要有含砾板岩、砂板岩、板岩、粉砂质板岩、(硅质)板岩、凝灰岩质绿泥石绢云母板岩、绢云母板岩、钙质板岩等,其中以砂板岩、板岩、粉砂质板岩最常见。原岩类型以复理石建造的砂质泥岩、泥岩为主,部分为不纯的泥岩或凝灰质泥岩。岩石一般板理发育,在断裂带附近受断裂的影响发育较为密集的破劈理,岩石较为破碎,岩体相对不完整,板理、裂隙多呈张开。

该类岩石在中生界相对发育,古生界中也有一定出露;在不同变质岩带中均有见及,但在雅鲁藏布江和冈底斯带中相对发育。

(2)千枚岩类

区内千枚岩类型单调,主要有千枚岩和绢云千枚岩两种。主要见于雅鲁藏布江缝合带的中生界和特提斯喜马拉雅带古生界中。

岩石千枚理发育,有时与板理过渡。成分上变质结晶的片状矿物较少,主要为绢云母,反映出原岩砂质较重的特点。原岩类型可能为粉砂岩或泥质粉砂岩。在雅鲁藏布江带正常地层及混杂堆积层中发育的这类岩石可能为断裂活动叠加低温动力变质(中浅构造层次)改造形成。

3)片岩类

该类岩石的岩性多变,主要发育于中元古界～古生界,中生界少见,以特提斯喜马拉雅带为多,其他两个带较少。

(1)绿片岩类

绿片岩类(图 1.34)主要出露于特提斯喜马拉雅带中,在雅鲁藏布江带有少量分布。主要岩石类型有方解钠长绿泥片岩、绿泥片岩、绿帘绿泥钠长片岩、阳起石片岩、角闪绿帘石片岩及绢云绿泥片岩等。岩石呈绿色、片理发育的板片状,岩性较软。成分以绿泥石、绿帘石、阳起石及绢云母等低级变质矿物为主,含有部分角闪石、钠长石、方解石等。原岩属偏基性的火山岩经低级变质形成。

图 1.34　绿片岩及变玄武岩(林芝米瑞乡)

(2)云母片岩类

云母片岩类主要岩性有蓝晶黑云片岩、蓝晶石片岩、十字石片岩、二云母片岩、黑云母片岩及含榴二云片岩,总体显示富铝特征,属沉积变质。其中,蓝晶石—十字石的变质矿物组合反映出变质程度已达中压角闪岩相。岩石中矿物成分以黑云母、白云母为主,含有一定量的石英和少量长石。由于岩石中云母类为主要矿物,故岩石片理十分发育,沿片理方向易剥离,因而岩石相对较软,岩体结构不太完整,抗风化能力较弱。该类岩石主要分布于特提斯喜马拉雅带的中元古界～古生界中,在雅鲁藏布江缝合带内的三叠系混杂岩中也有少量出露。

(3)石英片岩类

石英片岩类岩石是本区发育最普遍的一类片岩,主要岩性为绢云石英片岩、(含榴)黑云石英片岩、二云石英片岩(图 1.35)、含榴二云石英片岩及角闪石英片岩等。岩石片理较为发育,由于较软的片状矿物与较硬的粒状矿物相间排列,易沿片理面裂开。矿物成分主要为石英,普遍含云母,可出现一定量的长石、角闪石、石榴石等矿物。

该类岩石主要分布于特提斯喜马拉雅带内的中元古界～古生界,在雅鲁藏布江缝合带的白垩系混杂岩中有少量出露。

4)变粒岩类

变粒岩类分为两个系列,即黑云变粒岩、石榴黑云变粒岩、黑云斜长变粒岩、石榴黑云斜长变粒岩、石榴角闪斜长变粒岩。

变粒岩在成分特征上与片岩和片麻岩接近,但以细粒变晶、片柱状矿物较少、片麻理不发育为特点。在特提斯喜马拉雅带及冈底斯带中可见,特别是在南迦巴瓦岩群的派乡岩组中为主要岩性,常与片岩、片麻岩构成低级变质岩组合。

图 1.35　石英片岩与石英脉(墨脱老虎嘴栈道)

5)片麻岩类

片麻岩类属本区发育较少的一类变质岩,其主要岩性有富铝片麻岩、花岗质片麻岩、蓝晶二长片麻岩、黑云片麻岩等,是构成冈底斯—喜马拉雅带结晶基底的主要岩性之一。

岩石片麻理较为发育,由于片柱状矿物相对较少,沿片麻理间一般较紧密,不易开裂。矿物中一般以长石为主,含部分石英、云母,少数含有蓝晶石,其总体变质程度不高,原岩可能仍以沉积岩为主。

该类岩石虽然种类不多,但常常大片分布;其岩石性状较好,岩体较完整,裂隙少,易形成悬壁陡崖。但黑云片麻岩(图 1.36)的抗风化能力较弱(主要是黑云母水化析铁分解造成),在风化带其坚硬程度降低。

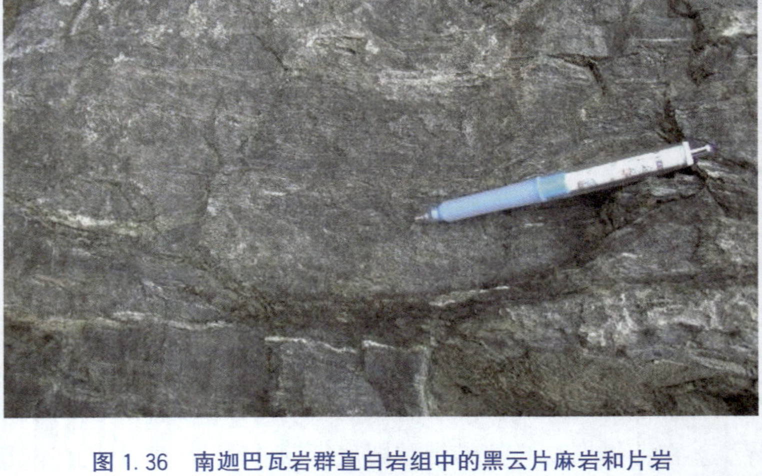

图 1.36　南迦巴瓦岩群直白岩组中的黑云片麻岩和片岩

(米林机场雅鲁藏布江下游右岸)

6)结晶灰岩及大理岩类

结晶灰岩及大理岩类岩石分布广泛,从中元古界～上白垩统均有见及,在三个带中均有出露。

岩性上主要为各种大理岩和结晶灰岩,见有少量的钙硅酸盐质片麻岩或透闪石岩(图 1.37)。

图 1.37 铁质透闪石岩(米林比丁浦沟右壁)

大理岩及结晶灰岩均为粒状变晶,块状构造。主要矿物成分为方解石,含白云石及少量砂质(成分主要是石英、长石)、泥质、铁质等杂质,其中泥质大多变质结晶为绢云母等。

结晶灰岩与大理岩的区别主要在于,前者为方解石重结晶,杂质成分结晶弱或无,外貌上原始层状特点明显。通常结晶灰岩多与浅变质岩构成极低级变质岩组合。

7)其他岩类

石英岩、斜长角闪岩、麻粒岩类(石榴单斜辉石岩、石榴角闪岩)等三类岩石分布较局限,且主要见于古生界及其以前的地层中,仅石英岩在上白垩统中有少量出露。

石英岩一般为细粒变晶,块状构造,主要矿物为石英,含少量的长石、云母等。岩石较致密、坚硬,但性脆,多呈夹层状产出。其原岩为脉石英或石英砂岩,经中、低级变质形成。出露于喜马拉雅和冈底斯带中。

斜长角闪岩、角闪岩见于喜马拉雅和冈底斯基底岩系中,在特提斯喜马拉雅带古生界及雅鲁藏布江带中也有出露,一般呈残留岩块形式产出。岩石主要由角闪石和斜长石组成,有时见石榴石等特征变质矿物(图 1.38)。其原岩可能为基性岩脉或透镜状夹层经中级变质形成。

麻粒岩类仅产出于特提斯喜马拉雅带结晶基底中,一般为沿构造线方向分布的透镜状岩块,与围岩为构造—侵入接触。其岩石类型为石榴单斜辉石岩、石榴角闪岩等,应属超基性岩经中～高级(角闪岩相—麻粒岩相)变质形成。

图 1.38　南迦巴瓦岩群中的石榴石斜长角闪岩
（林芝米瑞乡）

2. 混 合 岩

区内混合岩分布局限，除在特提斯喜马拉雅带的结晶基底中有所发育外，还见于其变质穹隆（变质核杂岩）中。出露地层为中～上元古界，特别是南迦巴瓦岩群多雄拉岩组，基本由各种混合岩组成。念青唐古拉岩群中、下部的 a 岩组和 b 岩组中也有较大范围的分布。

岩石类型有混合岩、混合片麻岩及花岗片麻岩等，依序混合（变质）程度逐渐增高。其基体主要为黑云变粒岩—片麻岩，一般残留中细粒变晶结构。脉体为二长—正长花岗质，常为粗粒变晶，以脉状、肠状（图 1.39）或浸染状等形式贯入，其外缘可引起基体重结晶而向粗粒过渡，有时向伟晶质过渡。

图 1.39　南迦巴瓦岩群中的肠状混合岩
（林芝米瑞乡）

1.4.3 变质作用与变质期

主要变质期次可大致分为四期，即新元古代晚期(Pt_3)、加里东早期(Є)、燕山晚期(K_1)及喜马拉雅期(E-N)。主要变质作用类型有区域变质作用、动力变质作用、接触变质作用和气—液变质作用。

中元古代～新元古代地层受区域动力热流变质作用，产生低角闪岩相、角闪岩相—麻粒岩相中高级区域变质，分别构成冈底斯、喜马拉雅的结晶基底。

加里东早期的区域动力热流变质作用程度达绿片岩相，造成喜马拉雅盖层产生低级变质，并使结晶基底发生第一次退变质作用。

晚古生代～侏罗纪地层受燕山晚期～喜马拉雅中期(N)区域低温动力变质作用影响，大多产生了低绿片岩相—亚绿片岩相的低～极低级变质。

燕山中～晚期(K)的板块俯冲和喜马拉雅期陆内调整产生强烈的低温动力变质作用叠加，形成了区内较大规模的韧性剪切带。白垩纪～新近纪广泛的岩浆侵入，与晚古生代～侏罗纪地层的接触带产生宽度不一、变质程度不等的接触变质作用。

2 区域地质构造发育特征

2.1 区域地质构造概况

青藏高原位于著名的特提斯造山系(带)东段,具有复杂而独特的巨厚地壳和岩石圈结构。按板块构造观点,它是一个由北部劳亚古陆(古欧亚板块)南缘和南部冈瓦纳大陆(古印度洋板块)北缘经中生代～新生代,两大古陆板块边缘不断裂离、弧后扩张,之后经弧后小洋盆萎缩消减、弧—弧、弧—陆俯冲碰撞形成的复杂构造域——特提斯构造域。在这个构造域中发育有一系列规模不等的弧—弧、弧—陆俯冲碰撞带和夹持于碰撞带之间的岛弧和陆块。

在这个复杂的构造域中,存在四条规模巨大、延续性好的缝合(俯冲碰撞)带,如图 2.1 所示,由北而南分别是:康西瓦—玛沁华力西期俯冲缝合带(TS)、金沙江—红河印支期缝合带、班公错—怒江燕山期缝合带和雅鲁藏布江喜马拉雅期缝合带。其中,究竟哪一条为消减了的特提斯大洋而成为南、北两大古陆的分界线,长期以来一致存在不同意见,分歧主要集中在雅鲁藏布江缝合带与班公错—怒江缝合带。

界于班公错—怒江缝合带和康西瓦—玛沁俯冲带之间的羌塘地块及巴颜喀拉—甘孜地块(北特提斯构造域),是劳亚古陆南部裂离陆块经扩张—拼贴形成的多弧盆体系;班公错—怒江缝合带与雅鲁藏布江缝合带之间的冈底斯—念青唐古拉微陆块(弧)极可能是劳亚古陆南缘裂离陆块经扩张—拼贴形成的另一多弧盆体系(南特提斯构造域),雅鲁藏布江缝合带则是这个多弧盆体系与冈瓦纳古陆的分界。显然这两个多弧盆体系形成演化都与特提斯洋的形成演化密切相关,属特提斯造山系的组成部分——特提斯构造域。

雅鲁藏布江下游区域正处于冈瓦纳古陆(古印度洋板块)北缘喜马拉雅造山带(图 2.1)与劳亚古陆(古欧亚板块)南缘冈底斯—念青唐古拉微陆块(图 2.1)接触部位。一系列微板块、板片及断块组成区域地壳岩体构造的基本格架。它们之间以深海沉积残体、蛇绿岩和混杂岩带等共同组成的板块俯冲消减带的前缘缝合线或以深断裂为分界,显示出地壳陆块(片)结合—镶嵌的结构特征。

印度洋板块—欧亚板块(亚洲陆块)碰撞是新生代地球上最为壮观的重大地质事件。青藏高原广大地域发生了与碰撞前截然不同的变形,地貌、环境及其深部结构都发生了深刻变化。根据青藏高原形成、周缘造山带崛起以及大量物质侧向逃逸的基本

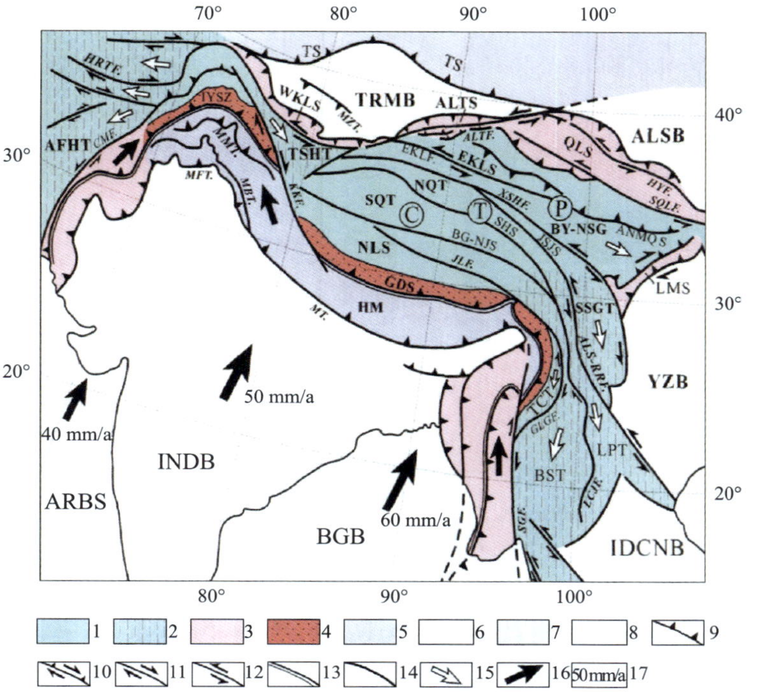

图 2.1 青藏高原大地构造单元图(许志琴,2011 年)

YZB—扬子陆块;ALSB—阿拉善陆块;IDCNB—印支陆块;INDB—印度陆块;TRMB—塔里木陆块;CTP—青藏中央高原;EKLS—东昆仑山;BY-NSG—巴颜喀拉-北松甘地体;NQT—北羌塘地体;SQT—南羌塘地体;NLS—北拉萨地体;WKLS—西昆仑山挤压转换带;ALTS—阿尔金山挤压转换带;QLS—祁连山挤压转换带;LMS—龙门山挤压转换带;YLWD—伊洛瓦底挤压转换带;ALM—阿拉曼挤压转换带;GDS—冈底斯主俯冲增生造山带;HM—喜马拉雅主碰撞造山带;SSGT—南松甘挤出地体;LPT—兰坪挤出地体;BST—保山挤出地体;TCT—腾冲挤出地体;TSHT—甜水海挤出地体;XDKST—兴都库什地体;KBRT—喀布尔地体;AFHT—阿富汗挤出地体;ANMQS—阿尼玛卿缝合带;JSJS—金沙江缝合带;SHS—双湖缝合带;BG—NJS—班公错—怒江缝合带;IYSZ—印度河—雅鲁藏布江缝合带;HYF.—海源断裂;SQLF.—南祁连断裂;ANMQ—阿尼玛卿断;EKLF.—东昆仑断裂;XSHF.—鲜水河断裂;ALS—RRF.—哀牢山—红河断裂;LCJF.—澜沧江断裂;JLF.—嘉黎断裂;GLGF.—高丽贡断裂;KKF.—喀喇昆仑断裂;ALTF.—阿尔金断裂;SGF.—沙盖断裂;CMF.—恰曼断裂;MMT—主幔冲断裂;MBT.—主边界冲断裂;MFT.—主前锋冲断裂;1—青藏中央高原;2—侧向挤出地块;3—周缘挤出转换造山带;4—冈底斯主俯冲造山带;5—喜马拉雅主碰撞造山带;6—周缘克拉通;7—古亚洲造山带;8—海域;9—逆冲断层;10—逆冲兼走滑断层;11—右行走滑断层;12—左行走滑断层;13—缝合带;14—断层;15—侧向挤出方向;16—板块运动方向;17—板块运动速度

格局,许多学者从大陆动力学视角出发,将印度陆块—亚洲陆块碰撞大地构造与“前碰撞大地构造”区别开来进行研究。将印度陆块—亚洲陆块碰撞的大地构造单元划分为:青藏中央高原、冈底斯—喜马拉雅主俯冲/碰撞造山带、青藏高原周缘挤压转换造山带和侧向挤出地体群等。其中,青藏中央高原即青藏腹地;“冈底斯—喜马拉雅主俯冲/碰撞造山带”包括冈底斯“安第斯山型”俯冲造山带和“喜马拉雅山型”主碰撞造山带;青藏高原周缘挤压转换造山带包括北缘“西昆仑—阿尔金—祁连”挤压转换造山带，东缘“龙门山—锦屏山”挤压转换造山带，东南缘“中缅”伊洛瓦底挤压转换造山带和西南缘“印—巴—阿”阿莱曼挤压转换造山带；侧向挤出地体群包括青藏高原东构造结东南部以大型走滑断裂：鲜水河—安宁河—小江、哀牢山—红河、澜沧江、嘉黎—高黎贡、那邦和三盖断裂为边界的南松甘、兰坪、保山、腾冲等挤出地体群，以及青藏高原西构造结两侧的甜水海、兴都库什、喀布尔侧向挤出地体群。

已有的研究资料探讨了上述各构造单元形成的主要制约因素，如：楔形印度洋板块与亚洲陆块的碰撞以及印度洋板块陆地东西拐角的构造作用、主碰撞和斜向碰撞的影响、大型走滑与侧向挤出地体的形成关系、挤压与走滑并重的挤压转换机制对整个青藏高原和周缘造山带形成的制约、碰撞大地构造单元的特性以及与前碰撞大地构造的区别和叠置或改造的关系等。

2.2 区域构造格架

2.2.1 陆壳地块汇聚—镶嵌构造与区域地质构造单元划分

雅鲁藏布江下游区域自北而南划分为班公错—怒江缝合带（Ⅰ）、冈底斯—念青唐古拉地块（岛弧岩浆岩构造带）（Ⅱ）、雅鲁藏布江缝合带（Ⅲ）、北喜马拉雅造山带（Ⅳ）和印度陆块（Ⅴ）等分属欧亚板块和印度洋板块两大板块的 5 个一级构造单元、12 个二级构造单元和 4 个三级构造单元（表 2.1 及图 2.2）。

表 2.1 雅鲁藏布江下游及邻近区域构造单元划分一览表

一级构造单元	二级构造单元	三级构造单元
班公错—怒江缝合带（Ⅰ）	蛇绿构造混杂岩带	
冈底斯—念青唐古拉地块（岛弧岩浆岩构造带）（Ⅱ）	那曲—洛隆弧前盆地（T_2-K_1）（$Ⅱ_1$）	
	昂龙岗日—班戈—腾冲岩浆弧（J-K_1）（$Ⅱ_2$）	
	狮泉河—嘉黎—帕隆藏布缝合带（J-K_1）（$Ⅱ_3$）	
	措勤—申扎岛弧（J-K_1）（$Ⅱ_4$）	
	隆格尔—工布江达复合岛-弧带（P-K）（$Ⅱ_5$）	
	冈底斯—察隅岩浆弧带（J-K_1、K_2-E）（$Ⅱ_6$）	
	日喀则弧前盆地带（K）（$Ⅱ_7$）	
雅鲁藏布江缝合带（Ⅲ）	蛇绿构造混杂岩带	
喜马拉雅造山带（Ⅳ）	北喜马拉雅构造带（$Ⅳ_1$）	
	高喜马拉雅构造带（$Ⅳ_2$）	比鲁构造岩片（$Ⅳ_{2-1}$）
		直白构造岩片（$Ⅳ_{2-2}$）
		南派乡构造岩片（$Ⅳ_{2-3}$）
		多雄拉变质穹窿（$Ⅳ_{2-4}$）
	低喜马拉雅构造带（$Ⅳ_3$）	—
印度陆块（Ⅴ）		

注：表中编号同图 2.2。

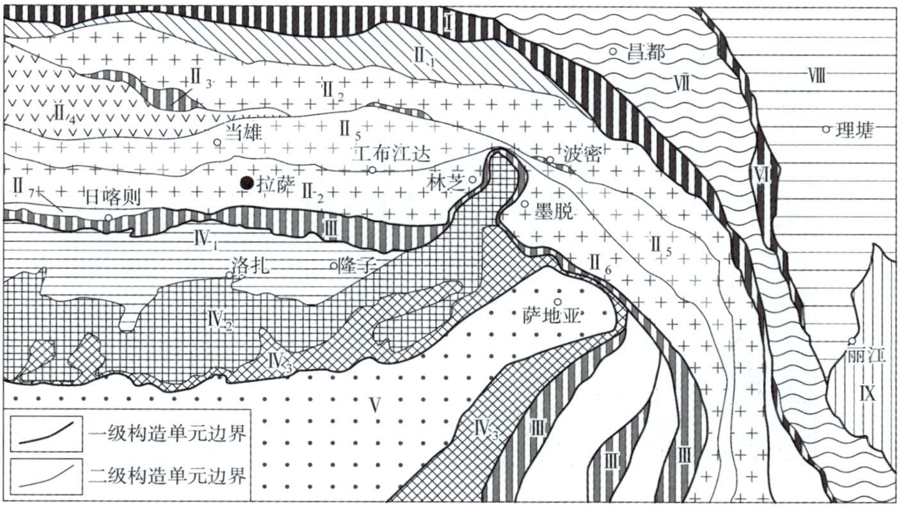

图 2.2 雅鲁藏布江下游区域构造单元(王国灿等,2010 年)

注:Ⅰ—班公错—怒江缝合带;Ⅱ—冈底斯—念青唐古拉地块(Ⅱ1—那曲—洛隆弧前盆地,Ⅱ2—昂龙岗日—班戈—腾冲岩浆弧,Ⅱ3—狮泉河—嘉黎—帕隆藏布缝合带,Ⅱ4—措勤—申扎岛弧,Ⅱ5—隆格尔—工布江达复合岛弧带,Ⅱ6—冈底斯—察隅岩浆弧带,Ⅱ7—日喀则弧前盆地带);Ⅲ——雅鲁藏布江缝合带;Ⅳ—喜马拉雅造山带(Ⅳ1—北喜马拉雅构造带,Ⅳ2—高喜马拉雅构造带,Ⅳ3—低喜马拉雅构造带);Ⅴ—印度陆块;Ⅵ—金沙江缝合带;Ⅶ—羌塘地块;Ⅷ—甘孜—巴颜喀拉地块;Ⅸ—扬子地块

雅鲁藏布江下游地区正处于高喜马拉雅结晶岩体(Ⅳ2)向北北东方向滑移推挤并强力楔入冈底斯岛弧岩浆岩带这一特殊的构造部位(图 2.2)。

2.2.2 区域构造单元及其基本特征

1. 班公错—怒江缝合带

班公错—怒江缝合带沿班公错、改则、尼玛、东巧、安多,经索县、丁青转向南东至八宿,然后沿怒江进入滇西,在西藏境内长达 2 800 km,宽 20~120 km,呈近东西~南东东向展布(图 2.2)。

班公错—怒江缝合带主体由规模巨大的蛇绿岩与蛇绿混杂岩组成(图 2.3),构造混杂岩变质程度为绿片岩相。早、晚白垩世和古、新近纪陆相火山喷发活动以及新生代陆相走滑拉分盆地、第四纪谷地沿缝合带呈带状展布。

班公错—怒江缝合带的中段与东段发育有微陆块呈菱形或近菱形展布,微陆块两侧均为蛇绿混杂岩带及强烈变形带所围限。微陆块本身主要由大理岩、绿片岩、局部有角闪片岩、片麻岩等变质岩组成。

蛇绿岩均呈构造块体混杂于侏罗纪地层中,或逆冲推覆于白垩纪及部分古近纪、新近纪地层之上。蛇绿岩内部发育有叠瓦式逆冲断层组,局部可见蛇绿岩或蛇绿混杂岩逆冲滑覆到侏罗纪、白垩纪及部分古近纪磨拉石地层之上(图 2.4)。

班公错—怒江缝合带航磁场特征表现为一条线性排列的串珠状异常,局部以正、

图 2.3　班公错—怒江缝合带(八宿县)

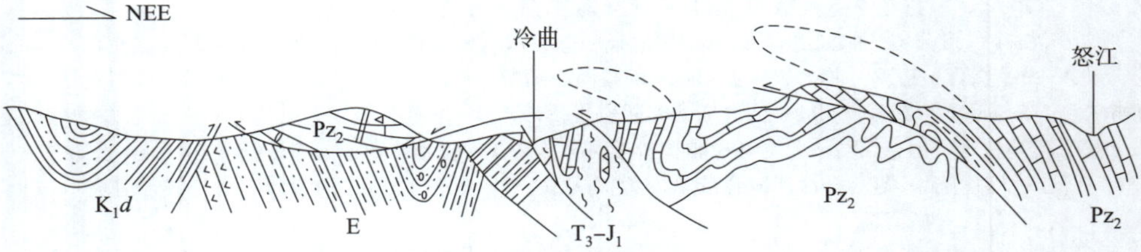

图 2.4　西藏八宿县班公错—怒江缝合带剖面结构(潘桂棠等,1990 年)

负异常峰值伴生为特征,峰值为 100～300 nT,同时也是一条不同磁场的分界线。据地震测深研究,断裂带两侧莫霍面被错断,南侧深 73～78 km,北侧深 65～70 km。

班公错—怒江缝合带(深断裂)是一条从华力西期开始活动,燕山期达到高潮,到喜马拉雅期仍有一定活动的岩石圈深断裂。

2. 冈底斯—念青唐古拉地块(岛弧岩浆岩构造带)

冈底斯—念青唐古拉地块(岛弧岩浆岩构造带)位于雅鲁藏布江缝合带北侧,主体表现为中～新生代大陆边缘岩浆弧。可大致划分出 4 个构造层组合,即前震旦纪基底变质岩系(以念青唐古拉群为主)、晚古生代石炭系～二叠系古特提斯多岛弧盆体系、中生代侏罗纪～白垩纪中特提斯多岛弧盆体系(包括岛弧、弧前、弧间、弧后盆地沉积组合)和新生代碰撞后陆内岩浆弧—前陆盆地—山间盆地沉积。

前震旦纪基底变质岩系组合以念青唐古拉山群(AnZ*Nq*)为代表,岩石变质程度达主体为高角闪岩相,局部达麻粒岩相。岩石中多见石榴石、矽线石、十字石等变质泥质矿物,原岩主要为一套砂泥质—火山岩的变质表壳岩岩系。

冈底斯—念青唐古拉岩浆岩带缺失下古生界,晚古生代主要发育泥盆系～二叠系,且以石炭系～二叠系为主,基本上为连续沉积。属于冈瓦纳大陆北部复杂大陆边缘沉积体系。

中生代和新生代是冈底斯—念青唐古拉岩浆岩带大地构造特性的突显时期。岩浆岩的形成背景多样，不同时期不同部位的扩张、俯冲、消亡、碰撞和地壳加厚造山是形成冈底斯—念青唐古拉岩浆岩带的主要地质作用。早白垩世末班公错—怒江洋盆闭合，形成一些与碰撞闭合有关的同碰撞型花岗岩体。晚白垩世～古近纪的岩浆活动主要受沿雅鲁藏布江的特提斯洋壳向北俯冲、碰撞和地壳加厚造山作用控制。新近纪出现一些小规模的花岗质侵入体，主要与碰撞后的壳内深熔作用有关，晚期出现与拉张环境下的陆内裂谷型岩浆活动(如念青唐古拉花岗岩基)。

根据中生代、新生代特别是中生代在北部班公错—怒江洋盆向南俯冲和南部雅鲁藏布江带洋盆向北俯冲双重作用下的岩浆岩发育特点，冈底斯—念青唐古拉岩浆岩带可划分出一系列次级构造单元(表 2.1 及图 2.2)。

1)那曲—洛隆弧前盆地(T_2-K_1)

那曲—洛隆弧前盆地发育于班公错—怒江缝合带南侧(图 2.2)，出露地层主体为中生界。盆地内岩浆活动微弱，构造变形作用及变质程度均较低。

以断块或断片状产出的三叠系地层主要为一套浅海－深水陆棚浊积相碎屑岩夹硅质岩、灰岩和中基性火山岩；以一套滨海相碎屑岩、灰岩，夹硅质岩为主体的中、上侏罗统～白垩系地层广泛不整合覆盖在三叠系之上；上白垩统(K_2)为一套以陆相为主的紫红色～灰色砾岩、砂岩、粉砂岩及泥岩，局部夹海相砂泥岩、泥灰岩及中基性火山岩，与下伏不同时代地层呈角度不整合接触，是区内重要的造山不整合面。

2)昂龙岗日—班戈—腾冲岩浆弧(J-K_1)

昂龙岗日—班戈—腾冲岩浆弧(图 2.2)是班公错—怒江洋盆向南俯冲形成的增生岩浆弧。岩浆弧侵入岩以波密花岗岩和班戈花岗岩为代表。波密花岗岩侵位于前震旦纪念青唐古拉岩群、泥盆系地层中。花岗岩 Rb-Sr 等时线年龄为 210～227 Ma；班戈花岗质岩体主要由石英闪长岩、英云闪长岩及花岗闪长岩等钙碱性系列岩石组成，侵位时代为早白垩世(118～124 Ma BP)。根据区调资料，班戈一带在早白垩世晚期～晚白垩世(77.8～90 Ma BP)发生具有同碰撞型的云母二长花岗岩、黑云正长花岗岩、碱长花岗岩以及后碰撞期的花岗斑岩等的侵位，构造背景与北部班公错－怒江洋盆于早白垩世末的碰撞闭合有关。

岩浆弧火山岩以早白垩世火山岩为主体，主要一套钙碱性系列火山岩，具有典型的弧火山岩特点。

3)狮泉河—嘉黎—帕隆藏布缝合带(蛇绿混杂岩带)(J-K_1)

狮泉河—嘉黎—帕隆藏布缝合带大致呈近东西向分布在冈底斯带中部(图 2.2)，是北部昂龙岗日—班戈—腾冲岩浆弧(增生弧)与南部措勤—申扎岛弧之间的构造分界线。

狮泉河—嘉黎—帕隆藏布缝合带主要由变质橄榄岩、辉长岩、枕状玄武岩、斜长花岗岩、晚侏罗世～早白垩世放射虫硅质岩和浊积岩等组成。受大型逆冲与后期走滑断裂的影响，蛇绿混杂岩呈断续状岩片，残块出露。混杂带中大部分物质已被晚期酸性侵入岩“吞噬掉”，所有孤立分布的蛇绿混杂岩残留体内部的不同组分之间的接触关系均为断层或韧性剪切带。

岩石地球化学特征显示出岛弧和弧后扩张环境，蛇绿混杂岩是在弧间裂谷或盆地的基础上发展起来的，代表了一个弧—弧碰撞带。

该蛇绿岩带曾被解释为班公错—怒江蛇绿岩带向南推覆的结果，但新的区调资料证实狮泉河—帕隆藏布蛇绿混杂岩带是一个由蛇绿岩、构造杂岩块和深海复理石组成的独立的蛇绿混杂岩带，被认为是班公错—怒江主洋盆向南俯冲形成的一个弧间洋盆。

研究区北侧紧邻缝合带东段嘉黎—易贡断裂带，断裂带走向 100°～105°，宽 3～35 km，由多条近平行断裂组成。断裂破碎带宽约 22 m，发育有破劈理带、构造角砾岩，以负地形为特征的断层地貌极为明显，如图 2.5 所示。

(a)断裂带负地形　　(b)断裂带内的破劈理

图 2.5　嘉黎—易贡断裂带 G318 索通段发育特征

4)措勤—申扎岛弧(J-K_1)

措勤—申扎岛弧(图 2.2)的陆壳基底为晚古生代正常陆棚沉积环境，缺失三叠纪和早侏罗世沉积，弧体主要为则弄群和捷嘎组，由安山玄武岩、安山岩与流纹岩及中酸性的凝灰岩、火山角砾岩和角砾熔岩组成一套完整的多火山沉积旋回组合，并广泛发育基本同期的花岗岩。

该岩浆弧古近纪火山活动微弱，新近纪火山活动较为强烈，以超钾质火山岩为主，同位素年龄为 12～23 Ma，与高原隆升过程中的壳幔相互作用有关。

5)隆格尔—工布江达复合岛弧带(P-K)

隆格尔—工布江达复合岛弧带展布于冈底斯—念青唐古拉山主脊(图 2.2)，为多期岛弧岩浆活动的复合体。

隆格尔—工布江达复合岛弧带的基底岩系主要为念青唐古拉群以及大面积出露的石炭纪～二叠纪浅海陆棚沉积。东段石炭纪诺错组、来姑组含有大量中基性、中酸性弧火山岩；中段二叠纪洛巴堆组有大规模玄武安山岩喷溢，属中基性岛弧火山岩。据研究，该带曾于晚古生代、早中三叠世及晚三叠世分别发生三次造弧作用。

近年来在该岛弧带东段发现系列早白垩世(105.2～133.9 Ma BP)淡色(白云母、二云母)花岗岩，其地球化学特征可与喜马拉雅中新世淡色花岗岩对比。但与此形成鲜明对比的是，同处该带西段的措勤县尼雄、沙松日阿一带的早白垩世(114～106 Ma BP)花岗岩，地球化学特征却显示为俯冲构造环境。这些信息表明，冈底斯带不同部位的岩浆活动性质存在重要差异，显示出多期弧岩浆复合演化的特点。

6)冈底斯—察隅岩浆岛弧带(J-K_1、K_2-E)

冈底斯—察隅岩浆岛弧(图 2.2)广泛分布有白垩纪(≥130 Ma BP)～古近纪(40 Ma BP)中酸性侵入岩，呈岩基或大型复合岩体产出。岩石组合以花岗闪长岩和石英二长岩为主，南部偏中基性，北部偏酸性。通常被认为是与雅鲁藏布新特提斯洋壳向北俯冲碰撞有关的安第斯型陆缘火山岩浆弧。

近年来，该岛弧带上相继获得了更老的同位素年龄。张宏飞等(2007 年)在变形花岗岩中得到 178 Ma 的锆石 U-Pb 年龄；Ji 等(2009 年)在南木林县奴玛乡北获得136.5～205.3 Ma 的锆石 SHRIMP 年龄。冈底斯带东段南侧发育的叶巴组火山岩，年龄为174～181.7 Ma，显示岛弧火山岩特征，一般解释成雅鲁藏布洋盆向北的俯冲作用，也有解释成是班公错—怒江南向俯冲的结果。

该岛弧带分布有著名的古新世～始新世火山岩，其$^{40}Ar/^{39}Ar$ 年龄介于 64～43 Ma，为具有一定岛弧特征的同碰撞阶段的构造岩浆作用产物，被视为研究印度陆块与亚洲大陆碰撞深部过程最好的载体之一。中新世钾质～超钾质火山活动较为活跃，被解释为来源于活动大陆碰撞带的下地壳。

7)日喀则弧前盆地(K)

日喀则弧前盆地带位于冈底斯—察隅岩浆弧的南缘(图 2.2)，被认为是白垩纪中期雅鲁藏布江洋盆向北俯冲，在冈底斯—察隅岩浆弧前形成的盆地。盆地内中、晚白垩世日喀则群弧前盆地复理石沉积不整合覆盖于南冈底斯岩基上，一些地方直接覆盖于雅鲁藏布江缝合带蛇绿岩端部的枕状熔岩之上。

3. 雅鲁藏布江缝合带(蛇绿构造混杂岩带)

雅鲁藏布江缝合带呈狭长带状夹持于北侧冈底斯—念青唐古拉地块(岩浆岩构造带)与南侧喜马拉雅造山带之间(图 2.2)，在雅鲁藏布江中游一带成近东西向延伸，东部雅鲁藏布江下游地区呈向北北东突出的弧形，环绕南迦巴瓦山展布，并最后向南延展，是南、北两大陆块碰撞—聚合的缝合线。

雅鲁藏布江缝合带的岩石建造特征较为复杂(第 3 章将详细论述，这里仅简述之)，总体上是一条由不同时代、不同建造类型的构造块体拼合而成的蛇绿构造混杂岩系，即由雅鲁藏布江蛇绿岩带、混杂堆积、复理石建造和高压变质带等组成。其时代主要为晚侏罗世～早白垩世，局部包括中晚三叠世。蛇绿构造混杂岩系物质组成十分复杂，不同岩系成构造岩片形式互相叠置混杂，包括有斜坡相的碎屑砂泥质岩片、洋壳系统的玄武岩岩片、超镁铁岩(蛇绿岩)岩片、辉绿岩岩片及碳酸盐岩片等。缝合带内岩石主体发生绿片岩相区域动力变质作用,局部含高压低温蓝闪石片岩。东部雅鲁藏布江大拐弯地区蛇绿构造混杂岩变质程度较深,达低角闪岩相。

除上述蛇绿构造混杂岩系外,在雅鲁藏布江中游地区,缝合带南北边缘还发育有一些构造破坏相对较弱,基本地层层序仍可恢复的有序地层。南部主要为印度洋板块北部被动大陆边缘,晚三叠世斜坡相半深海～深海相缘的一套砂板岩夹少量薄层或透镜状灰岩(朗杰学群);北部则主要发育一套白垩系属于北部大陆南缘的弧前盆地砂泥质或钙泥质沉积。

板块碰撞后,沿雅鲁藏布江缝合带的新生代陆内构造过程十分复杂。沿边界断裂和内部一系列近东西向断层发生多次构造活动,表现出挤压逆冲、正向滑动和走向滑动等多种构造运动形式(图 2.6),并影响到新生代地层大竹卡组砾岩(E_3N_1d)。

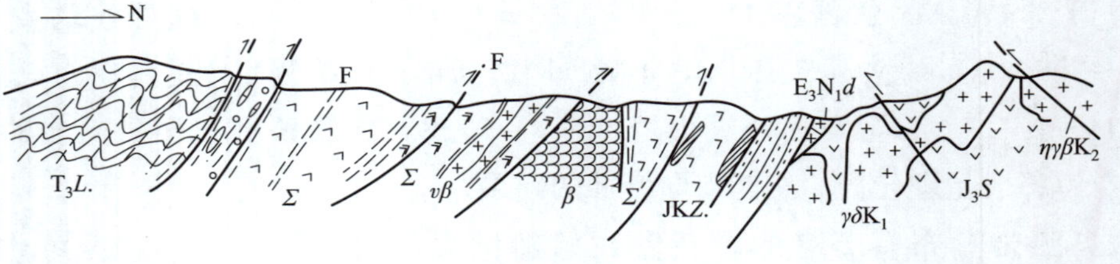

图 2.6　雅鲁藏布江缝合带罗布莎蛇绿混杂岩带

$T_3L.$—朗杰学群;J_3S—桑日群;E_3N_1d—大竹卡组;JKZ.—泽当岩群(玻镁安山岩);Σ—超基性岩;υβ—辉绿辉长岩;β—枕状熔岩;$γδK_1$—Ⅰ型花岗岩;$ηγβK_2$—S型花岗岩

尽管沿雅鲁藏布江缝合带的东西向断裂构造十分发育,但沿这些断裂的新构造活动并不强烈,只是米林以下的雅鲁藏布江下游地区的新活动活动较为明显,这可能与该地段位于喜马拉雅东构造结附近的特殊构造部位有关。

4. 印度洋板块北缘喜马拉雅造山带

喜马拉雅造山带以大面积出露印度洋板块前寒武纪变质基底岩系和奥陶纪～新近纪基本连续的海相地层为主要特色,是印度洋板块卷入碰撞后的挤压造山部分。由于处于印度洋板块向北俯冲的前缘部位,受新生代强烈的挤压作用控制,形成一系列向南倾斜的叠瓦状逆冲推覆构造岩片。强烈加厚的中下地壳发生部分熔融,导致沿喜马拉雅构造带分布有数量众多、大小不等、呈近东西向带状展布的新生代高钾淡色花岗岩。岩体侵位时代主要发生在 23 Ma BP 以前,以 19～22 Ma BP 间强逆冲推覆地壳加厚期最为集中。

喜马拉雅构造带从北向南可划分三个次级构造单元,分别为北喜马拉雅构造带、高喜马拉雅构造带以及低喜马拉雅构造带(图 2.2)。雅鲁藏布江下游大峡谷及相邻地区主要涉及北喜马拉雅带和高喜马拉雅带。

1)北喜马拉雅构造带

北喜马拉雅构造带位于雅鲁藏布江缝合带以南(图 2.2)的喜马拉雅山系北坡,南侧以藏南拆离断层系(STD)为界。构造带内地层系统较完整,发育从寒武纪一直到新近纪各时代地层。其中,古生界主要为印度洋板块北缘稳定被动陆缘浅海相沉积,局部出现一些裂陷环境;中生界均为浅海大陆架沉积并一直延续至古近系,最高海相层时限可延续到晚始新世约 35 Ma BP 的 Priabonian 期;新近系主要为一套河湖相砾岩~砂泥岩。

北喜马拉雅构造带的主要构造特点是一系列近东西向的褶皱—冲断变形。北部通常表现为直立褶皱和北倾的反转断层等构造变形,南部显示出典型的前陆褶皱—逆冲带的动力学特征,发育一系列向南倒转的褶皱构造。构造年代学研究显示,初始挤压发生在大约 30 Ma BP,并持续到 17 Ma BP。

除挤压变形外,南部边界为向北滑脱的藏南拆离断层系。另外沿中部拉轨岗日—康马一带发育的系列片麻岩穹隆构造,穹隆核部剥露基底片麻岩系,与显生宙地层之间多以向北的低角度滑脱型断层构造接触,界面可能和南部的藏南拆离系主构造边界相连,或是藏南拆离系的组成部分。

2)高喜马拉雅构造带

高喜马拉雅构造带夹持于北部的藏南拆离断层系和南部的主中央逆冲断裂之间(图 2.2),构成喜马拉雅山脉主脊。构造带内大面积剥露印度洋板块前寒武纪结晶基底岩系(由各种片麻岩、片岩夹石英岩、大理岩组成)。

南部的主中央逆冲断层表现为大规模向南逆冲为一巨型逆冲推覆构造,北部藏南拆离系表现为向北滑脱的正断层。高喜马拉雅结晶基底岩系大量剥露于地表的运动学过程一直受到中外地质学家的广泛关注。

20 世纪 80 年代,当人们最初认识到藏南拆离断层系(STD)的时候,主要注意到其本身的伸展变形,将藏南拆离系的发育归结为一期独立的近南北伸展作用,把高喜马拉雅结晶基底岩系的剥露与藏南拆离断层系的发育联系起来,并将这种伸展作用解释为碰撞造山后的伸展变形。

随着藏南拆离系(STD)和南部主中央断裂(MCT)的构造年代学资料的不断积累,发现主中央断裂大体形成于 20～23 Ma BP,并持续到 10 Ma BP;而藏南拆离系形成的年代区间也被限定在 13～23 Ma BP。由此认为,高喜马拉雅带南部边界断层的大规模的向南的挤压逆冲与北部边界向北的大规模的伸展滑脱发生于大体相近的时间段。基于藏南拆离系与主中央断裂发育的大体同时性,Catlos E. J. and Harrison T. M. 等(2001 年)用构造韧性挤出模型(ductile extrusion)来解释高喜马拉雅构造带大量结晶基底岩系的剥露,即在印度洋板块向南北俯冲于欧亚板块之下的挤压构造背景下,印度洋板块的基底岩系以楔状挤出形式向南、向上折返隆升(图 2.7)。

与藏南喜马拉雅造山带其他地段不同,由于印度洋板块的向北楔入,北喜马拉雅

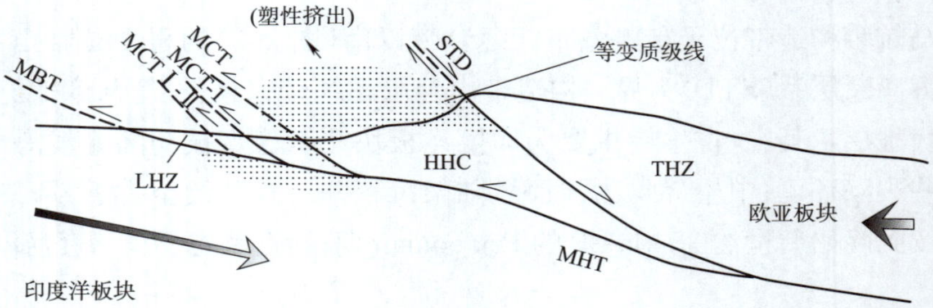

图 2.7 藏南拆离系与主中央断裂关系及高喜马拉雅结晶岩系剥露的韧性挤出模型

(Djordie Grujic 等,1996 年;Catlos E. J. and Harrison T. M. 等,2001 年;Chandra S. Dubey 等,2003 年)。

MBT—主边界断裂;MCT—主中央断裂;STD—藏南拆离系;MHT—主喜马拉雅断裂;

LHZ—低喜马拉雅带;HHC—高喜马拉雅结晶岩带;THZ—北喜马拉雅带

构造带在南迦巴瓦构造结的西侧里龙乡南部附近剪灭,雅鲁藏布江大峡谷地区南迦巴瓦构造结核部高喜马拉雅构造带的结晶基底岩系(南迦巴瓦岩群)直接邻接雅鲁藏布江缝合带。

基底逆冲结晶岩带呈马蹄状分布在喜马拉雅山脉的主脊及两侧,为南迦巴瓦基底隆升带的一部分。高喜马拉雅基底逆冲结晶岩带是由一条北西西走向,向北缓倾的大型北喜马拉雅韧性推覆剪切带、主中央冲断裂和主边界冲断裂等一系列新生代逆冲断裂组成的一个巨型陆壳逆冲叠覆岩片体。其岩石圈构造特征实质上为印度陆块挤压喜马拉雅陆块形成的犄角状刚性基底构造(图 2.1)。

2.2.3 区域断裂构造

1. 区域断裂构造分级

区域内的断裂构造划分为三级:

一级断裂的大地构造意义是板块、次级板块、地体以及地层分区等的分界断层。延伸一般大于数百千米,破碎带宽度一般大于数十米,而切割深度一般为数千米至数十千米。研究区发育雅鲁藏布江缝合带和嘉黎—易贡断裂等均属于一级断裂构造。

二级断裂主要是大地构造单元内部的断层,不具备区域地质分界意义。延伸一般为数米至数百千米,破碎带宽度一般为数米至数十米,而切割深度一般为数千米。

三级断裂是构造单元内部更小级别的断层。就规模而言,一般延伸仅数千米至数十千米,破碎带宽度一般为数厘米至数米,切割深度一般为数千米。

区域内主要的断裂构造如图 2.8 和表 2.2 所示。

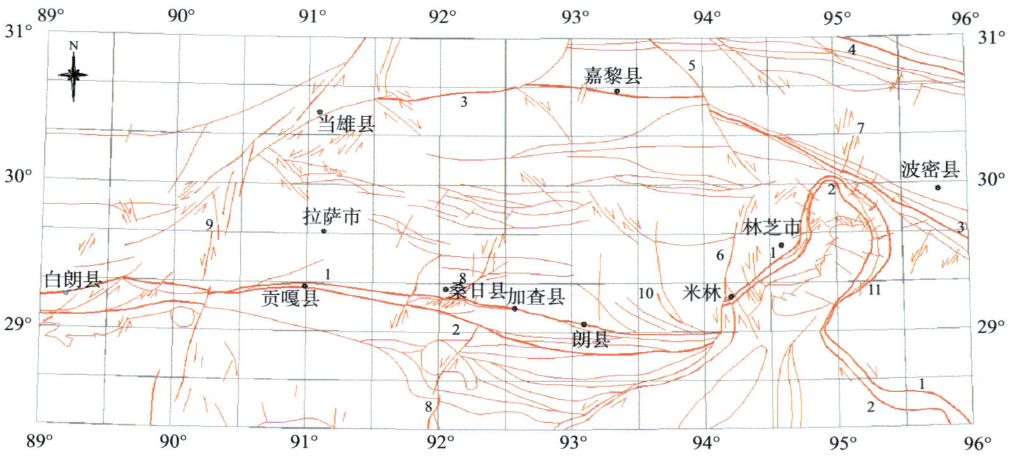

图 2.8 区域断裂构造

1—雅鲁藏布江北界断裂；2—雅鲁藏布江南界断裂；3—嘉黎—易贡断裂；4—班公错—怒江断裂；5—甲贡—龙布断裂；6—夺松—比丁断裂；7—通麦断裂；8—桑日—错那断裂带；9—亚东—谷露断裂带；10—里龙断裂；11—墨脱断裂

表 2.2 研究区断裂级别及主要断裂级别简表

断裂级别	大地构造意义	主要断裂
一级	板块、次级板块、地体、地槽、地台等的边界	雅鲁藏布江缝合带北界断裂带、雅鲁藏布江缝合带南界断裂带、嘉黎—易贡断裂、班公错—怒江断裂
二级	大地构造单元内部的断层	墨脱断裂、里龙断裂、通麦断裂、甲贡—龙布断裂、色拉贡巴—汤目拉断裂、桑日—错那断裂带、亚东—谷露断裂带、更来断裂、夺松—比丁断裂、朱巴—德兴断裂等
三级	构造单元内部更小级别的断层	丹娘断层、接地当嘎断层、德阳仲沙断层、大渡卡断层、蹦嘎断层、桑巴东断层、桑巴西断层、朋材断层、解放大桥断层等

2. 一级断裂构造

1)雅鲁藏布江缝合带

雅鲁藏布江缝合带以雅鲁藏布江北界断裂带为界与冈底斯弧接触；以雅鲁藏布江南界断裂带为界与喜马拉雅地块相邻；同时以夺松—比丁断裂为界，东西两段构造特征不尽相同。有关该缝合带的发育特征将在后续章节专门予以论述，这里暂不赘述。

2)嘉黎—易贡断裂带

嘉黎断裂带(图 2.8 中 3)位于研究区北侧。断裂带北西自狮泉河，向东延伸经麦堆、果芒错、格仁错，经申扎永珠、纳木错西，再向东经九子拉、嘉黎、波密等地，呈北西西—东西—南东方向展布，由一系列近于平行的断层带组成，如图 2.9 所示，是一条区域性的大型右旋走滑断裂带。断裂带中段走向为近东西向，向东逐渐转为北西向，走向上表现为舒缓波状；倾向以向北为主，局部向南倾；总体倾角较陡。断层带内蛇绿混杂岩呈断续分布。断裂破碎带宽一般大于 30 m，为脆性破碎带，主要由碎裂岩、碎粉岩及构造透镜体构成。

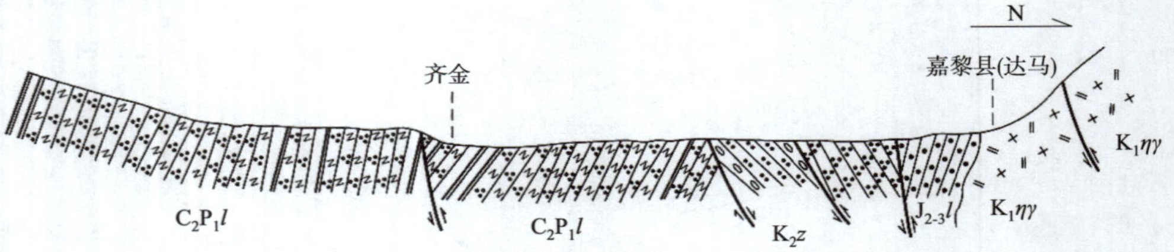

图 2.9　嘉黎县齐金村嘉黎断裂带剖面素描图

C_2P_1l—来姑组；$J_{2\text{-}3}l$—拉贡塘组；K_2z—宗卓组；$K_1\eta\gamma$—早白垩世二长花岗岩

狮泉河—嘉黎—易贡藏布断裂带是一条长期活动的深大断裂带。在漫长的地质历史发展过程中经历了多期不同性质的活动，早期为压性，中期为张性，在晚新生代高原隆升过程主要表现为平移运动。断裂带全新世活动强烈，最新活动性表现为：断层经过处负地形或线性地貌发育，总体沿易贡藏布河谷延伸；沿断裂带发育断层崖、对头沟等构造地貌；第四系变形明显；沿断裂带地震活动强烈且呈带状分布；地热异常明显，发育多处温泉和钙化点；断裂中断层泥石英形貌扫描以次贝壳状、贝壳状为主，少量橘皮状。

3）班公错—怒江断裂带

班公错—怒江断裂带（图 2.8 中 4）由多条近于平行的断裂带组成，是一条区域性深大断裂带，仅在研究区东北角小范围出露。断裂带走向南东东，倾向南西，倾角 40°～80°。沿断裂带发育大规模糜棱岩带、构造角砾岩带、逆掩断裂带，同时发育拖曳褶皱以及倒转褶皱等构造成分。该断裂带岩浆活动十分强烈，形成宽度 2 km 左右的构造混杂岩带。班公错—怒江断裂带具逆冲挤压兼右旋走滑性质（图 2.4）。

班公错—怒江断裂的构造活动始于华力西期，至燕山运动期达到构造活动高潮，喜马拉雅运动期仍有一定活动。断裂带活动性表现为：燕山期在断裂带的西侧形成数条岩浆弧带，后期叠加喜马拉雅期活动；新生代形成走滑拉分盆地；第四纪谷地沿断裂带呈带状展布。

3. 二级断裂构造

1）墨脱断裂（图 2.8 中 11）

墨脱断裂位于墨脱县北西，总体上沿雅鲁藏布江展布。断层走向为北东向，倾向南东，倾角 60°～70°，为左旋平移断层。在马尼翁处可见宽约 200 m 的断层破碎带，发育挤压片理、片麻理构造（图 2.10）。断层上、下盘分别切割元古界念青唐古拉群以及燕山期—喜马拉雅期岩浆岩体。断裂形成于燕山期—喜马拉雅期，晚第四世以来活动强烈。

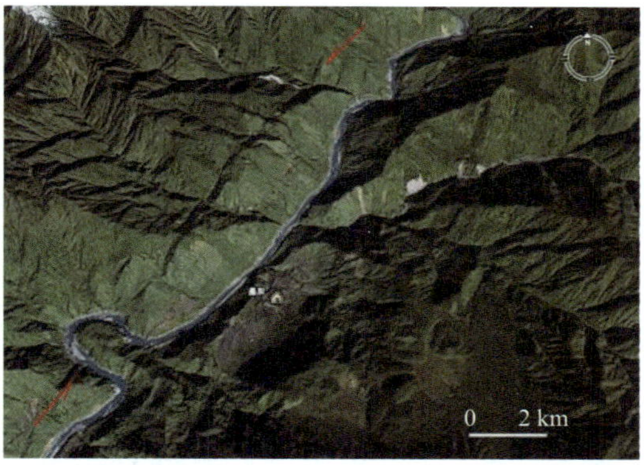

(a)遥感影像

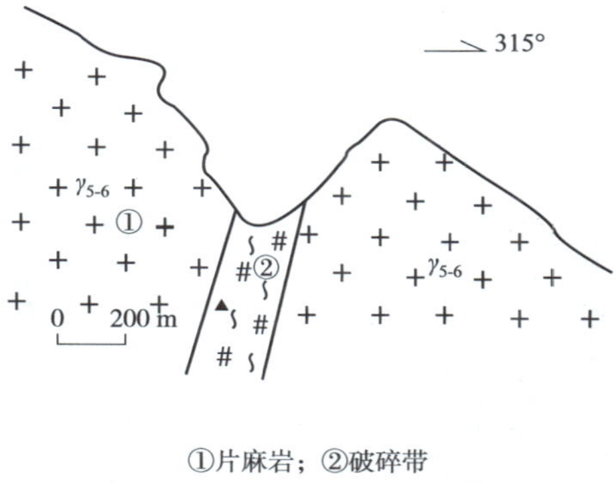

(b)剖面图

图 2.10　墨脱断裂

断裂带晚第四世活动强烈，属全新世活动断裂，主要表现为断裂经过处负地形和线性地貌发育；断裂切割冲沟、山脊及其他地貌体，并形成了断头沟以及水流的袭夺现象；断裂带中发育断层泥，断层泥测年为(22.16±1.88)ka BP；1950 年在察隅—墨脱地区曾发生过 8.6 级地震。

2)里龙断裂(图 2.8 中 10)

里龙断裂位于米林西约 35 km 的里龙乡，总体北北西向展布，断裂起自喜马拉雅山南坡，切错分水岭，向北北西方向延伸，在里龙附近穿过雅鲁藏布江后继续延伸。

该断裂带切错了雅鲁藏布江缝合带，使雅鲁藏布江河谷在断裂附近形成左旋转折，具有明显的活动构造地貌特征。里龙沟口晚更新世晚期的Ⅱ级阶地冲积层[ESR 年龄为(3.2±0.3)万 a]受到强烈变形，地层变形、褶皱强烈，断层等清晰可见(图 2.11)。1947 年朗县东南 7.7 级地震与该断裂带的活动有关；因此，里龙断裂具有强烈的活动性，判断该断裂为全新世活动断裂。

图 2.11　里龙断裂上覆二级阶地冲积层构造变形

3)通麦断裂(图 2.8 中 7)

通麦断裂大致沿帕隆藏布呈近南北向展布。其南端切穿雅鲁藏布江缝合带，中段切穿嘉黎—易贡断裂，平面上具有右旋错移特征。

在通麦—拉月曲汇口段的公路沿线可见断裂露头，产状为 N12°E/SE∠73°。断裂带变形强烈，发育构造角砾岩及较厚的断层泥，结构松散，缓倾擦痕清晰(图 2.12)。断裂属全新世活动断层，主要表现为沿断裂带发育高温温泉及一系列地震；断层泥中石英形貌扫描以次贝壳状为主，次为橘皮状、鱼鳞状、贝壳状。

(a)破碎带

(b)断层泥及擦痕

图 2.12　通麦断裂

4)甲贡—龙布断裂(图 2.8 中 5)

甲贡—龙布断裂分布于边坝县甲贡—波密县龙布—林芝久日错布一带，呈北西向延伸，断层面总体近直立，断裂性质为右旋平移。破碎带宽度 10～50 m，发育构造碎裂岩。断层切错白垩系地层以及燕山期岩浆岩体，现代活动较为明显，地貌上显示主要沿沟谷、鞍部等负地形延伸，断裂错断了其他所有近东西向断层，属全新世活动断裂。

5)夺松—比丁断裂(图 2.8 中 6)

夺松—比丁断裂走向近南北，倾向西，倾角 45°～60°。断裂中段和北段发育宽度大于 100 m 的脆—韧性剪切破碎带(图 2.13)，主要由碎裂化糜棱岩、构造角砾岩构成，断层面可见明显擦痕；断裂南段，主要表现为左旋走滑兼西盘下降特征，糜棱岩、构造透

图 2.13　伸展斜卧褶皱

镜体及倾竖褶皱发育。断裂切错了林芝岩群、雅鲁藏布江缝合带东段，错距约 23 km，该断裂为南迦巴瓦构造结在喜马拉雅期急剧抬升过程中而产生的藏南拆离系的北东部分。

6)桑日—错那断裂带(图 2.8 中 8)

桑日—错那断裂带北起沃卡，向南穿过雅鲁藏布江，断续延伸至错那一带。断裂带由一系列北北东向和近南北向次级断裂组成(图 2.14)。

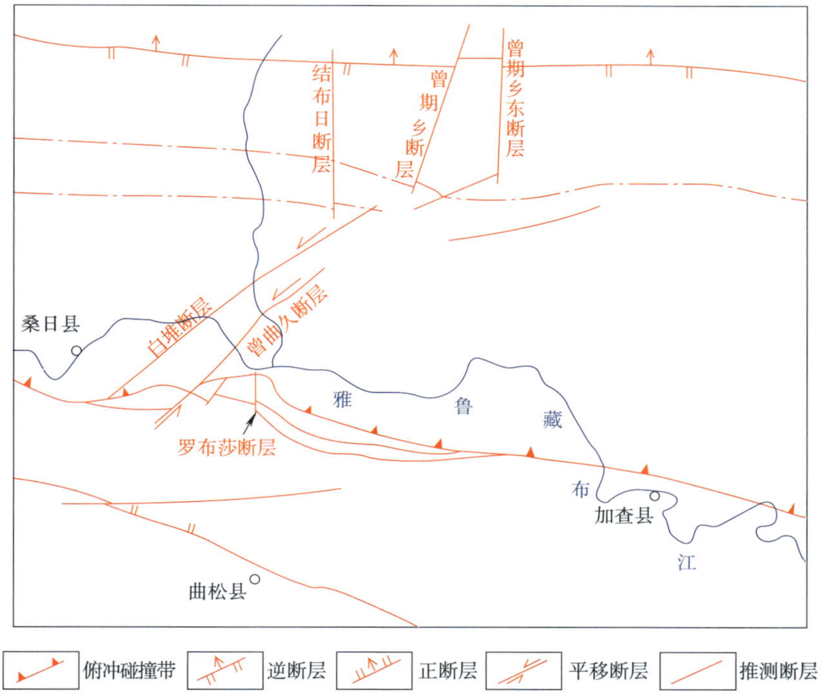

图 2.14　桑日—错那断裂带构造略图

桑日—错那断裂带第四纪活动强烈，主要表现为断裂带切割山体、冲沟并发育断层三角面；断裂带强烈变形，岩石破碎松散且发育断层泥；增期乡断层错断Ⅲ级阶地；地热活动异常，沿断裂带发育温泉等；沿断裂带地震活动频繁，1915 年曾发生过 7 级地震。

7)亚东—谷露断裂带(图 2.8 中 9)

亚东—谷露断裂带北起那曲，向南南西方向延至亚东一带。断裂带由一系列北东向、近南北向的次级断层组成(图 2.15)。断层总体走向南北，断层向西或东倾斜，断层倾角中等～陡，以陡倾角为主。破碎带宽度 5～30 m，带内岩体破碎。

亚东—谷露断裂带是研究区西部一条规模大、活动性强烈的断裂控制带，由多条走滑型和拉张型断裂组成。断裂带第四纪活动性强烈，属全新世活动断裂，主要表现为断层经过处负地形、断层崖或断陷地貌等发育；沿断裂带航磁异常和地热异常明显，

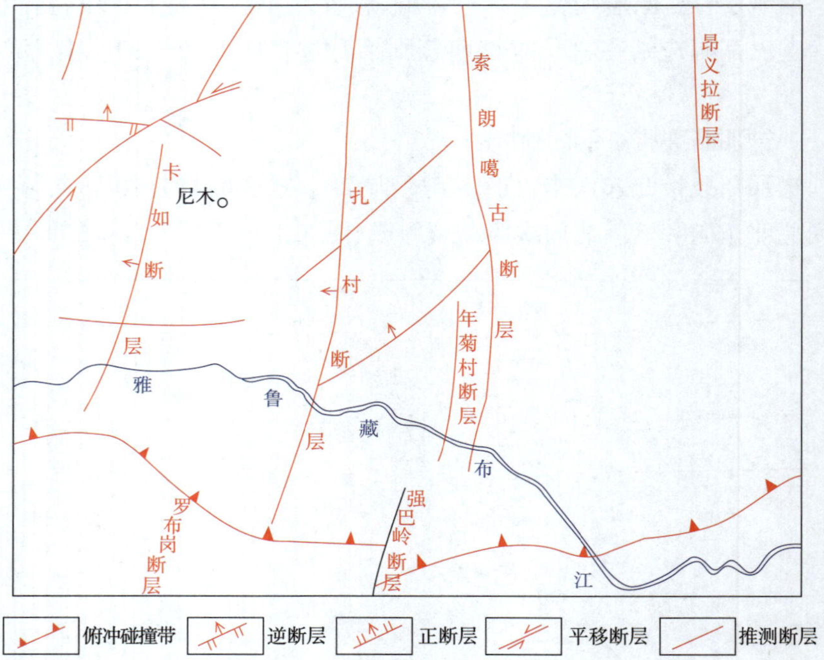

图 2.15　亚东—谷露断裂带地质构造略图

温泉呈线状分布；沿断裂带地震活动频繁，1951 年当雄曾发生过 8 级地震。

研究区内的其他二级断裂及断层发育具体情况见表 2.3。

表 2.3　其他二级断裂及断层构造一览表

名　称	产　状			发育特征	力学性质
	走向	倾向	倾角		
朱巴—德兴断裂	EW	E 或 SSE		破碎带宽度 0.5～3 m，具脆性和韧性变形特征。断层上、下盘切割元古界念青唐古拉群以及燕山期岩浆岩体。断裂形成于燕山期～喜马拉雅期。断裂具明显的活动性，沿断裂带分布一系列地震	右行平移
加热萨断裂	NW	NE		破碎带宽数米，具有脆韧性变形特征。断层上、下盘切割元古界念青唐古拉群以及燕山期岩浆岩体。断裂形成于燕山期～喜马拉雅期。该断裂具明显的活动性，沿断裂带分布一系列地震	逆断层
地东—背崩断裂	NE	E 或 SSE	70°～80°	破碎带宽数米至数十米，具脆韧性变形特征。断层上、下盘切割元古界念青唐古拉群以及燕山期～喜马拉雅期岩浆岩体。断裂形成于燕山期～喜马拉雅期	右行平移
色拉贡巴—汤目拉断裂	NW		近直立	该断裂新活动性明显，地貌上显示主要沿沟谷、鞍部等负地形延伸，沿线见多处冰蚀湖分布，并发育多处温泉	右行平移

续上表

名　称	产　状			发育特征	力学性质
	走向	倾向	倾角		
哄多—额拉断裂	EW	N	55°～80°	破碎带宽度10～100 m，由碎裂岩、断层泥、构造透镜体等组成。沿断裂带发育沟谷、凹地、鞍部等负地形及断层崖地貌，局部地段出露断层泉。该断裂至少经历了两次以上构造变动，形成于燕山期～喜马拉雅期	逆断层
共野—霞公拉断裂	NEE	N～NE	55°～75°	破碎带宽50～150 m，发育碎裂岩、断层泥及构造透镜体等脆性变形构造岩。断层形成于燕山期，该断裂新活动性明显，地貌上显示主要沿沟谷、鞍部等负地形延伸，沿线见多处冰蚀湖分布，并发育多处温泉	逆断层
阿帕龙断裂	NWW	NE	近直立	断裂卫星影像清晰，该断裂新活动性明显。断裂切割各种现代地形、地貌，控制了仰桑曲、恩姆拉河和因通河等河流、沟谷的发育。沿线见多处冰蚀湖分布，并发育多处温泉	逆冲—右旋走滑
更来断裂	NE	NE	70°～80°	断裂破碎带宽度大于50 m。断裂带沿凹地形发育，并发育断层三角面、断层崖等构造地貌。该断裂是一条重要的控震断裂构造，现今仍有剧烈活动	右行平移—逆断层
嘎贡杠断裂		N～NE	80°～85°	断裂带发育宽15～30 m的断层破碎带，主要由构造角砾岩、碎砾岩及挤压透镜体构成	逆断层
达玛杠断裂	NWW	N	24°～37°	断裂发育宽约20 m的破碎带，带内主要发育推碾构造角砾岩及断层泥，具有牵引褶皱、同斜褶皱。沿断裂发育一系列对头沟、湖泊	逆断层
热干松多断层	EW	N	41°～45°	破碎带宽20～30 m，带内构造角砾岩、脆性伸展变形构造及断层泥发育。沿该断层一带，地貌标志明显，发育沟谷、垭口、陡崖等	伸展断层
曲水韧性剪切带	EW			断层带发育糜棱岩化花岗岩亚带、糜棱岩亚带及构造片岩亚带。发育两组剪切面理	右行—逆冲剪切
莫村韧性断层	EW	N	62°～82°	断面两侧发育宽50～80 m的韧性剪切带，由糜棱岩、糜棱岩化岩石组成，断裂带经历了韧性剪切、逆冲推覆及浅表相的脆性改造作用，为一多期次活动断裂	韧性逆冲断层
卡实断层	NWW	N	50°～70°	断层带发育有挤压破碎带及韧性剪切带。东段发育构造片岩、糜棱岩化岩石；西段普遍发育糜棱岩、构造片岩。为一多期次活动断层	韧性剪切—逆断层

续上表

名　称	产　状			发育特征	力学性质
	走向	倾向	倾角		
江达—麦村断裂	NW～EW	N～NE	35°～60°	断裂带北盘发育牵引构造及地层缺失，沿断裂带发育构造角砾岩、碎裂化糜棱岩、直立劈理等，具早期挤压晚期张裂的特征，为一多期活动控制性断裂	
雪卡—洞比断裂	EW	S	60°～70°	断裂卫星影像清晰，沿断裂有宽大于100 m的韧性剪切带及破碎带。糜棱岩、糜棱岩化岩石、碎裂岩以及糜棱面理、布丁构造等普遍发育，早期具压性，后期为张性	正断层
芦堆—边平巴断裂	NW～EW	S～SW	70°～75°	地层缺失，发育宽50～100 m不等的构造破碎带，可见少量碎裂糜棱岩、透镜体及“σ”碎斑。断裂早期具韧性剪切特征，晚期叠加脆性活动	正断层
决村—白间断裂	NW	NE	40°～70°	地层缺失，发育宽50～150 m不等的糜棱岩化带、破碎带、揉皱构造和直立劈理带，断裂经历了早期伸展剥离和晚期挤压逆冲的改造	正断层
巴拉劣果—列木切断裂	SN	SW	65°～70°	断裂卫星影像清晰，沿断裂断续发育宽50～150 m不等的破碎带。发育褐铁矿化构造角砾岩、碎裂岩，部分具硅化、绢云化及绿泥帘石化。属浅表层次脆性断裂	正断层
盈则—积拉断裂	SN	W～SW	45°～70°	断裂卫星影像清晰，沿断裂发育宽100～200 m的破碎带，碎裂岩、碎粒岩呈带状分布，碳酸盐化、绢云母化、绿泥石化、硅化、绿帘石化强烈	正断层
马与帮嘎—司玛洗断裂	EW	NW～N	60°～75°	糜棱岩带宽达300～500 m不等，断裂面附近常出现糜棱片岩。糜棱岩中发育S—C组构及布丁构造，并发育同斜褶皱、肠状褶皱、无根褶皱及褶叠层等	韧性剪切断裂
加拉沙断裂	NW	NE	60°～80°	发育宽200～300 m糜棱岩带，糜棱岩带以片麻二云长英质糜棱岩为主，常见变粒岩、斜长角闪岩、片麻岩扁豆体。糜棱岩发育S—C组构、“σ”旋转碎斑	韧性剪切断裂
色崩断裂	NW～SE	NE	50°～60°	断裂带发育宽约50～100 m的糜棱岩带，花岗质糜棱岩发育绿泥石化、帘石化、绢云母化、糜棱片理	逆冲断层
珞巴村—来果伸展断裂	NW～SE	W	10°～35°	西盘由曲德贡岩组组成，并发育顺层掩卧褶皱、褶叠层及韧性剪切带。东盘南迦巴瓦岩群并发育透入性糜棱面理、“σ”碎斑和拉伸线理、多米诺骨牌构造	伸展—剥离层
岭松牧场韧性断裂	NW～SE	W	10°～35°	西盘由曲德贡岩组组成，并发育顺层掩卧褶皱、褶叠层及韧性剪切带。东盘南迦巴瓦岩群并发育透入性糜棱面理、“σ”碎斑和拉伸线理、多米诺骨牌构造	伸展—剥离断层

4. 三级断裂

作为区域地壳岩体的基本构造成分，研究区内的三级断裂极为发育。断层发育特征的具体情况见表 2.4。

表 2.4 三级断裂构造（基体断裂）一览表

名　称	产　状			发育特征	力学性质
	走向	倾向	倾角		
蹦步断层	NW	NE	70°～87°	构造破碎带宽 0.4～2 m，原岩为斜长片麻岩，发育构造透镜体、构造角砾岩	右行平移
丹娘断层	NE	NW	42°～49°	构造破碎带宽 0.2～0.4 m，原岩为大理岩及黑云斜长片麻岩，发育构造透镜体、小角砾及断层泥	逆断—正断
接地当嘎断层	NE	覆盖	覆盖	地表三个温泉点近 NE 向线性展布，断层地貌多发育凹槽、沟谷及垭口等负地形	右行平移
德阳仲沙断层	EW	S	49°～52°	断层破碎带宽约 6 m，原岩为黑云斜长片麻岩，发育片麻理牵引构造、构造透镜体、断层泥等	正断层
大渡卡断层	EW	N	30°	断层破碎带厚度 6～8 m，原岩为黑云斜长片麻岩、角砾岩，发育构造岩、破劈理—构造透镜体—构造角砾岩	正断层
蹦嘎断层	SN	E	58°～82°	断层破碎带宽 8 m，发育七条构造岩带，原岩为黑云斜长片麻岩，发育劈理—构造透镜体	右行平移→逆断
桑巴断层	SN	W	78°～84°	破碎带宽 7 m，由七条小型破碎带组成。发育劈理—构造透镜体、断层泥、构造角砾岩	右行平移→正断层
朋材断层	SN	W	84°	断层破碎带宽 2 m，原岩为黑云斜长片麻岩。发育 2 个构造岩带：粉碎岩—构造角砾岩带和破劈理带	右行平移→正断层
多雄拉断层	NW	NE	70°～80°	发育 NE、NW 向两组节理构造及 NWW 向片麻理和糜棱岩，断层露头被地表植被覆盖，有一定程度的推测性	韧性剪切拆离断层
月尔冬断层	NE	SE	80°～84°	破碎带宽达数十米，由一系列次级断层带组成。断层构造岩以碎斑岩、碎粉岩为主，发育断层泥	韧性剪切
白马西路河口断层	NE	SE	50°～60°	破碎带宽度 2～3 m，发育斜列式构造透镜体及破劈理、构造角砾岩、碎斑岩/碎粉岩及断层泥	韧性剪切

续上表

名　称	产　状			发育特征	力学性质
	走向	倾向	倾角		
解放大桥断裂	SE	SW	较陡	断层破碎带宽数米至河边破碎带 20～30 m 不等，断层露头被地表覆盖，出露不明显	韧性剪切
邦果杠断层	NWW	NNE	40°～50°	断层面弯曲起伏，发育破碎带及挤压构造岩和牵引褶皱	逆断层
扎扎郎断层	NWW	NE	37°～50°	断面起伏，上盘发育牵引褶皱，沿断层带有花岗岩株侵入	逆断层
不工岗断层	NWW	NNE	40°～50°	发育 20～30 m 破碎带、硅化角砾岩、断层崖	逆断层
措美东断层	NW	NE	45°	切错 CP*s*. 及花岗岩，发育挤压破碎带	逆断层
通木给断层	NWW	NNE	35°～45°	地层重复、发育挤压破碎带、牵引褶皱	逆断层
日乌多断层	NWW	NNE	35°～45°	切错地层、岩体，发育挤压破碎带	逆断层
密多断层	NWW	NNE	30°～40°	地层老盖新，发育牵引褶皱	逆断层
嘎纳断层	EW	N	28°～45°	破碎带宽 45～60 m，发育构造角砾岩、糜棱岩、构造透镜体及拖褶皱	逆断层
西朗断层	EW	N	45°～65°	破碎带宽 20～50 m，发育构造角砾岩、糜棱岩、拖褶皱，局部地层倒转	逆断层
松昌断层	NW	NE	45°～55°	断面向南弯曲呈弧形，断层造成地层中断、重复，发育破碎带	逆断层
夹巴次北断层	NWW	SSW	40°～50°	断层略弯曲状，地层错移，发育破碎带	逆断层
唐嘎断层	NNE	NNW	30°～35°	地层缺失，上盘中发育伸展构造	伸展拆离断层
英雄北断层	NWW	NNE	30°～40°	断层略弯曲，地层缺失，上盘中发育伸展构造	伸展拆离断层
吉龙那断层	NWW	NNE	50°	破碎带宽 20 m，上盘中发育伸展构造	伸展拆离断层
哈尼确果断层	NW	NE	50°～60°	岩石破碎，上盘发育牵引构造，动力变质作用明显	正断层
普村断层	NEE	N	40°～55°	发育逆冲牵引褶皱及破碎带，沿断层有闪长岩脉贯入	逆断层
啊扎断层	NEE	S	45°	岩石破碎，地层老盖新，上盘发育逆冲牵引构造	逆断层
察村断层	EW	S	35°～45°	断层面弧形，发育韧性剪切带及破碎带，具多期活动特征	逆断层
亚德南断层	EW	S	45°～50°	断层面弯曲起伏，发育破碎带及牵引褶皱	逆断层
白仲村断层	NWW	SSW	40°～50°	断层面弯曲，发育破碎带及牵引褶皱，沿断层带有辉长岩脉侵入	逆断层

续上表

名　称	产　状			发育特征	力学性质
	走向	倾向	倾角		
普松断层	NWW	SSW	40°～50°	断层面弯曲，断层造成地层重复，发育破碎带及牵引褶皱，有辉长岩脉侵入	逆断层
塔布林断层	NWW	SSW	40°～45°	断层略弯曲，发育破碎带及牵引褶皱	逆断层
边巴断层	NWW	SSW	40°～50°	地层重复，发育挤压破碎带、牵引褶皱	逆断层
结东断层	NWW	SSW	40°～50°	地层重复，发育挤压破碎带、牵引褶皱	逆断层
尕雄断层	NWW	SSW	30°～40°	地层重复，发育牵引褶皱、破碎带	逆断层
独麦断层	NE			断层略弯曲，发育破碎带、牵引褶皱	右行平移
平邛断层	NWW	SSW	40°～50°	断层面弯曲起伏，岩石破碎、产状零乱，发育牵引褶皱	逆断层
沙渣断层	EW	S	35°～50°	断层面弯曲起伏，岩石破碎、产状零乱	逆断层
巴次断层	NW			断层线平直，地层错移，发育韧性剪切破碎带和牵引褶皱	平移断层
俄马断层	NWW	SSW	30°～40°	断层线平直，地层重复，岩石破碎	逆断层
畔江断层	EW	S	40°～50°	地层重复，岩石破碎，产状零乱，发育牵引褶皱	逆断层
折木龙断层	NE			断层线平直，地层错移，岩石破碎	平移断层
邦兴断层	NW	SW	40°	断层线平直，地层重复，岩石破碎	逆断层
江惹断层	NE			断层线平直，错断地层、断层，岩石破碎	右旋平移断层
增期乡断层	NEE	NW	79°～82°	断层面舒缓波状，带内岩石破碎，强弱分带，发育平行断层面构造透镜体、劈理、构造角砾岩；擦痕显示上盘位移	平移断层
结布日断层	SN		近直立	断层带内岩石破碎，强弱分带，发育平行断层面构造透镜体、劈理、构造角砾岩	平移断层
增期乡东断层	SN		近直立	断层带内岩石破碎，强弱分带，发育平行断层面构造透镜体、劈理、构造角砾岩	平移断层
罗布莎断层	SN	E	56°	断面波状起伏，带中岩石破碎，强弱分带，发育平行断层面的破劈理、构造透镜体，擦痕显示水平位移	平移断层
白堆断层	NE	NW	70°～74°	断层面舒缓波状，带内岩石破碎，强弱分带，发育平行断层面构造透镜体、构造角砾岩；擦痕显示上盘上冲	平移断层
增久曲断层	NW	NE	56°～80°	断面波状起伏，带中岩石破碎，强弱分带，发育平行断层面的破劈理、构造透镜体，擦痕示上盘上升，并叠加水平剪切，断面旁侧发育揉皱	平移断层
索朗嘎古断层	NE	NW	80°	由多条南北向断层组成，带内岩石破碎，强弱分带，发育构造透镜体、构造角砾岩、劈理等；擦痕显示水平剪切	平移断层

续上表

名　称	产　状			发育特征	力学性质
	走向	倾向	倾角		
扎村断层	NE	SE	75°～80°	断面波状起伏，带中岩石破碎，强弱分带，发育构造角砾岩、劈理，擦痕指示水平剪切	平移断层
卡如断层	NW	SW	74°	带中岩石破碎，强弱分带，发育破劈理、构造透镜体、构造角砾岩，擦痕指示水平剪切	平移断层
年菊村断层	NE		近直立	断面舒缓波状，岩石破碎，强弱分带，发育破劈理、破裂岩、构造角砾岩，倾向擦痕、阶步示上盘上冲	平移断层
罗布岗断层	NW～NE	NW	65°～70°	断面舒缓波状，带中岩石破碎，发育密集节理、构造角砾岩、构造透镜体，断层面擦痕显示近水平剪切	平移断层
白龙断层	NE	SE	65°	岩石破碎，发育构造角砾岩、构造透镜体、劈理等	平移断层
卡劣浦断层	NE	NW	73°	岩石破碎，强弱分带，发育构造角砾岩、构造透镜体、劈理等	平移断层
曲宗浦断层	NE	NW	65°	岩石破碎，强弱分带，发育构造角砾岩、构造透镜体、劈理等	平移断层
柏勒子断层	NE	SE	64°	岩石破碎，强弱分带，发育构造角砾岩、构造透镜体、劈理等	平移断层

2.3　区域构造变形相

依据区域褶皱形式、断裂性质、面理、线理和显微构造以及构造置换方式、置换类型和变质程度、变形机制因素，将区域构造划分为表、浅、中、深 4 个构造变形相及 2 个变形亚相（表 2.5）。

表 2.5　区域构造变形相划分表

划分标志		A 表部变形相	B 浅部变形相		C 中部变形相	D 深部变形相
			B_1 上亚相	B_2 下亚相		
大型标志	褶皱	开阔、平缓状直立褶皱	开阔—闭合状斜歪倾伏褶皱、同斜倒转褶皱	闭合—紧闭状斜歪，同斜倒转褶皱、倾竖褶皱	平卧褶皱、褶叠层	以 S_n 片麻理构成掩卧褶皱，以 S_{n+1} 新生面理 S_{n+2} C 面理，S_{n+3} 滑劈理构成单斜状
	断裂构造	脆性破裂	脆性断裂、脆韧性断裂	脆韧性断裂、走滑剪切	韧性伸展、走滑剪切	韧性剪切带
	卷入地层	E_3N_1d、K-E 花岗岩	T_3j.、$J_{2-3}y$、J_3d、KL	C_1nc、C_2P_1l、P_3m	Pz_1q.、AnOS.	Pt_1N.、Pt_1L.

续上表

划分标志		A 表部变形相	B 浅部变形相		C 中部变形相	D 深部变形相
			B_1 上亚相	B_2 下亚相		
中小型标志	构造变形面理	S_0 层理	S_0 层理、S_1 板(片)理、S_2 褶劈理、$S_1 /\!/ S_0$、$S_2 \perp S_1$	S_0 层理、S_1 板(片)理、S_2 褶劈理、S_1 平行或斜交 S_0、S_2 斜交 S_1	S_0 层理、S_1 片理、S_2 流劈理	S_n 片麻理、S_n+1 流劈理、S_n+2 C 面理、$S_n+1 \wedge S_n+2=0\sim30°$
	主期褶皱形式、叠加褶皱	局部拖曳、牵引褶皱	等厚型同斜倒转褶皱、牵引褶皱、叠加次级不规则等厚褶皱、滑褶皱	同斜倒转褶皱，牵引褶皱、倾竖褶皱	层间平卧褶皱、波状、肠状褶皱及无根褶皱	肠状、平卧、流变褶皱无根褶皱、褶叠层
	变形机制	剪切、弯滑	剪切、弯滑、纵弯	剪切—滑流	弯流、压扁	弯流—柔流
	劈理类型	间隔破劈理	间隔破劈理、轴面劈理、褶劈理	轴面劈理、滑劈理	透入性流劈理、片理、滑折劈理	流劈理、滑劈理、片理、片麻理等
	构造置换方式及发育程度	未置换	S_1 平行置换 S_0，S_2 局部纵向置换 S_1	S_1 平行式斜交置换 S_0，S_2 纵向置换 S_1	S_1 平行置换 S_0，S_2 纵向置换 S_1	S_n+1、S_n+2 置换早期面理，S_n+1 横向置换 S_n
	线理类型	不发育	交面线理、拉伸线理	拉伸线理、交面线理	矿物生长线理、拉伸线理、皱纹线理	矿物生长线理、拉伸线理、布丁构造等
	同构造分凝石英脉	石英脉沿裂隙出现	沿裂隙与劈理出现，局部布丁化	沿劈理出现，布丁化	沿劈理出现，布丁化	同构造熔融长英质脉与暗色条带分布成层
显微标志	构造岩类型	碎裂岩系	构造角砾岩、糜棱岩化、糜棱岩系	构造角砾岩、糜棱岩系	糜棱片岩、千糜岩、糜棱岩	千糜岩、强直片麻岩、糜烂棱片岩
	显微构造	原生结构保存较好	原生结构局部破坏	矿物压扁、拉长、次生结构发育，具 S—C 组构	矿物压扁、拉长，发育旋转碎斑	变质新生组构，发育 S—C、S、L 构造、长英质矿物流变、核幔构造、压力影等
变质程度		亚绿片岩～低绿片岩相	低绿片岩相	低绿片岩相	高绿片岩相	角闪岩相～麻粒岩相

1. 表部构造变形相(A)

卷入地层为新生代大竹工卡组(E_3N_1d)砾岩及白垩纪、古近纪花岗岩，岩石以浅～表环境下的脆性破裂为主，在花岗岩中发育破碎带、断层泥、碎裂岩，在构造强烈变形地带——雅鲁藏布江缝合带北侧，E_3N_1d 复成分砾岩中则发育挤压剪切破碎，泥质(胶结物)产生亚绿片岩～低绿片岩相变质。

2. 浅部构造变形相(B)

上亚相(B_1)：区域浅部变形相中变形较弱的构造变形相，卷入地层有朗县混杂岩

(KL)、多底沟组(J_3d)、叶巴组($J_{2\text{-}3}y$)、杰德秀组($T_3j.$)等。受印度洋板块与欧亚板块的"超碰撞"作用,受变形体基体碎屑沉积物形成强烈的剪切及褶皱变形和面理置换,形成歪斜褶皱、同斜倒转褶皱、不协调褶皱以及叠瓦状逆冲推覆断裂、横向置换面理(板理、千枚理)和轴面劈理,变形特征表现出脆韧性特点。在强烈的挤压推覆环境下,同构造卷入洋壳残片(超镁铁岩、镁铁质岩等)、二叠纪碳酸盐岩等构造块(片),形成了雅鲁藏布江缝合带构造混杂岩及蛇绿混杂岩。缝合带北侧岛弧火山—沉积岩系形成一系列逆冲断层和等厚型褶皱;缝合带南侧原生沉积面理被板理(片理)横向置换,逆冲断裂和同斜褶皱发育。该变形亚相以脆韧性变形为主,同构造变质达低绿片岩相。

下亚相(B_2):卷入地层为诺错组(C_1nc)、来姑组(C_2P_1l)、蒙拉组(P_3m)等,褶皱构造以剪切—弯滑机制下形成的相似褶皱、同斜褶皱、紧闭褶皱和倾竖褶皱等为主。断裂以脆—韧性正断层、剪切走滑断层为主,发育碎裂岩、糜棱岩化岩石和糜棱岩。局部出现拉伸线理、交面线理。同构造变质达绿片岩相。

3. 中部构造变形相(C)

卷入地层为曲德贡岩组($Pz_1q.$)、松多岩群(AnOS.),分属古元古界南迦巴瓦岩群($Pt_1N.$)、林芝岩群($Pt_1L.$)结晶基底与沉积盖层之下的变形域,变形机制为伸展环境下的韧性变形,以基底剥离断裂为代表,发育一系列同向低角度顺层韧性剪切带和伴生的褶叠层、无根褶皱、肠状褶皱。糜棱片理彻底置换原生沉积面理,拉伸线理、布丁构造普遍发育,同构造变质达高绿片岩相。

4. 深部构造变形相(D)

变形地质体为古元古代林芝岩群和南迦巴瓦岩群。前期为固态塑性流变机制,先期面理被片麻理强烈置换,后期在弯流－柔流变形机制下,形成顺层掩卧褶皱、流变褶皱、无根褶皱,矿物拉伸线理、布丁构造发育。同构造变质达角闪岩相。

2.4 区域性韧性剪切糜棱岩带

区域复杂的构造动力作用,几乎使得所有岩石和地层(体)不同程度卷入了动力变质,并具多期次叠加活动特点。脆性动力变质发育于断裂带及其旁侧,层次相对较浅,表现形式主要为构造角砾岩、碎裂岩、碎粉岩、断层泥等。较大型的韧性剪切糜棱岩带往往分布于古老变质岩的边部,构成区域性构造单元的边界,次级的糜棱岩带常构成不同岩石地层单位的边界。从边界性质看,有具挤压性质、伸展剥离性质以及走滑剪切性质等。研究区内主要发育有 4 个较大韧性剪切糜棱岩带。

1. 铜果—纳玉韧性剪切糜棱岩带

铜果—纳玉韧性剪切糜棱岩带呈近东西向展布于雅鲁藏布江缝合带与喜马拉雅陆块之间。从东往西糜棱岩化逐渐变强,由糜棱岩化岩→初糜棱岩→糜棱岩。

岩石类型主要有糜棱岩化黑云角闪斜长片麻岩、眼球纹理状糜棱岩化石榴蓝晶黑云石英片岩、糜棱岩化斜长角闪片岩、条痕状石榴角闪黑云斜长初糜棱岩、黑云长英质糜棱岩、长英质糜棱岩、含夕线蓝晶石榴黑云斜长质变晶糜棱岩(图 2.16)、含角闪石榴黑云二长质变晶糜棱岩、含夕线蓝晶石榴黑云斜长长英质变晶糜棱岩、斜长绿帘绿泥千糜岩(图 2.17 和图 2.18)。

图 2.16　英云闪长质变晶糜棱岩

(斜长石细粒化动态重结晶后出现亚颗粒构造)

图 2.17　千片状糜棱岩

(角闪石呈网结状残斑,黑云母、绿泥石、绿帘石、绢云母、斜长石组成网纹状,角闪石具黑云母反应边)

图 2.18　千片状糜棱岩

（斜长石透镜碎斑及纤状且绢云母化基质不对称褶皱）

糜棱岩带具条纹状构造，塑性流变、弱眼球纹理构造、肠状流褶皱及石香肠构造；长石、石英与暗色矿物呈条纹、条痕、眼球状、豆荚状排列；石英、长石、石榴石压扁拉长，形成不对称压力影。带中糜棱面理由东往西急剧变化，由北倾→北西倾→西倾，糜棱岩带北西弧状围绕南迦巴瓦岩群展布，向南东逐渐过渡为片岩、片麻岩。

该带为低绿片岩相绢云母—绿泥石带，糜棱岩化变质达低绿片岩相。据糜棱岩中矿物组合和交切关系，及线理构造分析早期具有推覆—左行走滑剪切，晚期具向北—西滑脱剪切特点。早期变质为燕山晚期，呈局部残留状；晚喜马拉雅期为叠加变质变形期。

2. 五一—八拉韧性剪切糜棱岩带

沿雅鲁藏布江缝合带北界滚没—色苏断裂及其北侧林芝岩群发育，构成雅鲁藏布江缝合带与冈底斯陆块的分界构造。糜棱岩化作用从东往西逐渐减弱，过渡为片岩、片麻岩。

岩石类型主要有糜棱岩化条带状含榴斜长绿帘角闪岩、变晶糜棱岩化角闪斜长变粒岩、含榴二长花岗质初糜棱岩、绿泥黑云正长质初糜棱岩、二云长英质初糜棱岩、眼球片麻状含榴二云长英质糜棱岩、（千枚状）二云长英质（变晶）糜棱岩、纹理片状含石榴（绿泥黑云）绿帘角闪斜长变晶糜棱岩、斜长角闪质变晶糜棱岩、条痕片麻状绿帘黑云英云闪长质变晶糜棱岩，构造片岩。

岩石具条纹条带状构造、眼球状构造、塑性流变、剪切褶皱；长石、石英与暗色矿物呈条纹、条痕、眼球状、豆荚状排列；石榴石压扁、旋转，形成不对称压力影构造；石英具波状消光，黑云母、白云母具褶曲、膝折，窗棂构造（图 2.19），显左行走滑剪切；糜棱面理与片理、片麻理产状大体一致，倾向北西。

从矿物组合可划分为绢云母—绿泥石带，变质达低绿片岩相。带内见两期糜棱结构及线理构造，表明燕山晚期推覆、左行走滑剪切，晚喜马拉雅期叠加有斜向滑脱特征。

图 2.19 含夕线蓝晶石榴黑云斜长质变晶糜棱岩窗棂构造
（蓝晶石具夕线石反应边，减压增温）

3. 多堆—色格娘韧性剪切糜棱岩带

多堆—色格娘韧性剪切糜棱岩带呈楔形状发育于林芝岩群中。岩石类型有糜棱岩化绢英岩、糜棱岩化含透辉石大理岩、糜棱岩化黑云二长花岗岩、糜棱岩化碱长花岗岩、二云长英质初糜棱岩、含榴二长花岗质初糜棱岩、片状二云长英质糜棱岩、片麻状黑云长英质糜棱岩、似眼球状黑云长英质糜棱岩、片麻状花岗质糜棱岩、绿泥阳起绿帘钠长黑云千糜岩等。

糜棱岩中石英、方解石塑性压扁、拉长，部分碾碎呈粉晶状、条纹状，定向排列，粒径 0.5～0.02 mm；石英具亚颗粒化和波状消光；长石呈眼球状，具拖尾。糜棱面理北倾。糜棱岩中新生矿物有绢云母、石英、方解石、绿泥石、绿帘石及显微鳞片状白云母和黑云母等。

组成低绿片岩相绢云母—绿泥石带，早期（燕山晚期）具挤压韧性剪切变质变形特征，呈残留体状保存于晚喜马拉雅期向北滑覆韧性剪切糜棱岩中。

4. 冲九—哧巴韧性剪切糜棱岩带

冲九—哧巴韧性剪切糜棱岩带为石炭系～二叠系与林芝岩群真巴岩组分界线，是一个较大的伸展剥离构造带。

岩石类型主要有糜棱岩化红柱长石石英片岩、片状长石二云石英糜棱岩、片状含夕线石榴二云石英糜棱岩、含榴长石二云石英糜棱岩、片状二云长英质糜棱岩等。糜棱岩具条纹状、片状构造，塑性流变、肠状褶皱；长石、石英与暗色矿物呈条纹、条痕、眼球状排列，具 S—C 组构。石英、长石、石榴石压扁拉长；石英具亚颗粒化和波状消光。黑云母、白云母具褶曲、膝折和云母鱼构造。糜棱岩带位于真巴岩组与石炭系～二叠系浅变质岩系接触带紧靠真巴岩组一侧，走向上呈波状弯曲，糜棱面理向南陡倾。

矿物组合为绢云母—绿泥石带，达低绿片岩相。糜棱岩化主期为燕山晚期，具左行水平—斜向走滑剪切特点；晚喜马拉雅期叠加向南滑脱剪切变质变形。

2.5 区域地球物理场与深部构造

2.5.1 重力及磁异常特征

1. 重力异常

雅鲁藏布江下游区域布格重力异常值总的变化趋势是东南高、西北低。异常最高值位于区域南部，为−220 mGal。而西北角重力异常值较低，最低小于−530 mGal，其相对变化量达 310 mGal 以上。区域中部高喜马拉雅构造带（$Ⅳ_2$）及其以北地区，重力异常等值线呈向北北东方向突出的弧形展布，如图 2.20(a)所示，显示出南迦巴瓦地区的多雄拉变质弯窿（$Ⅳ_{2\text{-}4}$）向北北东的推挤作用。

2. 磁异常

青藏高原磁异常空间分布特征是在西藏腹地存在一个零线包围的南北向短、东西向长的块体。在该块体周围，沱沱河以北是一条近东西向的负异常梯度带；雅鲁藏布江以南为一正、负相间的异常带，等值线走向北西西。这表明青藏高原的岩石圈结构、构造为一独立完整的构造区。区域磁异常反演研究表明，青藏高原中、上地壳磁异常场源较为稳定，磁化强度垂向分布较为均匀。这意味着区域磁场的差异反映的是大型构造单元的磁性特征，引起区域磁场差异的场源主要在中地壳以下。

雅鲁藏布江下游区域的背景磁场强度表现为东南高、东北低的特征[图 2.20(b)]。

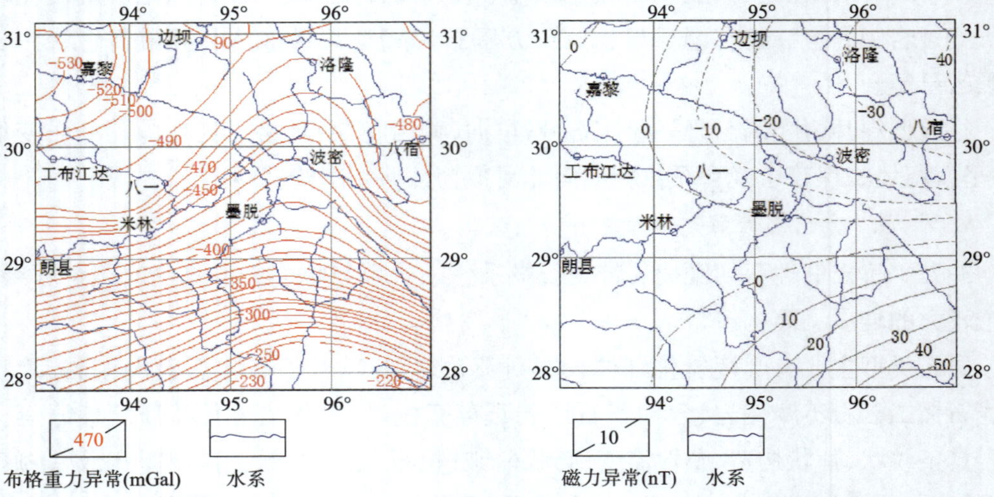

(a)区域布格重力异常
（据赵文津等，1997 年）

(b)区域地磁异常
（据潘裕生等，1998 年）

图 2.20

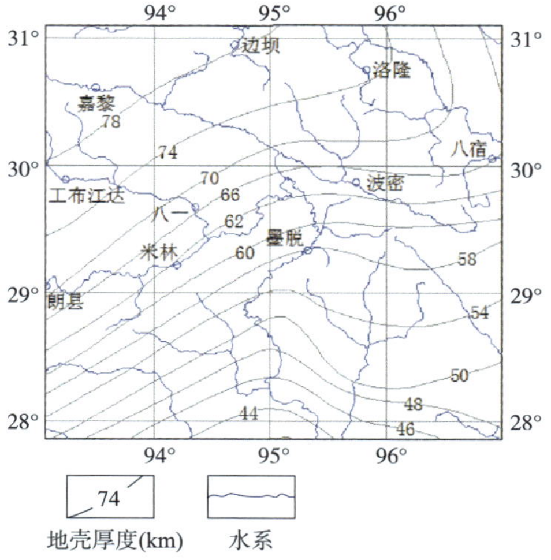

(c)地壳厚度图(据朱介寿等,2003年)

图 2.20 区域地球物理场特征

其中墨脱、米林以北地区呈北东东向展布的负值凹槽,西南高、东北低;以南地区显示为向北西倾斜的正值单斜。

2.5.2 区域地壳上地幔构造特征

前人在青藏高原进行过大量地球物理探测和研究工作,对青藏高原的地壳、上地幔构造有了一定的认识。人工源地震测深证实,青藏高原的地壳结构与地震波速分布非常复杂,有巨厚、多层和高低速相间的层块地壳结构。

根据中美合作 INDEPTH 项目计划开展的以深反射地震为主的探测资料(图 2.21;Brown 等,1996 年),喜马拉雅地块上地幔顶部的莫霍面深度较大,向北缓慢抬升。沿亚东向北,印度陆块莫霍面从恒河平原下的 38 km(或 33 km)深,到喜马拉雅山下较快地加深到 75~80 km,层速度较高,变化不大。

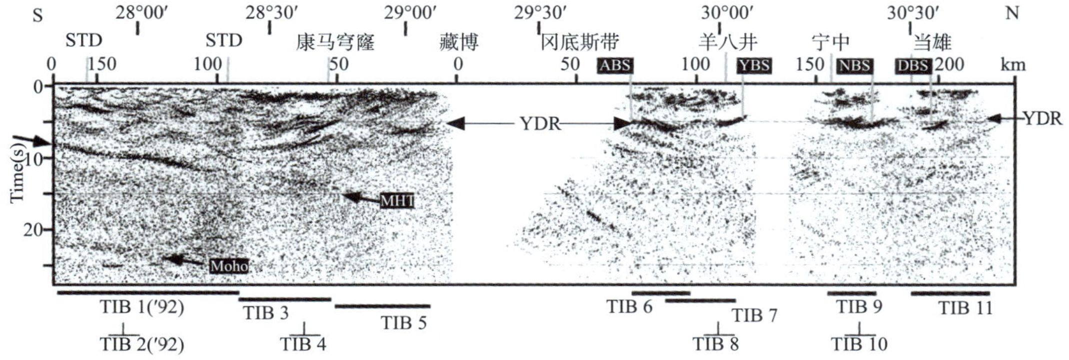

图 2.21 INDEPTH 所得用于垂直反射剖面(据 Brown 等,1996 年)

目前尚未证实在雅鲁藏布江两侧的莫霍面有 10～20 km 的大错动存在,更未发现其他多条断距达 20 km 的大错断,多种方法的结果可相互印证这一结论。莫霍面在纳木错以北才开始变浅,在班公错—怒江缝合带的南北 300 km 范围内,莫霍面深度在 65 km 上下。

藏南地区上、下地壳性质有所不同,多种方法的结果都显示了这一特征。上地壳加厚了一倍,地震波反射图案显示构造现象丰富、脆性强。下地壳厚度加大近一倍,地震波反射图案简单,内部未见明显的构造现象,显示以黏塑性为主。

在地壳岩体的电性结构方面,上地壳内高电阻和高导电性分布图案很复杂;下地壳电性呈现普遍的高导电性,变化较缓和,与过去大地电磁观测结果很不相同,未见普遍的高阻层。

国家重点自然科学基金"青藏高原东缘上地幔结构和介质各向异性的地震学研究"项目,在青藏高原东部沿北纬 30°,从林芝向东沿波密、然乌、八宿、邦达及竹卡一线,布设一条 PASSCAL 流动地震仪的天然地震观测剖面。该剖面在青藏高原东南部穿越雅鲁藏布江下游区域外围的怒江断裂带、嘉黎断裂带等多条深大断裂带。部分台站的宽频带远震体波波形的接收函数反演的莫霍界面深度结果表明,青藏高原东南部地区不同构造部位的地壳厚度存在明显的起伏变化。在拉萨—察隅地块内部,从东到西,莫霍界面深度由更张的 60.7 km,逐渐增大到八宿的 72.6 km,莫霍界面向东逐渐加深,莫霍界面高差 11.9 km,即莫霍界面存在明显东倾现象。

从接收函数的反演结果显示,在紧邻研究区北侧的嘉黎断裂带南、北两侧地壳厚度没有明显变化,未见明显错断莫霍界面;班公错—怒江缝合带附近,莫霍界面并不存在明显的错断,缝合带两侧的莫霍界面深度仅相差 1.7 km,这与前人资料中的班公错—怒江缝合带附近莫霍界面出现错断存在一定的差异(吴庆举等,1998 年),但与班公错—怒江缝合带附近莫霍界面出现一个凹槽的论述相符(赵文津等,2001 年)。该缝合带两侧的地壳结构明显不同,表明班公错—怒江缝合带尽管在青藏高原东南部地区没有明显错断莫霍界面,但控制了两侧地块的地壳结构。

区域地壳南薄北厚,厚度在 44～78 km,等值线走向北东—东西,变化比较平稳,局部有扭动变化趋势,如图 2.20(c)所示。雅鲁藏布江下游大峡谷附近的地壳厚度为 60 km 左右,壳内具有两层低速层的结构。

2.5.3 雅鲁藏布江缝合带的深部构造特征

1. 缝合带地壳电性结构特征

布设于雅鲁藏布江缝合带中段的三条南北向超宽频带大地电磁测深剖面(错那—墨竹工卡、亚东—雪古拉、吉隆—措勤),较为清楚地显示出缝合带地壳、上地幔的电性结构特征,为分析研究雅鲁藏布江缝合带地区地壳浅部和深部构造问题,提供了可靠

的科学依据。研究成果(图 2.22)显示:

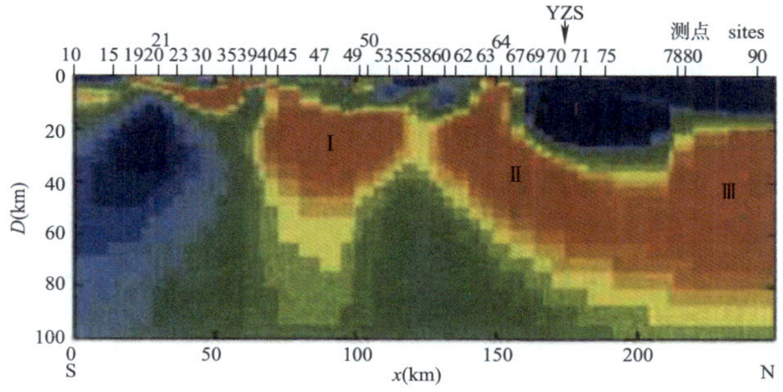

(a)错那—墨竹工卡剖面

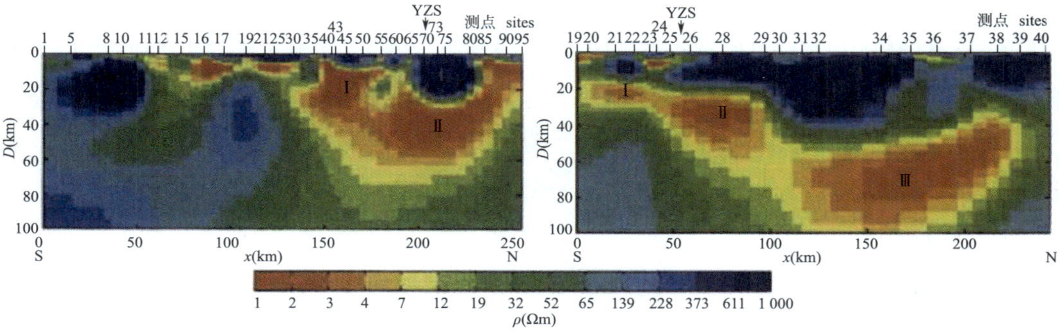

(b)亚东—雪古拉剖面　　(c)吉隆—措勤剖面

图 2.22 雅鲁藏布江缝合带地壳电阻率模型(谭捍东,2003.7)

(1)雅鲁藏布江缝合带附近表层发育大规模的高阻体,岩体延伸最深达 30 km 以上,是冈底斯花岗岩体的反映。

(2)雅鲁藏布江缝合带的南部有小规模的良导体,在其下方和北侧发育有大规模良导体。

(3)沿剖面从南往北壳内普遍发育良导体,各良导体主体间是不连续的,规模逐渐增大,总体北倾,在缝合带附近产状较陡。

(4)在雅鲁藏布江缝合带附近良导体由西往东规模逐渐增大,导电性逐渐变好,相对雅鲁藏布江在剖面上的位置逐渐南移。

这些重要的电性特征可能是印度洋板块向北俯冲所形成的,深部大规模的良导体特征沿东西向的差异可能是板块碰撞引起物质沿东西向运移作用的结果。

2. 缝合带磁组构特征

磁组构研究起源于 20 世纪 50 年代,最早是由 J. W. Graham (1954 年)提出的。他指出“几乎所有的岩石都可以观察到磁方向异向性,岩石的磁化率椭球可以反映岩石内部铁磁性颗粒长轴的主要分布方向,与变质的页理及线理方向存在对应现象”。由于岩石磁化率椭球与应变椭球具有等价性,因此,磁组构测量已作为一种应变分析方法应用于地学各个领域。就构造地质而言,它是一个厘定分析韧性变形带分布及其组构运动学特征的有效而快捷的手段之一。磁组构测量结果显示:

1)印度河—雅鲁藏布江缝合带的北缘和南缘,分别存在两条强韧性剪切带,产状均为陡倾北东,具有南盘(下盘)向北俯冲,北盘向南仰冲;以逆冲为主,兼具右旋扭动特征。应变类型属于压扁形,反映板块缝合聚敛导致地壳岩石发生过较强的压缩作用,而非简单剪切。

2)由上述两个韧性剪切带磁组构特征测量结果可以看出,印度河—雅鲁藏布江缝合带内发育的韧性剪切带,是印度洋板块—欧亚板块两大板块陆—陆碰撞的剪切应变产物,它们导致断裂南盘特提斯喜马拉雅带(印度洋板块北部的被动大陆边缘沉积)并贴于北侧的构造混杂缝合带之上,其产状较陡,向北倾 55°。

3)关于韧性剪切带的形成时代,由于韧性变形切割了前新生代地层,而古近系柳区组($E_{1-2}lq$)、秋乌组(E_2q)和札达群(N_2-Q_1)均未卷入韧性变形。带内后期张裂带的 ESR 测年结果为 14 Ma BP,故推断此两个韧性剪切带应形成于晚白垩世末以前,由此进一步推测印度洋板块—欧亚板块的陆—陆碰撞可能不会晚于 65 Ma BP。

3. 深反射地震测深

从雅鲁藏布江南约 25 km、深度约 20 km 处,存在一条规模巨大的强反射带。这条强反射带向北延伸到雅鲁藏布江北约 50 km 处以北,深度逐渐加大到 35 km,倾角从 8°逐步增加到 25°,宽度可达 3~4 km。一直伸展到北侧冈底斯花岗闪长岩岩基之下(图 2.23)。

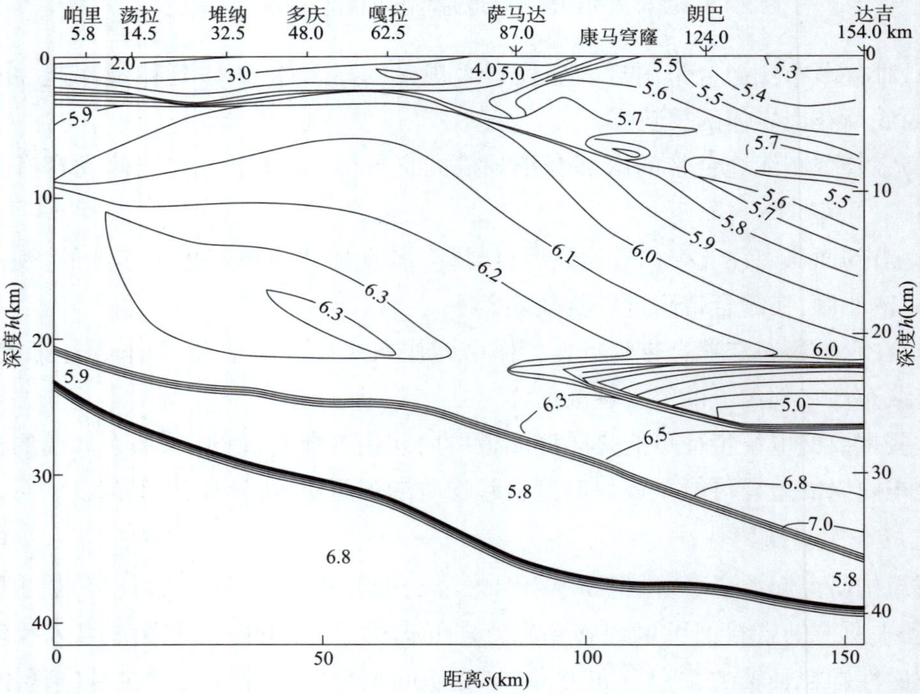

图 2.23 雅鲁藏布江中段上地壳地震波速等值线图(数值单位 km/s,赵文津,1997 年)

这条横过雅鲁藏布江缝合带的强反射带的存在，表明在缝合带地表观测到的数条深断裂，并未像许多地学家所推测的那样，向深部延伸下去，而是在10多公里深处即为强反射带所截断。对该强反射带如何推测和解释，存在一定的分歧。一种观点是固态和液态之间的界面，与雅鲁藏布江北部的羊八井一带的亮点反射可相对应；另一种观点认为，它与雅鲁藏布江缝合带以北的固态和液态之间的界面不同，更可能是固态与固态介质之间的分界面。

通过对区域地壳岩体构造以及反射地震、地磁及重力异常等方面资料的综合分析，倾向于这样的观点：该强反射带极有可能是印度陆块上、下地壳之间的一个拆离层。印度陆块向北推挤因较硬的冈底斯花岗闪长岩岩基的阻挡，印度陆块上地壳上部发生向上向北逆推翘起，上地壳的下部和下地壳则向欧亚板块冈底斯花岗闪长岩岩基下俯冲。因深部上、下地壳介质的力学性质不同，导致上、下地壳运移速度差异而发生相对错动，于是形成了这条深20～35 km、向北倾伏的拆离面，并以大约25°的倾角沿冈底斯岩基底部（可能和冈底斯逆冲断裂系相重合）俯冲下去。该俯冲带厚度约3～4 km，连续性较好、速度较低（5.8～5.9 km/s），底界面深度24～40 km，代表印度陆块向下俯冲时顶部的拆离层。

2.6 地壳构造演化的动力学过程

雅鲁藏布江缝合带及其邻区构造演化以冈瓦纳大陆北缘总的历史发展为背景（图2.24），总体上经历了古洋壳扩张（裂离）—闭合、裂离与藏北怒江缝合带闭合、洋壳俯冲消亡、板内形变和高原抬升等四个极为复杂的发展进程。

1. 古生代藏北特提斯古洋壳扩张（裂离）—闭合发展阶段

区域上的几个地壳块体，在古生代可能属于冈瓦纳大陆北缘陆壳的一部分，应是古特提斯大洋（泛指古生代特提斯）南缘的一个边缘海区。

根据目前的研究资料，该边缘海的陆壳基底岩石是以珠穆朗马群为代表的前寒武系变质岩系，其最老变质年龄为640～660 Ma。一般认为（张之孟等，1979年），该陆壳基底形成表现为相对稳定的大陆边缘的渐进造陆过程，不具强烈造山运动的性质。

晚古生代泥盆纪～石炭纪，冈瓦纳北缘陆壳开始发生张裂，金沙江一带的中基性火山岩是这一活动的集中表现。

石炭纪～二叠纪张裂活动更为强烈和普遍。雅鲁藏布江一带的二叠系玄武岩，标志着这种张裂活动已经波及该边缘海南缘的喜马拉雅地区。这次张裂活动似乎只是该边缘海中生代“大洋化”的前奏，并没有显著扩张导致洋壳形成，多为水下“裂谷”活动性质。

晚二叠世较普遍的一次沉积间断——热隆升，但不具有造山运动性质。这一时期

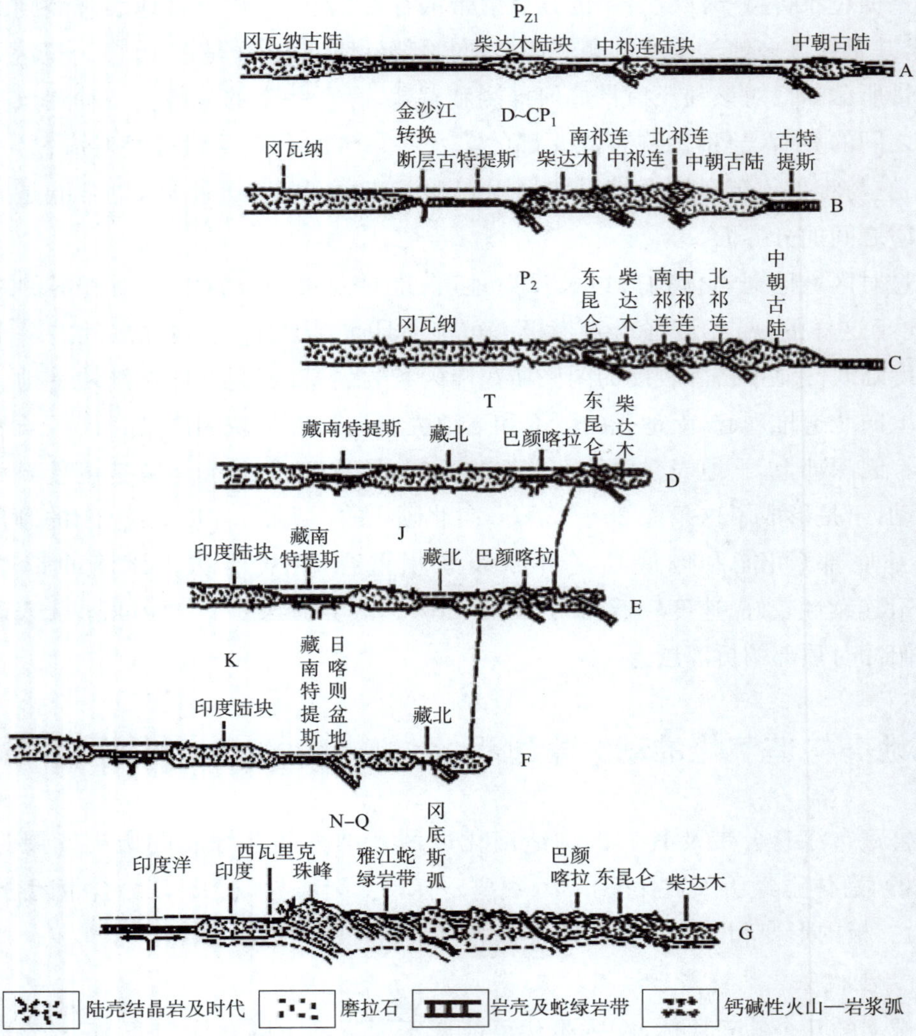

图 2.24　区域板块运动与构造演化示意图(据肖序常等)

除金沙江构造带反映出两侧地壳发生过比较显著的、以转换平移运动为主的相对位移外,冈瓦纳北缘边缘海陆壳基本还是一个整体,没有发生显著的内部裂离。

二叠纪～三叠纪是“古特提斯大洋”的最后闭合时期,其南缘在早期金沙江转换断层带基础上逐渐形成新的消减活动边缘。南侧的冈瓦纳北缘边缘海发生显著的次级扩张,羌塘陆块和冈底斯—念青唐古拉陆块先后成为“裂块”自冈瓦纳大陆边缘分离。

2. 中生代藏南冈瓦纳大陆北缘陆壳裂离与藏北怒江缝合带闭合发展阶段

中生代的“大洋化”进程导致冈瓦纳大陆北缘边缘海陆壳完全解体。

三叠纪～侏罗纪,在羌塘陆块和冈底斯—念青唐古拉陆块之间,扩张生成本区较早的藏北特提斯古洋壳,大致与国外所称“中特提斯”相当。此时“古特提斯大洋”已基本闭合。随着巴颜喀拉残余板隙边缘海的褶皱关闭,羌塘—三江地带与扬子陆块连成一体，成为欧亚大陆南缘的一部分。中侏罗世后，冈底斯—念青唐古拉陆块自冈瓦纳加速分离，致使藏北特提斯洋壳向北俯冲，在班公错—东巧—丁青(怒江缝合带)一带保存其短暂消减的遗迹。

3. 晚中生代～新生代藏南特提斯洋壳俯冲消亡与雅鲁藏布江缝合带闭合阶段

晚侏罗世～早白垩世，冈底斯—念青唐古拉陆块以南的藏南特提斯显著扩张，洋壳广泛发育；并开始出现向北的海底俯冲，逐渐形成雅鲁藏布江缝合带的前身早期岛弧海沟系。与此同时，由于主要消减带南移，藏北特提斯在洋壳不完全消亡的基础上，自东向西逐步隆起成为残余的边缘海。J_3-K_1 浅海相地层不整合覆盖残余洋壳或推覆的蛇绿岩冲片。随着残余边缘海后期的褶皱关闭，下伏残余洋壳及蛇绿岩冲片又发生普遍地构造再侵位，从而形成颇具特色的藏北蛇绿岩混杂岩带。

中～晚白垩世是区域构造发展的重要时期。由于印度陆块向北漂移，藏南特提斯进入逐渐闭合阶段，其洋壳加速向北俯冲消减。在早期岛弧基础上，冈底斯火山岩浆弧渐具雏形。与此同时，由于蛇绿岩上冲混杂体逐渐增长形成明显的海沟坡折隆起，致使弧前盆地发育成形。这一时期的加速俯冲主要反映在仰冲一侧，主要是冈底斯—念青唐古拉陆块次级扩张解体，进而导致藏中地区弧后边缘海的广泛发育。

晚白垩世～古近纪，由于藏南特提斯洋板块进一步向北推挤，冈底斯—念青唐古拉地区弧后边缘海逐渐褶皱隆升成陆，相应有晚白垩世～古近纪陆相磨拉石形成，标志着冈底斯—念青唐古拉地区基本成为欧亚大陆的一部分。其南缘的冈底斯火山岩浆弧晚期逐渐上升形成陆缘山链，并发育有陆缘磨拉石堆积。与此同时，藏南特提斯洋壳逐渐消减残殆尽，最终导致印度洋板块陆壳与欧亚板块大陆地壳的基本碰合，缝合带中的藏南特提斯中生界沉积发生强烈地形变和混杂。至此，雅鲁藏布江缝合带基本成形，藏南特提斯成为残余边缘海。始新世后，海水自东向西退出本区域。

4. 新近纪以来的板内形变和高原抬升发展阶段

新近纪以来，由于形成新的陆内俯冲带，喜马拉雅地区地壳自印度陆块北缘分割，成为欧亚大陆南缘新的弧形“镶边”构造。从此，青藏高原地壳基本成为一个“整体”，开始了板内形变和高原抬升的构造发展进程。

3 岩石建造与地质构造特征

3.1 岩石建造概况

以蛇绿岩带为主要标志的雅鲁藏布江缝合带，早已引起中外地学界的广泛关注。雅鲁藏布江缝合带最初作为比较典型的深大断裂而闻名，但实际是一条较为复杂的构造带，具有一套复杂的构造建造组合，并被视为印度洋板块与冈底斯板块或欧亚板块之间的新生代缝合带。近年来，通过较广泛的地质调查和科研工作，上述问题有了进一步深化，证实了该缝合带存在较完整的古洋壳，对其邻区有关的构造问题，特别是冈瓦纳古陆与欧亚古陆的界线问题等也提出了新的认识。

雅鲁藏布江蛇绿构造混杂岩带呈狭长带状，夹持于北侧冈底斯—念青唐古拉地块和南侧喜马拉雅构造带之间。由于缝合带沿噶尔河向西延出国境与印度河缝合带相接，故也称印度河—雅鲁藏布江缝合带。这条规模巨大的板块缝合带，在其东端南迦巴瓦地区和西端帕米尔地区，分别形成两个向北凸出的"构造结"(图 3.1)。

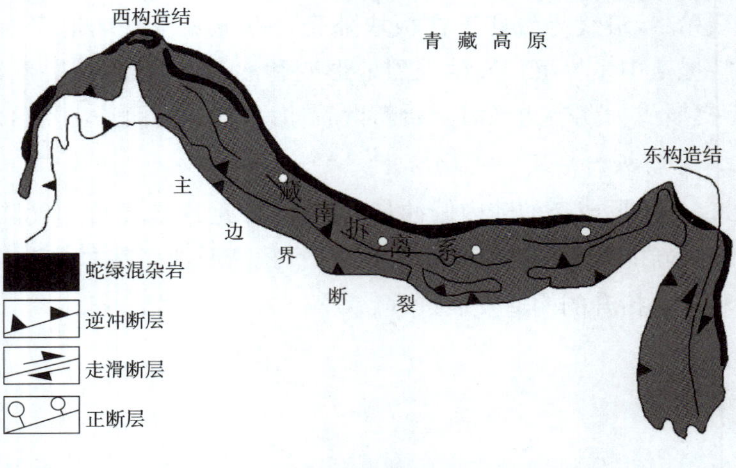

图 3.1 印度河—雅鲁藏布江缝合带总体发育形式图(王二七，2006 年)

缝合带西端沿噶尔河与印度河蛇绿岩带相接，东端延至雅鲁藏布江峡谷大拐弯地区，长度超过 2 000 km，是青藏高原南部最重要的大地构造界线。Gansser(1966 年，1974 年)提出喜马拉雅造山带的形成源于印度洋板块与欧亚板块的汇聚作用之后，中法大规模合作研究认为雅鲁藏布江蛇绿岩带代表印度洋板块—欧亚板块的俯冲—碰撞界线，其北侧属于欧亚板块的中～新生代弧前火山—沉积建造和冈底斯岩浆弧，南侧则属于印度洋板块的被动大陆边缘沉积建造和结晶基底，两者之间在中生代时曾经存在近万公里宽的大洋——新特提斯洋（Nicolas 等，1981 年；Tappon ier 等，1981 年；BurgandChen，1984 年；李光岑等，1984 年；Mercier，1984 年；Girardeau 等，1985 年；Klootwijk 等，1985 年；Chang 等，1986 年；肖序常等，1988 年）。

在此基础上，中外学者陆续提出藏南地区主中央逆冲带（MCT），主边界逆冲带（MBT）等重要大地构造界线，并发现沿高喜马拉雅北坡存在一条大规模晚新生代向北的滑脱构造带，称为藏南拆离系（STDS）（Searle 等，1987 年；Deway 等，1989 年；潘裕生等，1998 年；Yin 等，1999 年，2000 年；Harrison 等，2000 年）。

肖序常等（1988 年）、郑来林等（2003 年）和耿全如等（2004 年）也提出新特提斯洋可能是弧后或者弧间小洋盆的观点。

王成善等（1999 年）发现白垩系日喀则群的水下扇沉积建造；许志琴等（2006 年，2007 年）提出青藏高原南部多地体拼合的大地构造模型。

潘桂堂等（2004 年）综合了新一轮地质填图的重要发现，将传统的“板块缝合带”称为“雅鲁藏布江结合带”，并提出羌塘地体向南俯冲的大地构造模型。

万晓樵等（2002 年）确定了日喀则地区的印度洋板块—欧亚板块陆—陆碰撞始于古新世；Ding 等（2005 年）发现印度洋板块—欧亚板块碰撞起于始新世，认为新特提斯洋壳向南仰冲。

Aitchison 等（2000 年，2004 年，2007 年）提出雅鲁藏布江发生过多次洋内俯冲和弧—陆碰撞事件，提出印度洋板块—欧亚板块碰撞时间应当推迟至 35 Ma BP。

刘葵等（2006 年）提出印度洋板块的北缘并不在雅鲁藏布江缝合线，而是在其南侧 30～40 km 处就已经俯冲到藏南的莫霍面之下。

Li 等（2002 年，2003 年）总结了喜马拉雅地区已发表的古地磁研究数据，认为 25 年来中外科学家在西藏南部获得的真正高质量的数据实际上非常有限。

最近研究（刘小汉等，2009 年）认为，雅鲁藏布江蛇绿岩带仅代表喜马拉雅陆弧与拉萨地块之间的狭长弧后裂陷盆地，并非印度洋板块与欧亚板块之间的界线的观点。特提斯喜马拉雅和高喜马拉雅岩系属于晚三叠世时从欧亚板块南缘拉分出去的大陆型岛弧，具有亚洲大陆的属性。

总体上，雅鲁藏布江结合带由基质和外来岩系组成。基质为侏罗纪～白垩纪嘎学岩群深海沉积砂岩、板岩、硅泥质岩等；外来岩系主要有地幔岩石组合序列、洋内岛弧火山岩序列以及其他碳酸盐岩块体等。

作为洋壳俯冲、板块碰撞重要标志的高压变质带，位于雅鲁藏布江蛇绿岩带和混杂堆积带之间。主要高压变质矿物有蓝闪石、黑硬绿泥石，其次为硬柱石。尤其是在罗布莎构造混杂岩中出现钠闪石、青铝闪石、黑硬绿泥石及绿纤石等，显示了高压相系特征。

据研究（肖序常等，1988 年），高压变质带由北部的蓝片岩带和南部的低温含硬绿泥石绿片岩组成。因此至少可认为，其同构造变质为中高压低温动力变质作用。该带以发育向北逆冲的推覆断裂为主，拌有轴面南倾的同斜倒转褶皱，构成逆冲推覆构造混杂岩带。

在雅鲁藏布江及邻近区域，缝合带总体上沿雅鲁藏布江河谷延伸，东部下游地区呈向北北东突出的弧形环绕南迦巴瓦山，并最后向南东折向印度境内。在米林西侧约3 km处，缝合带被夺松—比丁延展型走滑断裂左旋切错超过20 km（图3.2）。以此为界，雅鲁藏布江缝合带东、西两段发育特征极不相同。东段米林至大峡谷区域，雅鲁藏布江缝合带走向北东、倾向北西，构造变动形式以早期向北西俯冲，晚期向北西拆离正断为特征；西段朗县及其以西区域，缝合带地表主构造面走向近东西，倾向南，表现出极为强烈的岩片挤压汇聚变形特征。

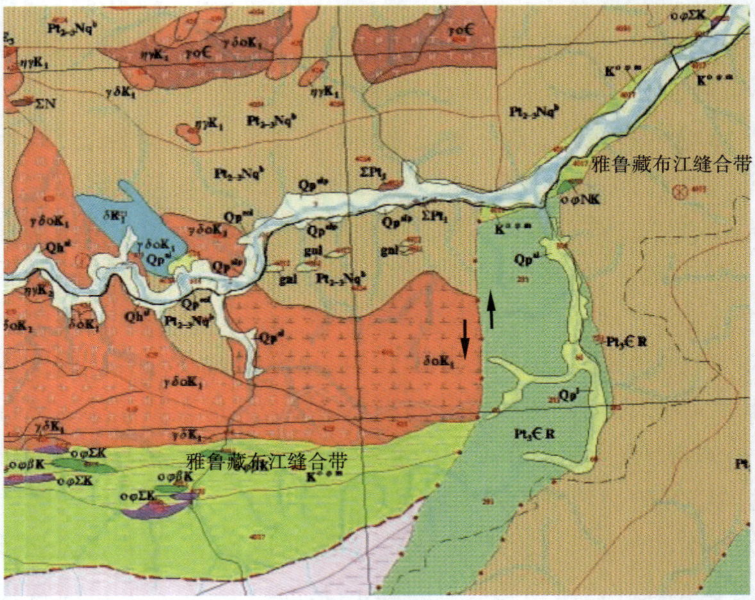

图3.2 夺松—比丁断裂左旋切错雅鲁藏布江缝合带

总体上，早期的构造变形具有深层次韧性剪切性质，晚期则以脆性破裂为主。

早期的韧性剪切构造奠定了下游大峡谷地区的基本构造格局。在南迦巴瓦地区的马蹄形东构造结核心区，高喜马拉雅结晶岩带（南迦巴瓦岩群）的主体为高角度倾向北东的深层透入性俯冲型构造。马蹄形构造结的北部前端及东、西两侧表现出不同的运动形式，北部前缘部位为高角度由北北东向南南西韧性逆冲，西侧以左旋韧性走滑为主，东侧则表现为右旋韧性走滑，体现出南迦巴瓦结晶基底沿雅鲁藏布江缝合带向北北东方向俯冲于欧亚板块之下，也反映出印度洋板块与欧亚板块碰撞和碰撞后的北东～南西向压缩或转换压缩变形特征。

晚期脆性断裂构造主要表现为，围绕南迦巴瓦岩群并承袭早期韧性构造线方向的同心状高角度外倾正断层,体现了晚新生代以来快速隆升的伸展拆离作用。

3.2 雅鲁藏布江蛇绿混杂岩

蛇绿岩指一组由蛇纹石化超镁铁岩、基性侵入杂岩和基性熔岩以及海相沉积物构成的一套岩石,又称奥菲奥岩(ophiolite)。蛇绿岩与大洋沉积的放射虫硅质岩构成有成因关系的有序型岩石组合时,称为蛇绿岩套,代表了大洋地壳(相当于斯坦曼的"三位一体")的基本组成特征。

蛇绿岩的代表性层序自下而上是橄榄岩、辉长岩、席状基性岩墙和基性熔岩以及海相沉积物。然而,由于洋壳的消减作用、构造侵位或逆掩推覆,使蛇绿岩的分布数量少,面积小(不足洋壳的十万分之一),并使蛇绿岩层序的完整性受到破坏,以致仅能在某些局部地段见到该层序的部分组成或杂乱堆积的混杂岩块。

蛇绿岩是由于板块运移、消减、俯冲或仰冲、碰撞等构造过程,最后才进入到大陆造山带而贴附于大陆边缘或岛弧上的洋壳碎片。

混杂岩是一种特殊的岩石(地层)体。它是受板块构造作用而形成的构造岩。由于层序混乱、成分复杂、变形强烈,又称混杂堆积。混杂岩通常由外来岩块、原地岩块、基质三部分组成。外来岩块主要来自俯冲板块上的放射虫硅质岩、枕状熔岩和归属于洋壳和地幔物质的基性、超基性岩碎块,有时还有海沟内壁上的蓝片岩;基质一般是相对塑性的砂、泥质岩石。所有上述各岩石碎块大小不等,形状各异,彼此以构造(断层)关系相接触,且均经受了不同规模的剪切作用;它们与俯冲带大致平行的带状分布于特定的构造部位,带宽数十至数百千米,延伸可达数千千米,带内柔性褶皱和叠瓦状推覆构造发育。

混杂岩按成因分为三类:

(1)沉积混杂岩:原生—准同生阶段因水下滑塌、震积、洋流等造成,几乎不含外来岩石(层)块体,各组成部分之间为沉积(滑混)接触。

(2)蛇绿混杂岩:外来岩块以蛇绿岩套的各组分岩石为主的混杂岩。

(3)构造混杂岩:是狭义或变形强烈的混杂岩,基质成分难以分辨,几乎全为大小混杂的岩块与构造泥砾,岩块之间多为构造(断层)接触。

一般情况下,混杂岩中的基质为主要岩性,相当于正常沉积地层;岩块(或断片式岩块)为次要岩性部分。残存于大陆造山带中的蛇绿岩(套)或蛇绿混杂岩均遭受多期变质、变形的改造,内部构造、岩性复杂,现今以复变质—变形(主要是低温动力变质+低绿片岩相气液交代变质)的岩石出露,野外常难准确识别岩石类型和填绘其岩性界线,故以蛇纹岩(超镁铁质岩)、变质基性岩或绿片岩(镁铁质岩)、硅质岩来代表蛇绿岩(套)组合的相应岩性。

3.2.1 雅鲁藏布江蛇绿岩带的属性、产出及就位时代

1. 属 性

青藏高原内部自北而南沿羌北—金沙江、班公错—丁青、雅鲁藏布江分别发育了三条蛇绿岩带。对其属性,长期以来一直存有争议。

目前,多数认为班公错—丁青蛇绿岩带是特提斯俯冲闭合的缝合线,即欧亚板块与印度洋板块的边界。

而雅鲁藏布江蛇绿岩带是特提斯发展演化过程中,局限洋盆地壳演化、改造的产物,即雅鲁藏布江及其两侧的喜马拉雅和冈底斯均属印度洋板块的组成部分。

该蛇绿岩带的总体特征可概括为:

1)带状构造产出特征突出

沿雅鲁藏布江缝合带呈断片产出,其断续延伸长度大于 1 800 km。

2)构造混杂强烈

除西段日喀则—白朗一线残存有序的蛇绿岩套(即日喀则蛇绿岩套)外,其余多为蛇绿混杂岩;米林及以东基本呈外来岩块状出露;各处均具强烈的构造变形,并具有较为复杂的岩性特征和岩石组合。

3)混杂岩块成分和来源复杂

混杂带中岩块成分除来自蛇绿岩本身组成分子外,还普遍见有大理岩(结晶灰岩)、变质杂砂岩、千板岩、片岩、变粒岩、斜长角闪岩、石英岩、变质火山(碎屑)岩等;其形成时代从元古代至白垩纪;其来源除洋盆本身外,还来自南侧印度陆块及北侧冈底斯微陆块。

4)混杂基质成分相对单一,变形强烈

除蛇绿岩本身组成分子作为混杂基质外,主要为中生代复理石型千板岩—变质杂砂岩,可有少量的变质火山岩夹层,为与蛇绿岩形成时代相当的活动陆缘斜坡相浊积产物。混杂基质普遍较岩块变形更强烈,呈大面积的劈理化、片理化及糜棱岩化,可见多期褶皱、断裂的叠加。

5)蛇绿岩套层序特征典型(图 3.3)

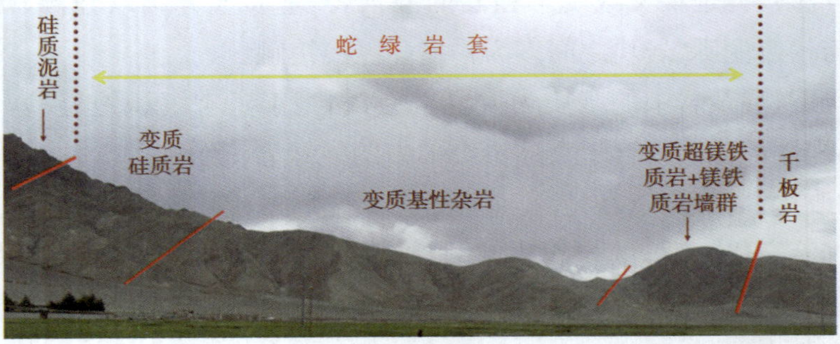

图 3.3 日喀则蛇绿岩套的有序层序

分布于日喀则—白朗一线的日喀则蛇绿岩套，层序正常、完整；自北而南(层序序列为由上至下)的主要岩性单元为：

洋盆沉积岩：(嘎学群，JKG.)变质含放射虫硅质岩+变质沉火山岩。

枕状玄武岩：具变余枕状构造的细碧—角斑岩+变质洋脊—岛弧拉斑玄武岩。

基性杂岩：具变余堆晶层序的变质辉长岩+闪长岩+异剥橄榄岩+辉绿岩岩群。

地幔岩：变质单辉—二辉橄榄岩+辉橄岩(通常为蛇纹岩)+辉绿岩岩墙群。

2. 产出及就位时代

雅鲁藏布江蛇绿岩带大致沿雅鲁藏布江缝合带分布，主体始成于中三叠世(T_2)，结束于早白垩世(K_1)。

蛇绿混杂岩带中，外来岩块的形成时代可以下延至中～新元古代($Pt_{2\text{-}3}$，基底形成时期)；基质的形成时代可上延至晚白垩世(K_2，复理石沉积结束期)。与其相关的地层单位有：旁辛混杂岩群(K*P*)、朗县群(K*L*)、罗布莎蛇绿岩群(JK*L.*)、修康群(T_3*X.*)、朗杰学群(T_3*L.*)、嘎学群(JK*G.*)、白朗蛇绿岩群(J_3K_1B)、昂仁组(K_2a)等。

蛇绿岩及蛇绿混杂岩的就位时代，依据大竹卡组沉积不整合其上，即以渐新世(E_3)作为其就位的时间上限。由于混杂基质中最晚的地层为上白垩统，故其就位的时间下限不早于晚白垩世。

3.2.2 蛇绿构造混杂岩带的岩石组合类型

根据蛇绿构造混杂岩的基质时代及岩性、外来岩块岩性及岩石微相特征，上侏罗统～下白垩统雅鲁藏布江蛇绿构造混杂岩的岩石组合主要有5种类型。

1. 蛇绿岩、超镁铁岩组合($J_3K_1y^{\Sigma}$)

蛇绿岩、超镁铁岩组合主要以构造岩块形式产出，岩石类型主要为蛇纹石化和滑石化橄辉岩、蛇纹滑石直闪石片岩、滑石橄榄单斜辉石岩、方解石蛇纹石滑石片岩、蛇纹石化橄榄辉石岩等(表3.1)。岩块或与变辉长岩、变枕状玄武岩等构成岩石类型较完整的蛇绿岩岩片，或呈透镜状及独立岩块产出。经强烈的构造改造，一般都转变为成分相当的各种碎裂岩，经进一步的低温蚀变和构造改造，形成蛇纹岩、滑石片岩(图3.4)、蛇纹(构造)片岩等。

表3.1 主要变质超镁铁岩岩块分布及特征

位置	岩性	围岩	产状
旁辛	变辉石橄榄岩、蛇纹滑石直闪石片岩	角闪岩类变基性岩类	透镜状，岩块不均匀蛇纹石化，与围岩界限清楚；长约50 m，宽约10 m
中荣	蛇纹滑石直闪石片岩	角闪岩类变基性类	透镜状，岩块蛇纹石化强烈，与围岩界限清楚；长约20 m，宽约5 m

续上表

位置	岩性	围岩	产状
当昂	变辉石橄榄岩、蛇纹滑石直闪石片岩	角闪岩类变基性类、念青唐古拉岩群长英质片麻岩，前者见变余枕状构造	透镜状、浑圆状，岩块不均匀蛇纹石化，与围岩界限清楚。数个小岩块共生，长 0.5～2 m，宽约 0.2 m
加热萨	滑石橄榄单斜辉石岩	角闪岩类变基性岩类	岩块蛇纹石化强烈，出露不佳
鲁朗纳左	蛇纹滑石直闪石片岩	绢云石英片岩、角闪岩类	岩块蛇纹石化强烈，出露不佳
纠忠	变辉橄岩	角闪岩类变基性岩类	岩块不均匀蛇纹石化，出露不佳
易贡白	蛇纹滑石直闪石片岩	角闪岩类、绢云石英片岩类	岩块蛇纹石化强烈，出露不佳

图 3.4　蛇绿混杂岩中的超基性岩块变质形成的直闪石滑石片岩

2. 石英岩、石英片岩组合($J_3K_1y^{qsch}$)

石英岩、石英片岩组合主要在雅鲁藏布江大峡谷的内弧呈弧形展布，即分布于排龙乡、甘代乡、龙烈村和阿尼桥一带。其基质为云母石英片岩，空间上与石英岩类、角闪岩类共生。

这类岩石主要造岩矿物为黑云母、白云母、石英、石榴子石、蓝晶石和绿泥石等。显微镜下多呈斑状变晶结构、片状构造(图 3.5)。变斑晶为石榴子石和石英。石榴子石多为半自形晶，常包裹石英、云母等细小矿物形成筛状变晶。

据现有资料，该带长英质糜棱岩中曾获得两件 K-Ar 同位素年龄，结果为 123～141.7 Ma 和 19.87 Ma(章振根等，1992 年；甘肃地矿厅，1995 年)。前者可能代表洋壳开始俯冲时的年龄，后者代表喜马拉雅造山运动晚期的变质年龄。在雅鲁藏布江地区是高喜马拉雅结晶岩楔入体向北东方向挤入冈底斯岛弧岩浆岩带的时期。

(a)含绢云母细粒石英岩

(b)黑云母石英片岩

图 3.5　显微结构特征

3. 绿片岩、石英片岩组合($J_3K_1y^{sch}$)

绿片岩、石英片岩组合分布于雅鲁藏布江大峡谷的内弧部位，即排龙乡、甘代乡、龙烈村和阿尼桥一带。与周围地质体呈断层接触。

绿片岩、石英片岩组合是造山作用过程中混杂带两侧的南迦巴瓦岩群和念青唐古拉岩群经过破碎、混杂、变形拉长而形成的，在雅鲁藏布江缝合带中分布较多。基底岩片露头尺寸大小悬殊，一般为狭长的透镜状。这类岩片与围岩呈断层接触关系，包含基底岩片的基质部分在接近这些岩片的部位一般强烈变形，发育揉皱及紧闭褶皱等。

岩石类型以各类片麻岩、变粒岩、片岩为主(如具混合岩化特征的黑云斜长片麻岩)。这类岩石夹含黑云母的大理岩，岩石组合相当于南迦巴瓦岩群派乡岩组，含黑云二长变粒岩、含黑云透辉石变粒岩、蓝晶石榴云母石英片岩等(图 3.6)。由这些岩石组合构成的岩片可能主要来自南迦巴瓦岩群，少量来自念青唐古拉岩群。

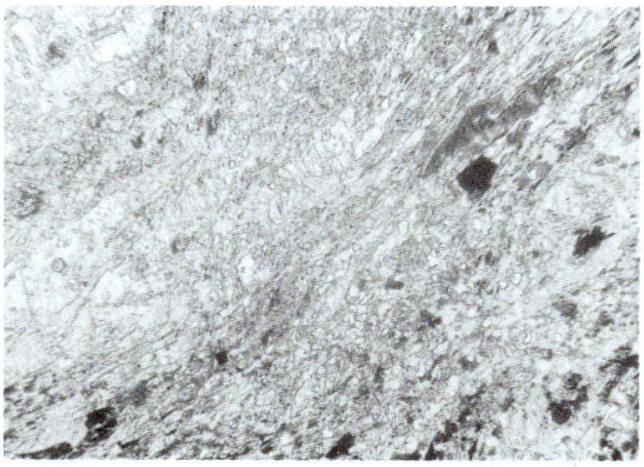

图 3.6　绿帘—阳起石英岩(李渝生，2010 年)

4. 灰岩、大理岩组合($J_3K_1y^{ca}$)

灰岩、大理岩组合呈残片、残块状断续分布。由灰岩块体、原地复理石系统和部分超基性～基性岩组分组成构造混杂成因的构造—岩石地层单位。混杂带中碳酸盐岩产状比较复杂。有些岩块与围岩有清楚的边界，夹在绿片岩、角闪岩和石英片岩中，呈不规则状、露头尺寸大小悬殊。还有些碳酸盐在露头上虽也呈块体形状，出露规模也较大，但与围岩之间未见清楚的边界，甚至为逐渐过渡关系。还有些大理岩仅作为结合带基质部分的夹层，在外观上呈层状。

碳酸盐中除主要矿物方解石外（少量样品以白云石为主），一般含有镁橄榄石、金云母、尖晶石、透辉石、磷灰石、白云母、斜长石、石英、黑云母、黄铁矿、方柱石、透闪石等（图 3.7），分别构成各种类型的大理岩。变质条件相当于低角闪岩相，中高压环境。碳酸盐岩石一般呈纯净的白色，中粗晶粒状镶嵌结构，块状构造。

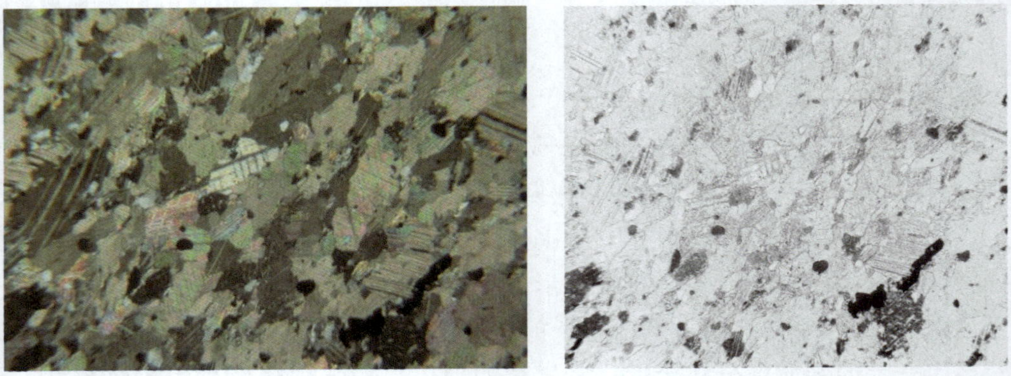

图 3.7　中粒含石英大理岩（李渝生，2010 年）

缝合带中的碳酸盐岩主要是多成因的大理岩。有些是两侧老基底岩块，有些则是海盆中的变沉积岩，与变玄武岩、重结晶的硅质岩等共生。

5. 变基性岩、玄武岩组合（$J_3K_1\gamma^\beta$）

在蛇绿混杂岩带中，变质镁铁质岩包括呈层状外观的变玄武岩（β）和呈块状产出的变辉长岩、变辉绿岩、变橄榄辉石岩等（图 3.8）。变玄武岩一般作为混杂带的基质，与石英片岩类密切共生。

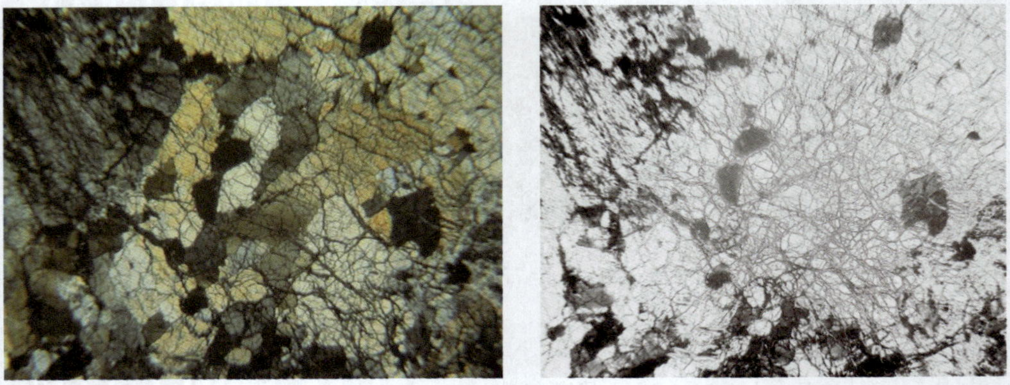

图 3.8　透闪石化辉石、橄榄石（李渝生，2010 年）

最常见的岩块(表3.2)主要包括变辉长岩岩块(分布在旁辛乡、排龙乡、扎曲至排龙乡之间)、变辉绿岩岩块($\beta\mu$)(分布在扎曲至排龙之间靠近排龙的地段、东久至鲁朗之间、希让村、羌纳乡等地)。

表3.2　主要变基性岩岩块分布及特征

位　置	岩　性	围　岩	产　状
旁辛—当昂	斜长角闪岩、角闪岩类为主,局部变余枕状构造,夹变超镁铁岩岩块	混杂带中的石英岩岩片、基质	平面上呈拉长的透镜状岩片;长约30 km,宽约5 km;与围岩间以剪切带分隔
易贡白—希让	变玄武岩、角闪岩类为主,局部变余枕状构造,夹变超镁铁岩岩块	混杂带中的石英岩岩片、基质	呈狭长的透镜状岩片;长约20 km,宽约4 km。与围岩间以剪切带分割
岩旁—排龙	角闪岩类,具变余辉绿结构	混杂带中的石英岩岩片、基质	平面呈透镜状,露头呈岩墙状;平面长约5 km,宽约1 km
东久—鲁朗	角闪岩类,具变余辉绿结构	混杂带中的基质	呈狭长的透镜状岩块,与围岩呈剪切带分隔;长约10 km,宽约1 km
纠忠	斜长角闪岩、角闪岩类为主,夹变超镁铁岩岩块;为一套肢解的蛇绿岩	混杂带中的基质、念青唐古拉岩群长英质片麻岩类	狭长的透镜状,长约10 km,宽约2 km

1)辉长岩已经变质成角闪岩类、斜长角闪岩类、含石榴石角闪斜长片麻岩、含石榴石角闪岩、方柱透辉岩等。这类岩块既以呈独立的块体被包含在绿片岩或石英片岩之中,也与超镁铁岩块共生(即镁质纯橄榄岩、橄辉岩、变辉长岩、变枕状玄武岩、石英岩等密切共生)。这种岩石组合显然符合蛇绿岩套的特征,但已不具备原始的层序。

2)变辉绿岩现存的变质矿物组合与变辉长岩基本相同,但变余辉绿结构在某些地段依然保留。野外可见变质、变形的厚层岩墙,其边界与围岩石英片岩类的片理平行,但并非原始的岩性界线。

各类岩片岩石普遍遭受不同程度的变质、变形改造,如碎裂岩化、糜棱岩化、蛇纹石化、软玉化、滑石菱镁矿化、绿泥石化、绢云母化及铬、镍及铁矿化,紧闭、同斜褶皱、层间揉皱、多期褶皱、糜棱岩化等变形现象显著。

上述变基性岩本身属较坚硬岩类,但因变质、变形强烈,大都被构造肢解为构造岩块(断片),为断裂所夹持的"无根"岩块。另一方面,由于基性杂岩一般蚀变较强,其抗风化的能力也较差,特别是堆积熔岩层间蚀变更强(海底熔岩喷溢时其熔岩流表面即与海水之间产生水—岩反应),易形成层间错动带和软弱带。当基性杂岩叠加低温动力变质改造后可形成各种绿片岩(图3.9)。

图 3.9　朗县蛇绿混杂岩中基性杂岩变质变形形成的绿片岩(林芝米瑞乡)

3.2.3　雅鲁藏布江缝合带构造—岩石学特性的分段性特征

雅鲁藏布江缝合带的岩石建造特征较为复杂，为一些不同时代、不同类型建造的构造块体拼合而成的构造混杂带，即由雅鲁藏布江蛇绿岩带、混杂堆积、复理石建造和高压变质带等组成。缝合带总体上分为米林混杂岩带(东段)、朗县混杂岩(中段)及泽当—罗布莎混杂岩(西段)等。

1. 米林混杂岩带

米林混杂岩带呈残片、残块状断续分布于东部米林—巴嘎一带，沿雅鲁藏布江河谷断续出露。混杂岩夹持于冈底斯陆块与高喜马拉雅基底逆冲结晶岩带(印度陆块)之间。为一宽 3～5 km，由原地复理石系统和部分超基性～基性岩组分组成构造混杂成因的狭窄构造混杂岩带。

米林混杂岩构成雅鲁藏布江蛇绿—构造混杂带东延之一部分，岩石建造较为复杂。其中，最老岩块为早二叠世稳定型浅海台地相碳酸盐建造。混杂岩带总体上由超镁铁岩岩片(超基性岩)、玄武岩(β)及镁铁岩(υ)岩片(基性岩)、二叠纪碳酸盐岩片(PCa)及白垩纪复理石岩片(Kfw)等组成(表 3.3)。各岩片岩石普遍遭受不同程度的变质、变形改造。如碎裂岩化、糜棱岩化、蛇纹石化、软玉化、滑石菱镁矿化、绿泥石化、绢云母化及铬、镍及铁矿化。根据其剖面结构、岩石组合、岩石化学及地球化学特征分析，该(蛇绿)混杂岩应属边缘海—小洋盆相形成环境。

上述各岩片间均呈断层接触，边缘发育小型脆韧性剪切带，并与白垩纪基质一起揉皱变形，岩石强烈糜棱岩化。其中，普遍发育斜向矿物拉伸线理和水平褶纹线理、拖曳褶皱、雁行状排列的构造透镜体、小型脆韧性断裂及其夹持的岩块相互叠覆(图 3.10)。

表 3.3　米林混杂岩带的岩片组成

岩片类型	岩　片　组　合
超镁铁岩岩片 (Σ)	主要为蛇纹岩、纤闪石化单辉辉石岩、变超基性岩、闪石化辉石岩、透闪蛇纹化片岩，呈大小不等、强烈变形的构造透镜状岩块体群产出
玄武岩(β)岩片	以变玄武岩为主，包括绿帘钠长绿泥片岩、钠长绿泥角闪片岩、斜长角闪片岩等
镁铁岩(υ)岩片	主要为闪石化变辉石岩、斜黝帘石角闪石岩、透闪石岩等
二叠纪碳酸盐岩片 (PCa)	为灰、深灰色薄～中厚层状结晶灰岩、条纹条带状结晶灰岩、大理岩、条纹条带状大理岩及含透闪石大理岩
白垩纪复理石岩片 (Kfw)	由灰色钙质～粉砂质绢云板岩、泥质板岩、绿泥板岩、灰黄色砂质绢云千枚岩、粉砂质绢云千枚岩、绿泥千枚岩年及绿片岩，夹片理化—炭化含砂质泥质结晶灰岩、深灰和灰色结晶灰岩或细晶灰岩透镜体、变质长石石英杂砂岩等组成，具明显复理石韵律

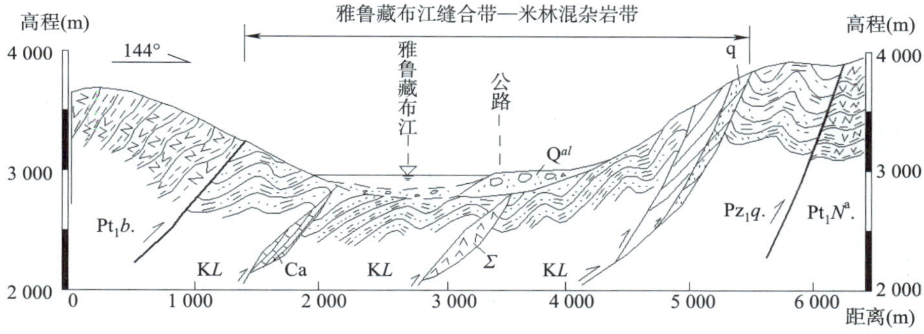

图 3.10　米林混杂岩带剖面图

岩石微相鉴定：

(1)含黑云母石英糜棱岩(图 3.11)

图 3.11　含黑云母石英糜棱岩

细至微粒不规则粒状结构,定向糜棱构造发育。岩石组分几乎全部由石英组成,局部含少许细粒黑云母无序穿插。

石英:细粒不等粒不规则粒状,线性特征发育,不规则长条形,长宽比一般在3:1～5:1不等,相互紧密结合且呈定向分布。局部由于重结晶形成不规则细粒集合体,但仍保持塑性长条形石英的外形。

云母:少量(含量1%～2%),细粒不规则片状,主要为黑云母,穿插于石英粒间,定向分布。细粒黑云母的延长线往往与石英的定向有较小的夹角,局部细粒黑云母较富集呈带状,但分布方向主要沿斜交石英定向微裂隙发育。这表明黑云母的发育晚于原岩构造的形成。较粗的颗粒可见具较发育的底面解理,粒间含少许细粒榍石及绿帘石无序穿插共生。

该岩石具较发育的糜棱结构和构造,后期沿斜交糜棱片理的裂隙被黑云母充填。原岩可能有石英脉或石英岩经动力变质糜棱岩化形成,后经黑云母化复变质改造。

(2)细粒含石榴石云母片岩(图3.12)

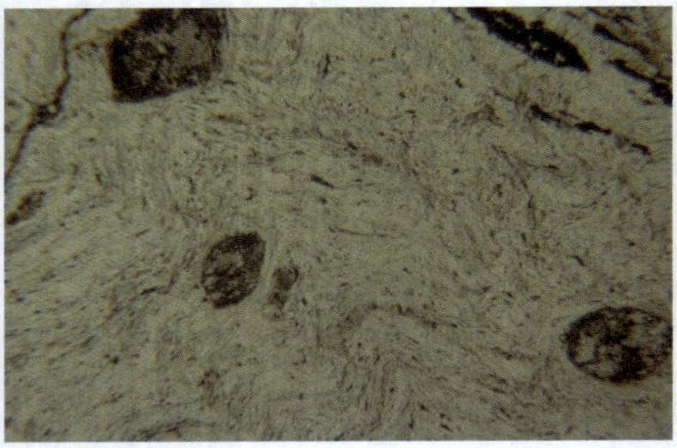

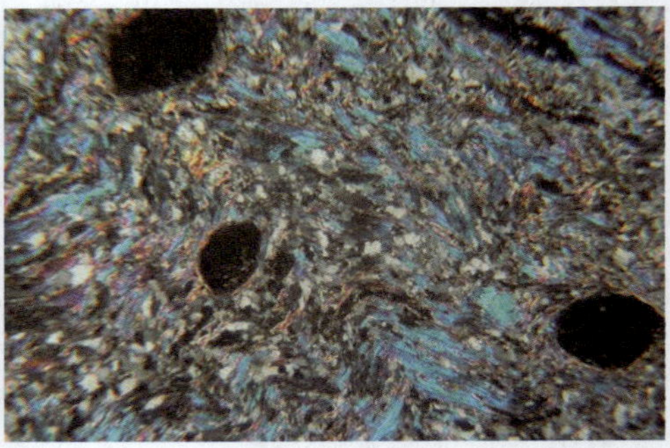

图3.12　细粒含石榴石云母片岩

细粒不等粒粒状鳞片变晶结构,片麻及不规则条纹状构造,局部具较发育的褶纹构造。主要组分及含量:石英含量小于50%;云母含量小于50%;石榴石含量大于3%;含少许细粒铁质矿物组成。

石英:细粒,粒径0.1～0.2 mm,不规则粒状,部分具较明显的线性特征,但颗粒形状不规则,组成不规则镶嵌的粒状结构,粒间主要被云母穿插,分布普遍但不均匀,局部集中形成不完全带状,与富云母杂带呈交互平行分布。偶含少许细粒铁质包体。

云母:细粒片状,无序散布穿插于石英粒间,定向分布,局部富集呈不完全条带状,沿走向具较发育的皱纹构造。粒间含少许石英及石榴石无序散布。主要由白云母含少量黑云母共生组成。解理发育,沿解理常含少许细粒铁质包体,黑云母少量且大都包于石榴石或沿石榴石边缘发育。

石榴石:细粒浑圆不规则粒状,无序散布,穿插或包于石英及云母粒间,分布无规律。切片近于无色,稍带浅褐色调,常含较多细粒铁质包体,局部含石英包体。

副矿物主要含较多细至微粒铁质包体，无序散布，穿插或包于石英及云母粒间，部分包于上述矿物中。含少许细粒浅绿色浑圆粒状电气石，无序散布。

原岩成分由纹层状泥质硅质(或粉砂质)沉积岩经区域变质形成。

(3)细粒含石榴石二云母石英片岩(图 3.13)

细粒粒状鳞片变晶结构，片状构造，局部褶纹构造也较发育。该岩石无论组分及岩石特征都与图 3.12 样本相似或几乎完全相同，但石英含量稍多，变质成因及程度也与图 3.12 样本相同。

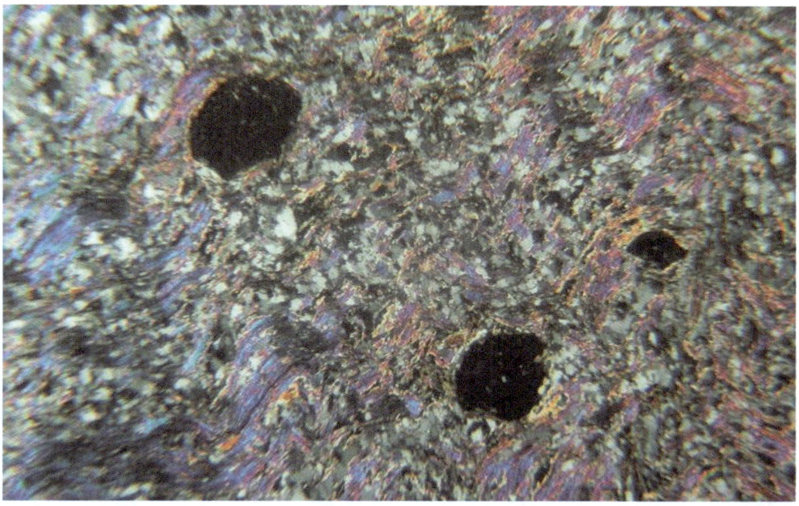

图 3.13 细粒含石榴石二云母石英片岩

(4)中细粒绿帘阳起石英岩(图 3.14)

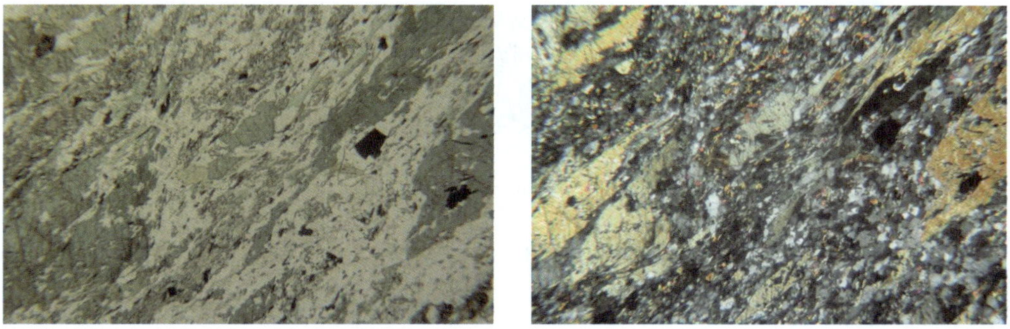

图 3.14 绿帘—阳起石英岩

中至细粒以偏细粒粒状结构，半定向不完全带状构造。组分：石英(含量 50%左右)；阳起石(含量 30%)；绿帘石(含量 10%)；斜长石(含量 5%)；绿泥石(含量< 3%)组成。

石英：细粒不等粒、不规则粒状，线性特征较发育；与较多细粒绿帘石及阳起石共生组成不规则镶嵌粒状集合体,半定向分布。

阳起石:中至细粒不等粒、不规则粒状,半定向分布但不均匀,常呈断续带状穿插于石英集合体中,较新鲜;不规则裂隙较发育;通常含少许细粒石英及铁质包体,颗粒外形往往不规则。

绿帘石:细粒不等粒不规则粒状,无序散布穿插于石英粒间或交代斜长石形成以稀散分布为主,少许包于石英及阳起石中;不规则裂隙较发育,偶见解理。

斜长石:细粒不等粒、不规则粒状,无序散布穿插于石英粒间,分布不均匀,局部呈较细小条带状穿插于石英集合体,平行岩石定向分布。

绿泥石:不规则片状,无序散布穿插于斜长石粒间,局部与阳起石无序穿插共生,分布无规律;切片呈浅绿色片状,解理较发育。

副矿物含少许细粒磁铁矿,无序散布穿插于石英粒间,且与绿帘石较紧密共生。

岩石属绿片岩相,低级区域变质频繁。由于含较多石英,原岩可能含有较多钙镁质的泥质硅质岩经低级变质形成。

(5)中粒含石英大理岩(图 3.15)

图 3.15　中粒含石英大理岩

中粒不等粒、不规则粒状结构半定向构造。主要由碳酸盐和少量组粒石英和白云母组成。

碳酸盐矿物:中粗粒,粒径介于 0.3～1.0 mm,中粒不规则粒状,线性特征较发育,半紧密结合,组成不规则镶嵌结构,粒间局部少许细粒石英和云母充填,解理和多晶纹发育。

石英和云母:含量较少(含量小于 5%),细粒不等粒、不规则粒状及片状,以石英为主,无序散布穿插于方解石粒间,少许无序穿插包于方解石中,分布无规律。

副矿物含少许细粒自形或不规则粒状黄铁矿无序散布。

(6)含绿帘石细粒黑云母石英片岩(图 3.16)

图 3.16 黑云母石英片岩

细粒粒状鳞片变晶结构,片状构造。主要由石英(含量大于 70%)、黑云母(含量 20%左右)、绿帘石(含量 7%左右)及磁铁矿(含量 2%左右)组成。

石英:细粒不等粒、不规则粒状,部分具较发育的线性特征,半定向分布,粗细混杂形成不规则镶嵌粒状结构,粒间常含少许细粒黑云母无序穿插;局部含少许土状杂质。

黑云母:细粒,细长片状,无序散布,穿插于石英粒间,半定向分布,局部较密集,组成不规则条纹状构造,解理发育。

绿帘石:细粒不等粒、不规则粒状,粒径与石英相似,无序散布穿插于石英及黑云母粒间。

磁铁矿:细粒不等粒、不规则粒状,局部呈细小团斑状,无序散布,穿插于黑云母和石英粒间。

岩石具中低级变质程度,原岩组分可能为含泥质石英粉砂岩或硅质岩变质形成。

(7)含石英黑云母条纹状中细粒大理岩(图 3.17)

中细粒不等粒、不规则粒状鳞片变晶结构,半定向不规则条带状构造。主要由碳酸盐(含量 70%左右)、黑云母(含量小于 20%)及石英(含量大于 10%)组成。

碳酸盐:中细粒,粒径介于 0.2~0.5 mm,不规则粒状,粗细混杂,组成较规则的镶嵌粒状结构,局部形状不规则,线性特征较发育,半定向分布;含少许细粒土状杂质,粒间溶蚀孔隙较发育,常被黑云母土状杂质充填;解理较发育。

云母:粒度粗细不一,不规则片状,常组成不规则条纹或条带状集合体,穿插于碳

图 3.17　含石英黑云母条带状中细粒大理岩

酸盐粒间，且平行岩石定向分布，沿走向局部具轻微褶皱，少许无序散布穿插于碳酸盐粒间，有时也与石英呈无序穿插共生，主要为黑云母，偶见少许白云母无序穿插共生；解理发育，沿解理含少许细粒铁质包体。

石英：细粒不等粒、不规则粒状，无序散布，穿插于碳酸盐粒间，局部与黑云母条带共生或组成独立的但不完全条带或团斑，无序散布，分布无明显规律。局部粒间含少量细粒白云母及碳酸盐穿插共生；局部被少许细粒碳酸盐无序穿插交代。

(8)含绢云母细粒石英岩(图 3.18)

图 3.18　含绢云母细粒石英岩

细粒不等粒、不规则粒状结构，块状稍呈半定向构造。主要由石英(含量大于

90%)、含少许细粒长石(偶见)和绢云母(含量小于1%)组成。

石英:细粒不等粒不规则粒状,无序散布,组成不规则镶嵌的粒状集合体,半定向分布,粒间含少许细粒鳞片状绢云母和细粒长石无序穿插共生;含少许细粒气液状包体。

绢云母:少量,细小鳞片状无序散布,穿插于石英粒间,少许无序包于石英中,定向分布,分布较普遍但不均匀。

长石:少量,无序散布穿插于石英粒间;含少许细粒土状杂质或细小鳞片状黏土矿物交代,颗粒细小。

2. 朗县混杂岩带

朗县混杂岩夹持于冈底斯陆块与喜马拉雅特提斯沉积褶冲带之间,呈条带状分布于中部朗县—洞嘎镇一带。由灰岩块体、原地复理石系统和部分超基性～基性岩组分组成构造混杂成因的构造—岩石地层单位。

混杂岩带由超镁铁岩岩片(Σ超基性岩)、玄武岩(β)及镁铁岩(v)岩片(基性岩)、二叠纪碳酸盐岩片(PCa)以及白垩纪复理石岩片(Kfw)等构成。各岩片间均呈断层接触,边缘发育小型脆韧性剪切带,并与白垩纪基质一起揉皱变形,岩石强烈糜棱岩化。

1)超镁铁岩岩片

超镁铁岩岩片主要为蛇纹岩、纤闪石化单辉辉石岩、变超基性岩、闪石化辉石岩、透闪蛇纹化片岩,呈大小不等、强烈变形的构造透镜状岩块体群产出。

2)玄武岩(β)及镁铁岩(v)岩片

玄武岩岩片(β)以变玄武岩为主,包括绿帘钠长绿泥片岩、钠长绿泥角闪片岩、斜长角闪片岩等。

镁铁岩岩片(v)主要为闪石化变辉石岩、斜黝帘石角闪石岩、透闪石岩等。

3)二叠纪碳酸盐岩片(PCa)

二叠纪碳酸盐岩片为灰、深灰色薄～中厚层状结晶灰岩、条纹条带状结晶灰岩、大理岩、条纹条带状大理岩及含透闪石大理岩。

4)白垩纪复理石岩片(Kfw)

白垩纪复理石岩片由灰色钙质～粉砂质绢云板岩、泥质板岩、绿泥板岩、灰黄色砂质绢云千枚岩、粉砂质绢云千枚岩、绿泥千枚岩及绿片岩夹片理化—炭化含砂质泥质结晶灰岩、深灰和灰色结晶灰岩或细晶灰岩透镜体、变质长石石英杂砂岩等组成,具有明显复理石韵律。

上述各岩片岩石普遍遭受不同程度的变质变形改造,如碎裂岩化、糜棱岩化、蛇纹石化、软玉化、滑石菱镁矿化、绿泥石化、绢云母化及铬、镍及铁矿化。根据其剖面结构、岩石组合、岩石化学及地球化学特征分析,该(蛇绿)混杂岩应形成于边缘海—小洋盆环境。

另外，在加查县以西约 20 km，缝合带岩体主要为侏罗纪～白垩纪嘎学岩群(JKG.)，是一套灰、浅灰、深灰色绢云石英板岩，变质含岩屑石英砂岩、硅质岩、绿泥石英片岩、玄武岩、橄榄岩、变基性岩及变超基性岩构造块体。以岩屑长石石英砂岩、粉砂岩、板岩、含炭质页岩等为基质，以超基性岩为岩块，表现出沉积混杂岩特征，厚达 2 000 m 以上。基质中除超基性岩块外，尚有早二叠世稳定型浅海台地相碳酸盐岩、中～晚三叠世远洋深水硅泥质岩、侏罗纪～白垩纪远洋深水硅泥质岩等岩块。

岩石微相鉴定：

(1)含黑云母绿帘石细粒长英变粒岩(图 3.19)

图 3.19　含黑云母绿帘石细粒长英变粒岩

变斑状结构，基质细粒不等粒不规则粒状结构，半定向构造。岩石组分主要由长石、石英和较多绿泥石和少量黑云母、绿帘石等组成。

斜长石：包括变斑晶和基质，含量 50%～60%。其中，斑晶含量 20%左右，粒度粗细不一，无序散布，形状不规则，偶见半自形板状，由单晶但较多由不规则粒状集合体组成。含少许细粒绢云母无序穿插交代。基质斜长石细粒不规则粒状，主要与细粒石英共生，线性特征较发育，半定向分布，不完全带状穿插于变斑晶粒间，通常包绕变斑晶分布。镜下特征和变斑晶近似偶含少许细粒绢云母交代线，解理较发育。

石英(含量小于 40%)：以偏细粒基质为主，主要与斜长石无序穿插共生，镜下特征与斜长石近似，但无解理和双晶，常含少许细粒气液包体。

石英变斑晶(含量小于 2%)：粒径与斜长石变斑晶相似，以不规则粒状或浑圆状为主无序散布，局部与斜长石变斑晶无序穿插共生，光性特征与基质相同。

绿泥石(含量 5%左右)：细粒不规则片状，无序散布，穿插于长石和石英粒间，并呈定向分布，分布不太均匀，局部稍富集。

黑云母少量，细粒不规则片状无序散布，穿插于基质粒间，平行岩石定向分布，少许与绿泥石无序穿插共生，局部沿解理被绿泥石交代。

绿帘石少量，细云微粒不规则粒状，无序散布，主要穿插于长英质基质中，少许包含于长石变斑晶中，局部穿插交代石英，分布没有规律。

石英酸盐少量，偶见，呈不规则粒状，无序穿插交代石英和长石。

副矿物含少量细粒不规则粒状磁铁矿，无序散布穿插于长英质矿物粒间。

该岩石具有似花岗质原岩被动力改造和再结晶形成的特征，后者由于缺乏标型矿物组分，具体变质程度不能确定，据斜长石成分表明变质程度不高，可能也在中低级范围。

(2)含石英—碳酸盐条带状千枚状板岩(图 3.20)

图 3.20 条带状千枚状板岩

细粒粒状鳞片变晶结构，定向千枚状—板状构造。岩石组分主要由绢云母和细粒石英及较多碳酸盐组成，以绢云母为主。

绢云母(含量 70%左右)：显微鳞片状，定向分布。粒间含少许细粒石英及碳酸盐无序穿插共生，分布不均，石英和碳酸盐局部集中呈不规则条带，平行岩石定向分布。粒间常含较多细粒灰黑色土状杂质，局部被褐铁矿侵染呈黄褐色带状浑浊。绢云母本身无色，沿走向常具褶纹状构造。

石英(含量小于 20%)：细至微粒不规则粒状，无序散布穿插于绢云母粒间，局部富集形成细粒不规则带状集合体或透镜状集合体，穿插共生于绢云母集合体中或呈较细的条带交互、穿插平行分布。粒间含少许细小鳞片状绢云母无序穿插共生，含较多不规则粒状碳酸盐无序填充和包裹细粒石英，形成连生式胶结或以碳酸盐为主呈不规则团斑状含较多但不定量的细粒石英包体。石英较富集的部分以镶嵌粒状结构为主，但作为包体包于碳酸盐中的石英常保持次圆至次角状粉砂状结构特征。

碳酸盐(含量大于10%):粗至细粒不等粒、不规则粒状,后者组成细长形粒状集合体,无序散布,穿插于绢云母粒间,平行绢云母定向稀疏分布。较多呈团斑状或透镜状,与带状石英集合体共生。粒度粗大呈连生胶结式基底式胶结,包裹细粒石英或局部富集形成透镜状集合体穿插于石英粒间,分布无规律,含少量细粒土状杂质。

含少许细粒自形或不规则粒状黄铁矿无序散布,穿插于绢云母及石英粒间,局部穿插包于碳酸盐中,且都已褐铁矿化。岩石主要由含钙质和粉砂质泥质沉积岩经浅变质形成。

(3)含黝帘石细粒白云母长英片岩(图3.21)

图3.21　含黝帘石细粒白云母长英片岩

变斑状结构,基质细粒、粒状鳞片变晶结构,片状构造。

变斑晶(含量大于20%):细粒不等粒、不规则粒状及柱状,无序散布穿插于主要由细粒长英矿物和白云母组成的基质中,分布不均匀,解理较发育。

基质:细粒、粒状鳞片变晶结构,定向构造,主要由石英、细粒白云母和较少量斜长石组成,常包绕石英变斑晶。

石英(含量大于40%):细粒不等粒、不规则粒状无序散布,与细粒长石无序穿插共生,局部呈不规则带状富集,分布不均匀,含少许细粒气液状包体。

长石:含量相对较少,主要为斜长石,粒度及形态与石英相似。局部含少许细粒土状杂质或被细粒绢云母交代。

云母(含量20%左右):细粒片状,无序穿插于石英及长石粒间,常较富集,呈条纹状,定向分布。粒间局部含少许细粒铁质杂质。

含少许细粒不规则粒状铁质矿物,无序散布穿插于石英及云母粒间,或无序包于帘石中。岩石变质程度偏低，缺乏指示性矿物，可据相邻岩石的变质程度加以推定。

(4)含碳酸盐绿帘—绿泥石化长英变粒岩(图 3.22)

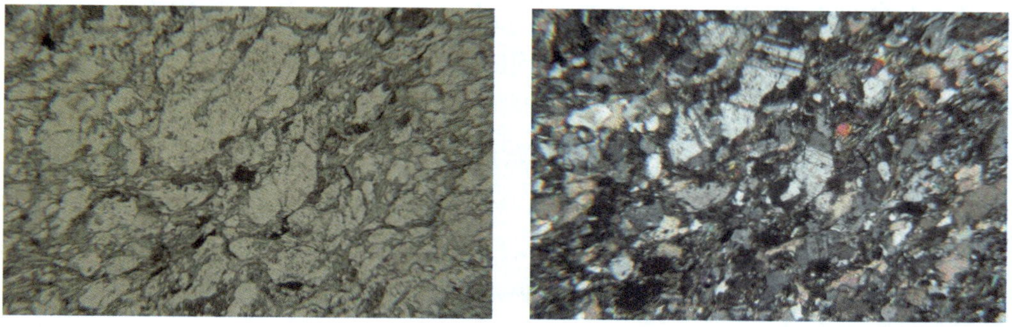

图 3.22 含碳酸盐绿帘绿泥石化长英变粒岩

细至微粒不等粒、不规则粒状结构，半定向构造。主要由长石、石英和少量细小鳞片状绢云母及绿泥石组成，局部含较多不规则粒状碳酸盐和绿帘石无序穿插交代。

长石(含量 40%左右)：粒度粗细不一，不规则粒状、次圆状或长条状，半定向分布。常与石英共生，呈半定向无序包绕较粗粒长英质矿物分布。含少许细粒绢云母无序穿插交代或含少许细粒土状杂质。

石英(含量 20%左右或稍多)：粒度与长石相似，粗细不一，以偏细粒不规则粒状为主，少许呈较粗粒变斑状，不规则粒状或圆状无序散布，常被细粒长英质集合体无序包绕。局部带状富集，分布不均，线性特征较明显，保持明显拉长及塑性变形特征，半定向分布。

云母(含量小于 5%)：浅绿色不规则片状，局部粒度稍粗大。切片呈浅绿色至近于无色的较明显多色性，底面解理较发育，沿解理常有少许浅色云母无序穿插共生。局部浅绿色绿泥石具较偏高的干涉色，由黑云母蚀变形成，镜下常见绿泥石含细粒绿帘石共生。

碳酸盐(含量小于 15%)：粒度粗细不一，不规则粒状，无序散布、穿插于长英质矿物粒间，并交代长英质矿物，局部含细粒长英质矿物的交代残余包体，分布无规律，局部呈不规则带状或团斑状富集。

绿帘石(含量 5%左右)：细粒不等粒不规则粒状，无序散布，穿插于长英质矿物粒间，以交代斜长石为主，局部与绿帘石及碳酸盐等无序穿插共生，不规则裂隙发育。

综上所述，岩石的主要矿物组分及结构、构造特征与花岗糜棱岩近似。原岩具二云母化，但在后期变质中黑云母为绿帘石所取代，普遍具较明显的碳酸盐绿帘石化。原岩组分在变质过程中，经强烈重结晶形成细粒不规则粒状结构和半定向构造，以长英质为主要矿物组分。绿帘一绿泥石化之前的变质程度应为中级偏低，含碳酸盐的绿帘一绿泥石化属热液蚀变的退变质现象。

3. 泽当—罗布莎混杂岩带

泽当—罗布莎混杂岩带分布于桑日—泽当及其以西地段，由泽当岩群(JKZ.)、罗布莎蛇绿岩群(JK*L*.)及嘎学岩群(JK*G*.)组成(图 2.6)。

1)泽当岩群(JKZ.)

泽当岩群分布于金鲁、康萨、西扎、乃东附近，以及罗布沙镇以北等地。

泽当岩群由泽当蛇绿岩群演变而来，其岩石组合包括玻安质枕状熔岩、安山质火山岩、英安岩、流纹岩、蛇纹岩、蛇纹石化斜辉辉橄岩及异剥钙榴岩、辉长辉绿岩、斜辉辉橄岩等。其中地幔岩由新鲜的粗粒～碎斑状糜棱岩化二辉橄榄岩和斜辉橄榄岩组成，熔岩具岛弧火山岩特征，据 2002 年 Mc Dermid 等对泽当附近火山杂岩体的研究，认为是一套洋内岛弧的产物，故单独划为一个特殊的构造地层单位。

泽当岩群产于罗布莎蛇绿岩群的南北两侧，主要产于北侧，岩石组合较复杂，从超基性～基性～中性～酸性岩类均有存在，为典型的混杂岩堆积，可能是洋内板块消减所致。

2005 年王成善等在该岩群安山质岩脉中获角闪石^{40}Ar-^{39}Ar 年龄(152±3.3)Ma 和(156±0.3)Ma，属晚侏罗世；2007 年 1∶200 000 泽当幅区调资料在枕状熔岩中获 Rb-Sr 年龄(168.24±11.03)Ma 和(215.81±20.68)Ma，则属中侏罗世及晚三叠世。结合区域资料分析，将其时代置于侏罗纪～白垩纪较合适。

典型剖面：山南市金鲁乡泽当岩群(JKZ.)剖面，如图 3.23 所示。

2)罗布莎蛇绿岩群(JK*L*.)

罗布莎蛇绿岩群分布于金鲁—赞塘、罗布沙镇以北等地，南、北两侧分别与泽当岩群及嘎学岩群断层接触，东西长 42 km，南北宽不超过 4 km。主要由粗粒上地幔斜辉橄榄岩和少量纯橄岩、堆积杂岩、枕状(球颗)及块状玄武岩、硅质岩及泥砂质混杂岩等组成。

罗布莎蛇绿岩群下部为斜辉辉橄岩、二辉橄榄岩、纯橄岩、蛇纹角砾岩、蛇纹岩、蛇纹岩化纯橄岩及蛇纹质糜棱岩等；中部为层状辉长岩、均质辉长岩等；上部为枕状熔岩等；顶部为砂岩、板岩夹放射虫硅质岩。属较典型的蛇绿岩套组合，为洋中脊扩张之产物。

罗布沙一带枕状玄武岩中曾获有一组 Rb-Sr 等时线年龄为(173.24±10.90)Ma[《中华人民共和国区域地质调查报告　加查幅(比例尺：1∶200 000)》(西藏自治区地质矿产局，1995 年)]，为早侏罗世；硅质岩中产大量放射虫，时代主要为晚侏罗世～晚白垩世，个别时代为中晚三叠世。因此，将罗布莎蛇绿岩群主体时代置于侏罗纪～白垩纪，可能混入了三叠纪岩块。

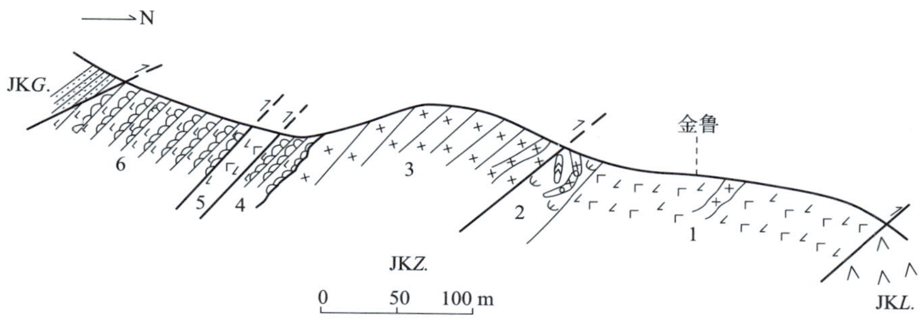

图 3.23 金鲁乡泽当岩群剖面

说明：

上覆地层：嘎学岩群（JKG.）砂岩

══════断层接触══════ 假厚度

泽当岩群（JKZ.） >700 m

6—玻安质枕状熔岩、玄武岩～安山质火山岩和火山碎屑岩、英安岩、流纹岩 >120 m

══════断层接触══════

5—糜棱岩化斜辉辉橄岩 >20 m

══════断层接触══════

4—玻安质枕状熔岩 >40 m

══════断层接触══════

3—辉长辉绿岩 >120 m

══════断层接触══════

2—蛇纹岩、蛇纹石化斜辉辉橄岩及异剥钙榴岩 >60 m

══════断层接触══════

1—斜辉辉橄岩 >160 m

══════断层接触══════

下伏地层：罗布莎蛇绿岩群（JKL.）超基性岩

典型剖面：西藏曲松县罗布沙镇侏罗纪～白垩纪罗布莎蛇绿岩群（JKL.）剖面，如图 3.24 所示。

3）嘎学岩群（JKG.）

嘎学岩群分布于拉萨市幅墨卓村—仁青顶—拉孜—扎其乡—卓学一带、泽当镇幅正给热—乃东—洛木村—罗布沙镇—嘎吉村—嘎纳一带。

1983 年，西藏区调队在萨嘎县嘎学村创建嘎学群，定义为一套杂色千枚岩、板岩、硅质岩、变玄武岩、辉绿岩及中基性火山熔岩组合，韧性剪切发育，时代置于侏罗纪～白垩纪；1994 年《中华人民共和国区域地质调查报告 浪卡子幅 泽当幅（比例尺：1∶200 000）》（西藏自治区地质矿产局，1994 年），将其划为壳幔型韧性剪切带及晚白垩世日喀则群、复理石夹彩色燧石岩等；1995 年《中华人民共和国区域地质调查报告 加查幅（比例尺：1∶200 000）》（西藏自治区地质矿产局，1995 年）划为晚白垩世泥砂质混杂岩体，基质为复理石含硅质岩块。

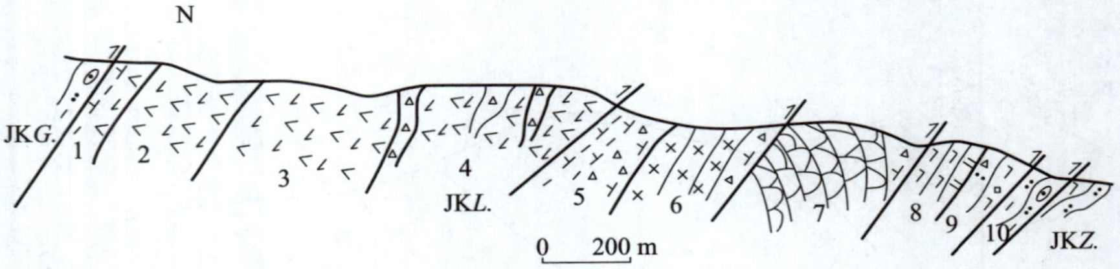

图 3.24　罗布沙镇侏罗纪～白垩纪罗布莎蛇绿岩群(JKL.)剖面

说明：

上覆地层：泽当岩群(JKZ.)：玄武岩、砂岩、板岩

═══断层接触═══	假厚度
罗布莎蛇绿岩群(JKL.)	＞1 325 m
10—泥砂质砂板岩	＞55 m
═══断层接触═══	
9—基性火山碎屑岩	＞60 m
8—块状熔岩，顶部硅质岩	＞75 m
═══断层接触═══	
7—枕状熔岩	＞200 m
═══断层接触═══	
6—层状辉长岩、均质辉长岩及易剥钙榴岩脉	＞135 m
═══断层接触═══	
5—蛇纹岩、蛇纹岩化纯橄岩及蛇纹质糜棱岩	＞55 m
═══断层接触═══	
4—斜辉辉橄岩、纯橄岩、蛇纹角砾岩	＞320 m
═══断层接触═══	
3—斜辉辉橄岩	＞210 m
═══断层接触═══	
2—二辉橄榄岩	＞160 m
═══断层接触═══	
1—斜辉辉橄岩、蛇纹石质糜棱岩	＞60 m
═══断层接触═══	

下伏地层：嘎学岩群(JKG.)：板岩、砂岩

典型剖面：山南市金鲁乡嘎学岩群(JKG.)剖面，如图 3.25 所示。

图 3.25 说明中剖面第 4 和 6 层杂色燧石岩中放射虫化石十分丰富，以晚侏罗世至早白垩世种属为主。在第 5 层燧石岩块中则发现中晚三叠世放射虫。表明嘎学岩群的主要时代为侏罗纪～白垩纪，但仍混杂有少量三叠纪的岩块。

岩石微相鉴定：

(1)蚀变含石英闪长玢岩(图 3.26)

细粒斑状结构，基质细粒粒状结构，半定向块状构造。斑晶含量 20%～30%，主要由斜长石和绿色角闪石组成，分布无序。

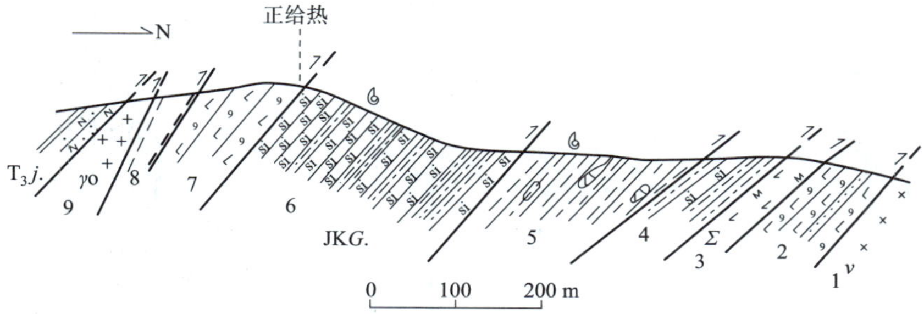

图 3.25　金鲁乡嘎学岩群(JKG.)剖面

说明：

上覆地层：杰德秀岩组($T_3j.$)砂岩板岩互层

══════断层接触══════　　假厚度

嘎学岩群(JKG.)　　>840 m

9—灰白色细粒斜长花岗岩

══════断层接触══════

8—泥砂质板岩及蛇纹岩、蛇纹岩化斜辉辉橄岩　　>50 m

══════断层接触══════

7—杏仁状玄武岩　　>100 m

══════断层接触══════

6—彩色燧石岩，夹粉砂质板岩　　>240 m

══════断层接触══════

5—变质粉砂质板岩，夹燧石岩块　　>150 m

══════断层接触══════

4—杂砂岩，夹板岩及少量燧石岩　　>100 m

══════断层接触══════

3—糜棱岩化斜辉辉橄岩　　>50 m

══════断层接触══════

2—杏仁状玄武岩，夹杂砂岩　　>100 m

══════断层接触══════

1—辉长辉绿岩　　>50 m

斜长石斑晶(含量20%左右)：中至细粒圆形板状或不太规则的粒状无序散布，已全部蚀变，主要被细粒绢云母和较多帘石类矿物交代。

角闪石斑晶(含量大于5%)：中细粒细长柱状或粒状，基本新鲜，无序散布。柱状解理较发育。

基质细粒全晶质，半自形粒状结构，矿物组分与斑晶相似，主要为斜长石和角闪石，含少许细粒石英。斜长石和角闪石的镜下特征和斑晶相同。

次生变化除上述长石的绢云母化和少许帘石类交代外，粒间含相对较多细粒不规则粒状绿帘石无序穿插交代，伴随长石蚀变同时析出较多细粒土状榍石无序散布。

图 3.26　蚀变含石英闪长玢岩

(2)透闪石化辉石、橄榄石(图 3.27)

图 3.27　透闪石化辉石、橄榄石

中至细粒不等粒不规则粒状结构,块状构造。岩石组分主要为透闪石和橄榄石,含少许不规则粒状铬尖晶石无序穿插。

橄榄石(含量小于 90%):中至细粒不等粒不规则粒状,粗细混杂组成不规则结合的粒状集合体。不规则裂隙发育,沿裂隙常被浅绿色隐晶质蛇纹石交代,含少许细粒铁质包体。

蛇纹石:沿不规则网状裂隙分布。切片近于无色透明带浅绿色色调,干涉色一级灰白色。

透闪石(含量大于10%):中细粒不等粒、不规则粒状或长柱状,部分呈纤粒状集合体,无序散体。主要沿橄榄石粒间成不规则裂隙交代,分布无规律。柱状解理发育。

铬尖晶石(少量):细粒不规则粒状,无序散体,穿插包于橄榄石中,或与次闪石(透闪石)共生。不规则裂隙发育,沿颗粒边缘及裂隙常被黑色铁质矿物充填或交代。

(3)板岩(图3.28)

图3.28 板岩

显微鳞片变晶结构,板状构造,岩石组分几乎全部由绢云母组成,含少许细粒石英。

绢云母:显微全片状集合体。定向分布,普遍含少许细粒土状杂质,见集合消光现象。

石英(少量):细粒(粒径在0.02 mm以下),无序散体,穿插于绢云母粒间。主要由细粒砂状石英碎屑组成,颗粒形状不规则。切片具较明显的波状消光。

(4)硅质岩(图3.29)

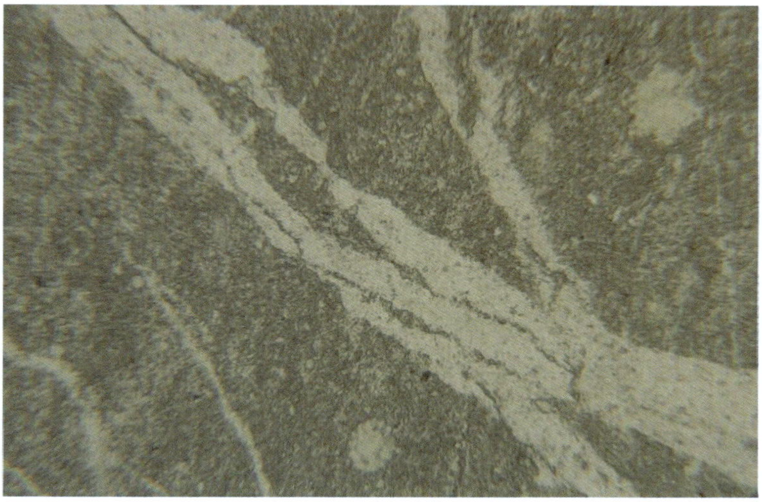

图3.29 硅质岩

显微隐晶质粒状结构，半定向，微纹状构造，岩石组分主要为隐晶质硅质，含较多网状分布的石英细脉。

隐晶质硅质：组成岩石的主体，含少许细粒土状杂质，镜下稍呈灰色浑浊，含少许细粒不规则粒状石英及相对较多细粒不规则针状、棒状或不规则分叉状隐晶质硅质颗粒呈定向分布。均质体或显微隐晶质结构，颗粒主体均已重结晶，形成细粒不规则粒状石英集合体。基质也以隐晶质为主，具弱重结晶（玉髓质），含较多模糊的灰黑色细粒。

(5)变硅泥质条带状石英粉砂质杂砂岩（图 3.30）

图 3.30　变硅泥质条带状石英粉砂质杂砂岩

细粒不等粒粉砂状碎屑结构，半定向条带状构造。

粉砂状碎屑岩（含量小于 80%）：细粒（粒径 0.02～0.1 mm），无序分布，颗粒形状不规则，少许呈透镜状或是较发育的线性特征，半定向分布。粒间主要被硅泥质杂基充填（杂基支撑为主），碎屑组分主要为石英含硅质岩屑及少量长石和细粒云母。

石英含硅质岩屑（含量 35%左右）：以石英为主，硅质岩屑也较多（估计含量大于 10%）。硅质岩屑以显微隐晶质硅质岩屑为主，部分含少许细粒土状杂质。

斜长石碎屑（含量小于 10%）；细粒不等粒不规则粒状，无序散布，穿插于石英粒间，较新鲜，具聚片双晶。

云母碎屑（含量 2%左右）：细粒不规则片状，主要由白云母组成，无序穿插于石英粒间，部分包于硅泥质杂基中。

填隙物（含量大于 20%）：主要为隐晶质硅泥质杂基，无序充填碎屑粒间或无序包裹碎屑，分布不均匀，局部呈稀疏而狭小条带，平行岩石分布。均已重结晶形成显微隐晶粒状石英和鳞片状绢云母，半定向分布，粒间似含较多细粒土状杂质；少许细粒褐铁矿无序散布，穿插于碎屑粒间或包于富泥质条带中。

(6)变硅泥质石英含粉砂质细砂岩(图 3.31)

图 3.31 变硅泥质石英含粉砂质细砂岩

细粒不等粒砂状碎屑结构，块状具半定向构造。

砂状碎屑(含量小于 90%)：中细粒不等粒(粒径 0.03～0.3 mm，少许达 0.5 mm 以上)，粗细混杂，无序散布。颗粒形状较不规则，以次圆环规制次角状为主，线性特征较明显，呈半定向分布，杂基支撑，碎屑颗粒局部被杂基交代呈不规则状。碎屑组分主要为石英及硅质碎屑，含少量长石和云母。

石英含硅质岩屑(含量大于 85%)：以石英为主，硅质岩屑大于 5%，无序散布。由隐晶质致密状硅质岩石组成，无序分布。石英碎屑的线性特征较明显。

长石碎屑(含量小于 1%)：粒度粗细不一，主要为斜长石，分布无序。

云母碎屑(含量 1%～2%)：细粒不规则片状，穿插于石英碎屑粒间或包于杂基中，半定向分布。主要为白云母，局部被褐铁矿侵染。

填隙物(含量小于 15%)：由隐晶质硅泥质杂基组成，以泥质为主，充填碎屑粒间，包绕碎屑分布，常含少许细粒石英碎屑无序穿插共生，以孔隙式胶结为主。均已重结晶，形成隐晶粒状石英和较多鳞片状绢云母，半定向分布。沿半定向分布的晶间裂隙常被褐铁矿侵染，因此硅泥质杂基一般较浑浊，局部含较多细粒不规则粒状铁质矿物无序穿插共生。

(7)变硅泥质石英含粉砂质细砂质杂砂岩(图 3.32)

细粒不等粒砂状碎屑结构，半定向块状构造，岩石组分：

砂状碎屑(含量 80%左右)：粒度粗细不一，粒径 0.03～0.5 mm 不等，以 0.1～0.2 mm 细粒为主，粗细混杂，分选较差；颗粒形状以不规则粒状及次角状为主，少许圆状或角状，分布无规律，杂基支撑，碎屑颗粒也常被杂基交代或呈不规则状；碎屑组分主要为石英，含较多硅质碎屑和少量斜长石及云母碎屑。

填隙物：相对较多，含量20%左右；以隐晶质硅泥质杂基为主，尤以硅质为主，含少许机械混入的细至微粒石英碎屑杂基，充填碎屑粒间或无序包围碎屑颗粒分布，形成孔隙式胶结；硅泥质组分已重结晶，形成隐晶质粒状石英和少许绢云母混合体；镜下特征与(图3.31)薄片相似，但含量稍多，沿定向裂隙也常被铁质充填，并含少许细粒不规则粒状铁质矿物，无序散布穿插于石英碎屑粒间。

图3.32　变硅泥质石英含粉砂质细砂质杂砂岩

3.3　缝合带边界断裂及其构造变形

近南北走向的夺松—比丁伸展走滑断裂将雅鲁藏布江缝合带截断，并使其东段向北推移了约23 km，以此为界缝合带分为东、西两段，如图3.2所示。东段缝合带边界断裂均倾向北，具延展断裂性质；西段边界断裂总体倾向南，表现出明显的逆冲推覆性质。

3.3.1　北边界断裂

以夺松—比丁延展型走滑断裂为界，雅鲁藏布江缝合带北部边界断裂分为两段，即东段滚没—色苏断裂和西段茄子弄—滚没断裂。

1. 滚没—色苏断裂

滚没—色苏断裂西起于米林雅鲁藏布江左岸，沿河谷左岸向北东方向延伸，经岗嘎大桥北，过尼洋河与雅鲁藏布江交汇处，续往北东方向延伸，经林芝市米瑞到达菊康之后转为近南北向展布；向北延伸经鲁朗、东久，逐渐转为北北东～北东走向，续往北东至排龙，转为向北凸出的弧形；然后向南东方向延伸至当昂后，转为向南延伸至许玉，从许玉向南西马尼翁方向延伸，经满玛拉、月尔东、希让延伸出研究区。总体构成一个向北东凸出的弧形断裂构造，即为著名的东“构造结”。区内出露长度大于 200 km。

断裂总体向其凸出方向倾斜，即从西至东，断裂倾向为北西—西—北—北东—东—南东逐渐变化。断裂带北盘（上盘）为冈底斯—察隅岩浆岩构造带，南盘（下盘）为雅鲁藏布江缝合带中的蛇绿混杂岩带。

破碎带宽约 50 cm，主要为含泥构造角砾岩（图 3.33）夹透镜体岩块。构造角砾大小在 0.3～2 cm，无定向排列规律，角砾之间被细小碎粒疏松胶结。断层面上清晰可见倾向擦痕及阶步，指示上盘向上位移。

图 3.33　米林混杂岩带北部边界断裂破碎带

沿断裂发育 30～50 m 宽的韧性剪切带。岩石具变余糜棱结构。根据《喜马拉雅东部大拐弯地区地壳形变，深部过程与高原隆升关系研究》（成都地矿所，2001 年），在岗嘎大桥一带，糜棱岩发育两期结构。早期是左旋走滑；晚期为上盘（北西盘）向北西滑落，显示了伸展剥离的特征。该断裂经历了多期次、多层次的活动特点。

根据断裂带中片理化角闪岩片理面上发育的水平拉伸线理分析，雅鲁藏布江缝合带北界断裂早期表现为深构造层次的左旋走滑剪切韧性变形。此外，片理化角闪岩片理面上局部可见倾向方向的擦痕或拉伸线理，指示其中期活动具逆断层性质（图 3.17）；后期的脆性叠加作用表现为小规模的脆性断层切割早期的韧性变形片理，主要表现为上盘下落的拆离倾滑性质。

2. 茄子弄—滚没断裂

茄子弄—滚没断裂总体上呈近东西向发育，北盘出露古元古代林芝岩群，渐新世～中新世大竹卡组磨拉石沉积和白垩纪岛弧花岗岩；南盘为朗县混杂岩。

断裂总体倾向南，倾角 50°～70°。破碎带宽 50～100 m，由糜棱岩、糜棱片岩、糜棱岩化岩石和碎裂岩组成，带内相似褶皱、不协调褶皱及倾竖褶皱极为发育，并出现 S—C 组构和矿物拉伸线理、布丁构造、杆状构造、钩状构造、长英质旋转碎斑及其雁行状排列等小型变形构造。

早期为左旋走滑，晚期具高角度向北逆冲的逆断层兼走滑性质。该断裂经历了韧性剪切—脆性挤压破碎等多期次、多层次的活动特点，具有较为显著的韧性剪切带特征。

图 3.34～图 3.44 为朗县一带茄子弄—滚没断裂出露特征。

图 3.34 朗县北缝合带北界滚没—色苏断裂

图 3.35

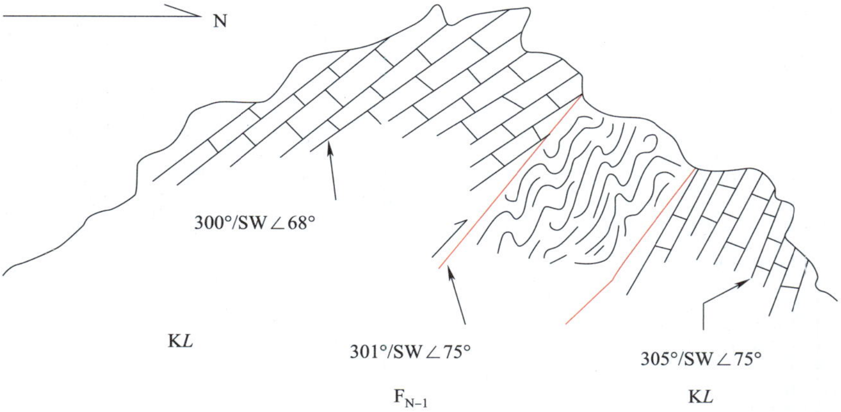

图 3.35 朗县北缝合带北界断裂

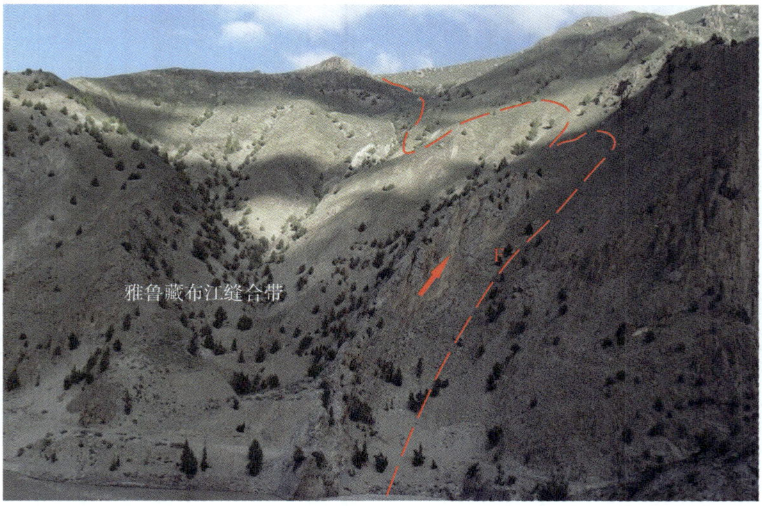

图 3.36 朗县北缝合带北界滚没—色苏断裂地貌

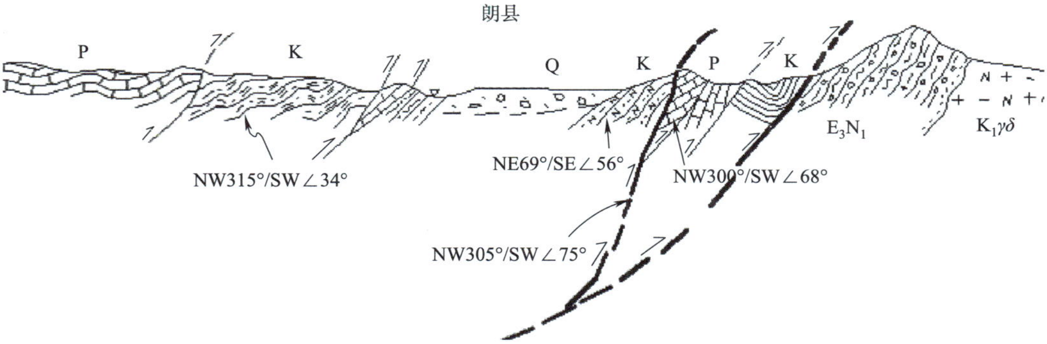

图 3.37 朗县北缝合带北界滚没—色苏断裂带剖面图

图 3.38　朗县缝合带北界滚没—色苏断裂

图 3.39　朗县滚没—色苏断裂带构造岩

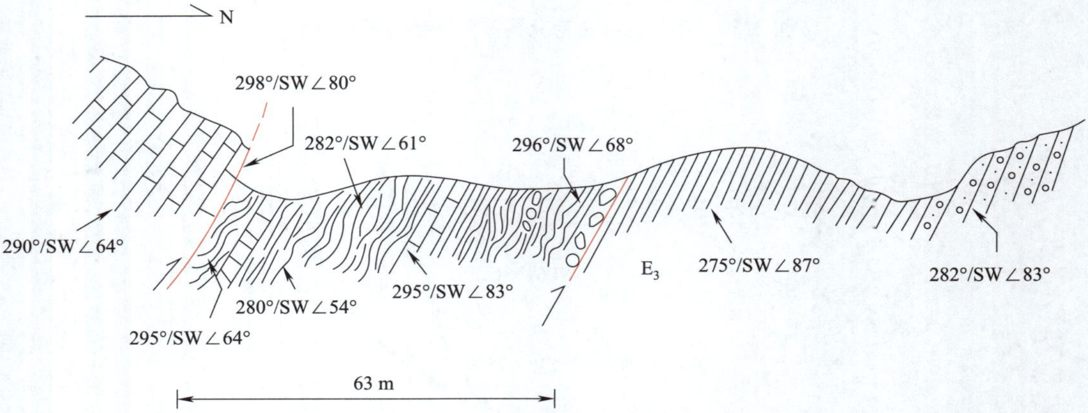

图 3.40　朗县缝合带北界滚没—色苏断裂带剖面图 1

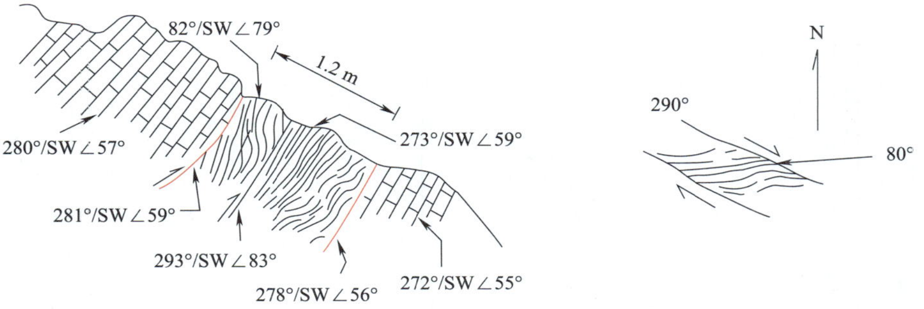

图 3.41　朗县缝合带北界滚没—色苏断裂带剖面图 2

图 3.42　滚没—色苏断裂带

图 3.43　滚没—色苏断裂带主断面

图 3.44　缝合带北界滚没—色苏断裂带地貌

3.3.2　南边界断裂

与北部边界断裂近似，以夺松—比丁延展型走滑断裂为界，南部边界断裂仍分为两段，即东段帮布卡—米林断裂和西段下白若—帮布卡断裂。

1. 帮布卡—米林断裂

帮布卡—米林断裂上盘为混杂岩带内部的变质基性熔岩、变质辉长辉绿岩及硅质岩，发育左行走滑的倾竖褶皱及拉伸线理。米林以东与珞巴村—来果桥伸展断裂复合，显出早期左行走滑，晚期伸展的特征。

断层破碎带及其影响带宽约 60 m，由韧性剪切带和后期叠加的脆性断层组成。主要构造组分包括：

(1)劈理—构造透镜体[图 3.45(a)]，原岩为深灰色黑云母片岩，宽约 6 m。断层面呈舒缓波状，产状 312°∠66°。构造透镜体扁平面平行断层面，劈理分隔和包绕透镜体分布。强烈的变形形成与劈理倾向方向近于一致的线理，似有指示上盘向下位移的迹象。劈理带揉皱轴面与劈理呈斜交关系，指示断层上盘向上位移。

(2)构造透镜体—劈理带，宽约 4 m，产状 311°∠70°。发育有 0.1～1 cm 的断层泥薄壳，摩擦面上发育侧伏产状为 NE46°∠40°的斜向擦痕和阶步[图 3.45(b)]，指示断层以水平右行剪切位移为主，兼具上盘斜落的运动学特征。断层泥之下为 10 cm 厚的构造角砾岩，构造角砾大小 0.3～2 cm，其间被细小碎粒疏松胶结～半固结胶结[图 3.45(c)]。构造角砾岩之下为构造透镜体—劈理，基本平行断层面展布。

(3)断层泥及构造角砾岩带，宽约 0.5 m，接触界面产状 315°∠52°。顶部为灰白色断层泥，多由粉末状云母片组成。摩擦面上发育侧伏产状为 NE40°∠40°的擦痕和阶步，指示断层上盘斜落，但以平面右行剪切位移为主的运动学特征。断层泥之下为 40 cm 厚的构造角砾岩—密集劈理，构造角砾大小 0.2～0.8 cm，胶结疏松，劈理比较密集。

(4)构造透镜体带宽约 1.5 m，片理产状 330°∠57°。原岩为灰～深灰色黑云母片岩及石英片岩，经变形成构造透镜体，基本平行原片理面展布。

(5)密集劈理带，宽约 2 m，界面产状 309°∠61°。原岩为黑云母片岩(图 3.46)，经强烈变形成密集劈理。劈理有揉皱的现象，轴面产状为 88°∠67°，与劈理面斜交，指示上盘向上位移[图 3.45(d)]，兼右行剪切位移的运动学特征。

(a)构造透镜体和劈理

(b)斜向擦痕

(c)构造角砾岩

(d)揉皱

图 3.45　帮布卡—米林断裂破碎带特征

(6)构造透镜体—劈理揉皱带，宽约 6 m，原岩以深灰色黑云母片岩为主，岩石片理较发育，片理的揉皱现象较普遍，揉皱轴面的倾角大于片理的倾角，指示上层面理相对于下层面理向上位移（图 3.47）。沿片理面有一些裂缝形成，表明后期有脆性变形。

图 3.46　帮布卡—米林断裂构造岩

（早期右旋韧性剪切带—长英质糜棱岩）

图 3.47　南部边界断裂（米林）

2. 下白若—帮布卡断裂

下白若—帮布卡断裂走向近东西，倾向南，倾角 45°～60°。破碎带宽 30～40 m，主要由含砾断层泥、构造角砾岩、糜棱岩及构造透镜体组成，结构疏松，如图 3.48～图 3.52 所示。具有左行走滑和向北逆冲特征，如图 3.53 所示。

图 3.48 朗县雅鲁藏布江缝合带南边界断裂

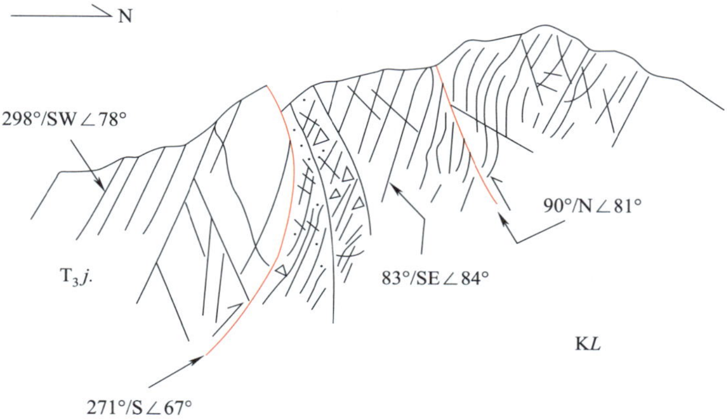

图 3.49 朗县南缝合带南边界下白若—帮布卡断裂破碎带

图 3.50 朗县南缝合带南边界下白若—帮布卡断裂主破碎带

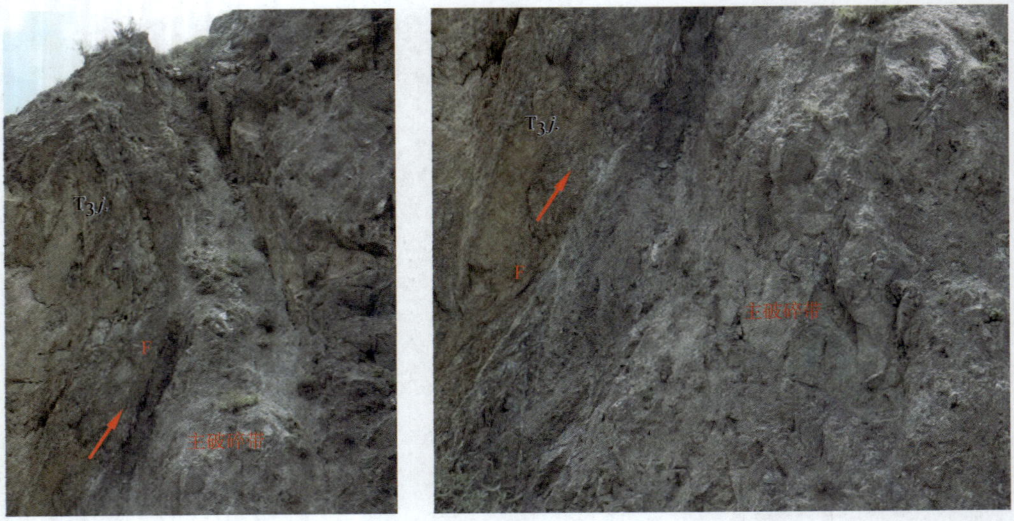

图 3.51　朗县南缝合带南边界下白若—帮布卡断裂主断面

图 3.52　泽当附近缝合带南边界断裂

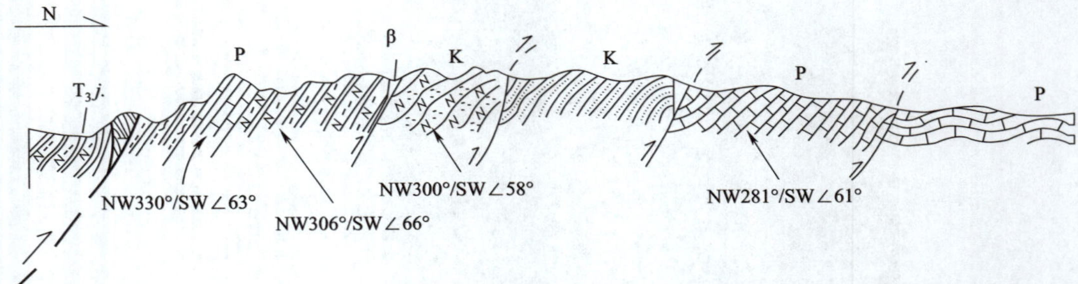

图 3.53　朗县附近缝合带南边界帮布卡—米林断裂剖面图

3.4 缝合带的“岩片”构造及其构造变形

3.4.1 缝合带构造“岩片”发育特征

雅鲁藏布江缝合带地层岩石建造表现为总体有序、局部无序或总体无序、局部有序的复杂特点，各种混杂堆积的相互接触。由于欧亚板块之间的古特提斯洋是一个多岛弧(小地块)大洋，且不是一次性面对面的碰撞；这样就形成十分复杂而无序的地质体相互堆积在一起。正是由于这一地质特点，使得缝合带呈现出特殊的构造“岩片(或超岩片)”，即构造混杂岩岩片、低温高压变质岩片、韧性剪切岩片、蛇绿混杂岩岩片以及复理石岩片等。

1. 构造混杂岩岩片

分布于雅鲁藏布江河谷的构造混杂岩岩片宽10～20 km，与南侧的北喜马拉雅构造带($Ⅳ_1$)(图2.2)及北侧高压变质岩片均呈断层接触。根据混杂岩基质的岩性和时代特征不同，将构造混杂岩划为构造混杂岩、沉积滑塌混杂岩以及蛇绿构造混杂岩等三类混杂岩岩片。

混杂岩的基质为三叠纪～白垩纪的泥砂质成分，包括有原地岩块和外来岩块。原地岩块大多数和基质时代相同，而外来岩块分别源于二叠纪、三叠纪、侏罗纪、白垩纪等不同时代。岩块大小悬殊，大者可达平方公里级，小到仅平方厘米级。岩性有灰岩、硅质岩、玄武岩、辉长岩等。

1)构造混杂岩

基本上呈东西向分布，宽窄不一，完全是构造作用的产物，无基质与岩块之分，大小不一、成分复杂。一般认为是板块俯冲消减过程中从上盘刮削下来或碰撞造山挤压的结果。

2)沉积滑塌混杂岩

呈片状、团块状出现，硬质岩块呈旋斑状及透镜状，软质岩石为片状及波状。内部基本上保持有序特点，具有一定的方向性排列(东西向线状分布)，虽断续出露却分布有一定规律。

这种现象反映了新特提斯洋裂开时，原始地层发生破裂及重力滑动等作用，使得大陆边缘地层或岩块加入海底沉积物中，后期大洋封闭、板块俯冲碰撞期间，两侧岩石和外来岩块再次被裹入，其分布方向在一定程度上反映了后期碰撞造山的受力方向。

3)蛇绿构造混杂岩

除局部呈片出露有早～中侏罗世玄武质混杂岩之外，一般呈星点状出露晚三叠世～早中侏罗世玄武质岩块。采得岛弧型拉斑玄武岩标本的K-Ar同位素年龄为(157.96±32.03)Ma。

2. 低温高压变质岩片

低温高压变质岩片断续分布在构造混杂岩岩片以北，韧性剪切岩片以南，呈透镜状、尖灭再现状，宽度几百米到千米不等。由灰、灰绿色糜棱岩化的绿泥石英片岩、绢云母石英片岩、板岩及薄层砂岩构成。岩片内常见硅质岩和灰岩等外来岩块。岩石变质程度达绿片岩相，并且已强烈片理化、透镜化。带内发现高压变质矿物，如蓝透闪石、冻蓝闪石、黑硬绿泥石、硬柱石、葡萄石、硬绿泥石等（肖序常、高延林等，1982 年）。

低温高压变质岩片另一大特点是普遍发育膝折构造和条带状构造。据研究，这种膝折构造往往和蓝闪片岩共存，是板块俯冲过程中低温高压环境下深层构造变形的结果。膝折构造集中分布在韧性剪切岩片一侧，构成片理—膝折边界。所以该低温高压变质岩片与膝折构造带重叠发育在韧性剪切岩片南侧的线形分布特征，可作为确定板块边界指示性标志之一。

3. 韧性剪切岩片

韧性剪切岩片南邻低温高压变质岩片，北邻蛇绿混杂岩岩片；出露宽 1～2 km，延伸长度大于 300 km，是雅鲁藏布江缝合带内的巨型韧性剪切岩片（吴新国等，2005 年），可进一步细分为脆—韧性剪切岩片、韧性剪切岩片。其原岩为修康群的砂岩、泥岩及硅质岩。以透镜化、片理化、糜棱岩化为特点，属于压扁形一次性中浅层次韧性剪切变形的产物。

4. 蛇绿混杂岩岩片

雅鲁藏布江缝合带内的蛇绿混杂岩岩片比青藏高原其他地区发育齐全、规模宏大，宽达数千米。根据其岩石组合特点，可划分出蛇纹石化橄榄岩岩片、辉绿辉长岩岩片、硅质岩－泥岩岩片和枕状玄武岩岩片等 4 个次级岩片。

1）蛇纹石化橄榄岩岩片

岩片内裹有钙榴岩岩块，岩块形状为透镜状、香肠状及团块状，出露宽 0.5～2 m 不等。岩块包括异源物质和原地岩块（橄榄岩岩块），基质仍为橄榄岩，但十分破碎，蛇纹石化发育。橄榄岩因其辉石、橄榄石的含量不同，结晶有所差异，称橄榄岩或二辉橄榄岩、橄辉岩等。该岩片与上、下岩片均呈断层接触。

2）辉绿辉长岩岩片

辉绿辉长岩岩片中岩块和基质均是辉绿辉长岩，基质和岩块只是尺度上的差别。岩石为粒状结构，但不均匀（有的为粗粒结构）。辉绿辉长岩的变质、变形程度弱于橄榄岩岩片，内部常见宽 1～2 m 不等、长数十米的辉绿岩墙。与相邻岩片为逆冲推覆接触。

3）硅质岩、泥岩岩片

硅质岩、泥岩岩片较厚，产状变化大，局部有序。硅质岩与极薄层泥岩构成高频韵律。岩片遭受后期改造程度不一，某些地段被韧性剪切带改造或被强烈挤压，完全呈构造混杂岩状，以岩块和基质形式出现，与相邻岩片仍为逆冲推覆式接触。

4)玄武岩岩片

玄武岩岩片出现在橄榄岩岩片、辉绿辉长岩岩片和硅质岩、泥岩岩片的两侧，岩性特征相似，枕状构造发育。北侧产状北倾，倾角约30°；南侧岩片内见灰岩岩块呈地堑式插入其中，并可见碎屑岩类呈透镜体状分布其中。玄武岩岩石类型有角砾状玄武岩、块状熔岩、枕状玄武岩、玄武安山岩及杏仁状玄武岩等，产于韧性剪切带的一侧或剪切带中间。

由上述各岩片的特征可见，蛇绿混杂岩与大洋标准的蛇绿岩组合基本相似，只是未见到较好的堆晶岩。蛇绿岩组合的各岩片都已变形、变质，并被一系列逆冲断层所改造，使其呈多重逆冲推覆状或走滑状产出，形成透镜状、网结状，难以观测到原始侵位特点。

5. 日喀则复理石岩片

沿日喀则弧前盆地两侧断层带都发育有不完全底砾岩层。南侧局部冲堆组厚度小于20 m，磨圆度较好的杂色砾岩，砾岩成分以超基性岩和硅质岩为主。北侧恰布林组为砾岩及砂岩组合。盆地内主要发育白垩纪昂仁组和帕达那组复理石沉积的砂岩、页岩及泥岩建造。

这些复理石沉积经历了造山后期的挤压抬升、褶皱等作用，形成一系列对称或不对称的背、向斜构造。代表性褶皱枢纽产状280°∠4°～6°，轴面产状10°∠80°，反映造山期板块碰撞的方向性。

根据雅鲁藏布江缝合带内5大岩片的地质构造与岩性等特点可以看出，缝合带的岩石—构造特点有一定的规律，即由南往北由浅层次到深层次、由脆性变形到中深层脆—韧性变形，再到更深层次的超基性岩的韧性变形。

3.4.2 缝合带“岩片”体的构造变形特征

1. 脆韧性断片的挤压叠覆变形

构成雅鲁藏布江缝合带的各岩片间均呈断层接触，岩片边缘发育小型脆韧性剪切带。一系列小型脆韧性断裂与其所夹持的岩块(片)，共同构成独特的逆冲叠覆构造。其作用形式和发育特征在夺松—比丁延展型走滑断裂的东、西两侧有所不同。

在夺松—比丁延展型走滑断裂以东的米林—雅鲁藏布江大峡谷段，构造变形主要表现为受高喜马拉雅地块强力推挤俯冲作用控制的脆韧性断片俯冲被动逆掩挤压变形，如图3.54所示。

在夺松—比丁延展型走滑断裂以西的朗县—加查段，构造变形主要表现为一系列小型脆韧性断裂与其所夹持的脆韧性构造断片，构成独特的高角度逆冲叠覆构造，如图3.55所示，其压性受力特征极为强烈。

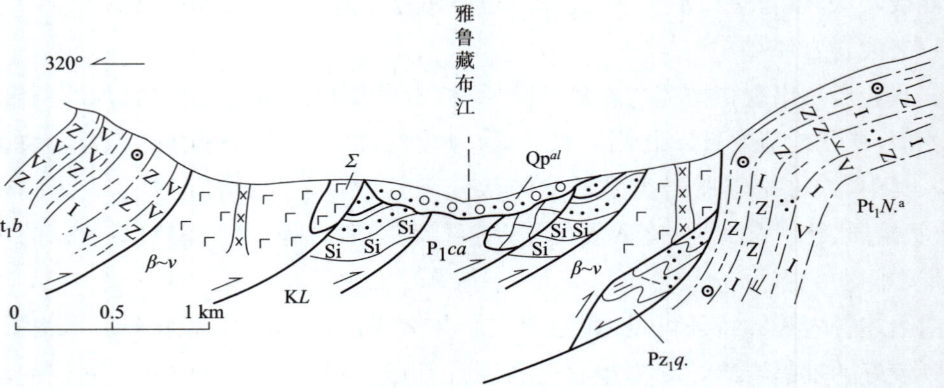

图 3.54 米林段俯冲被动逆掩挤压变形(米林剖面)

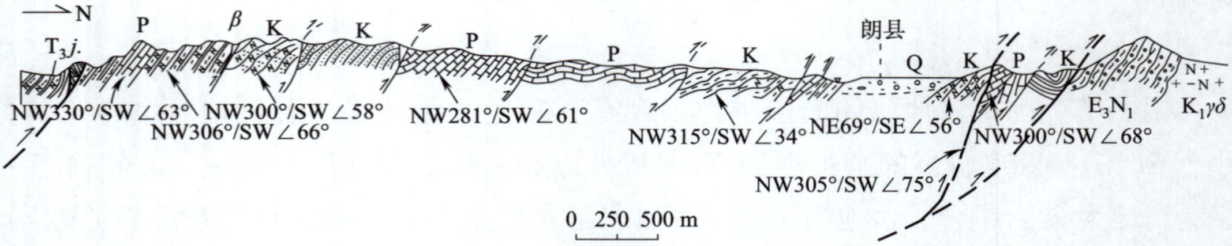

图 3.55 朗县混杂岩带的高角度逆推叠拼构造

2. 蛇绿构造混杂岩带的韧性剪切变形

1)蛇绿构造混杂岩体的构造变形

雅鲁藏布江缝合带蛇绿岩体受后期蚀变影响小,早期的变形构造保存较好。蛇绿混杂岩中的变形橄榄岩普遍经历了黏性流变、塑性流变和脆性变形等不同的变形类型,如图 3.56 所示。

图 3.56

图 3.56 蛇绿构造混杂岩中的揉皱及紧闭褶皱

黏性流变形成层状构造和条带状构造，矿物一般具有原始粒状和原始板状结构，颗粒略显拉长。

塑性流变的主要表现为矿物晶体塑性变形、叶理和线理，并经历了高温塑性流变和低温塑性流变两个阶段。低温流变的结构类型为粒状、板状变晶结构，高温流变具有残碎斑状结构、糜棱结构。

脆性变形分为准脆性变形和脆性变形两期。前者主要表现为矿物的脆性破裂，蛇纹石等矿物沿裂隙充填，次生脉体充填岩石裂隙，矿物颗粒尤其是蛇纹石的扭折；后者则形成一些隔离性的破裂面。

2)构造“岩片”体内部的韧性剪切变形

雅鲁藏布江缝合带内部各构造岩片与白垩纪基质一起揉皱变形，如图 3.57 和图 3.58 所示，岩石强烈糜棱岩化。普遍发育斜向矿物拉伸线理和水平褶纹线理、拖曳褶皱、雁行状排列的构造透镜体。

图 3.57 构造“岩片”体内部的拖曳褶皱与韧性剪切变形

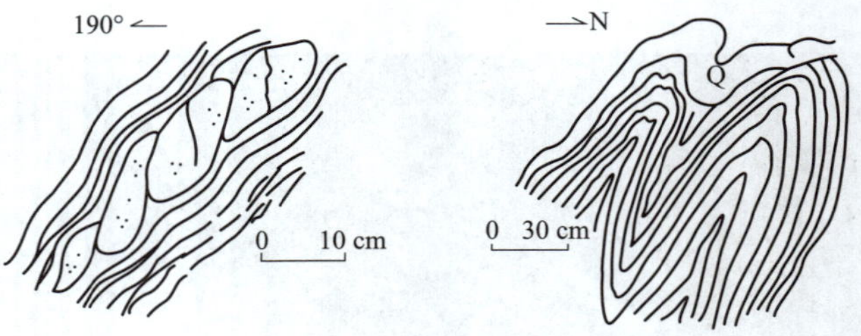

(a)KL 基质挤压透镜体　　(b)同斜紧闭褶皱

图 3.58　朗县混杂岩构造“岩片”体内部

雅鲁藏布江缝合带内部韧性剪切变形极为强烈，规模巨大。变形带宽 1～5 km 不等，沿希让—地东—汗密—旁辛—甘代—加热萨—帕隆—东久—鲁朗一线分布，发育多个强应变带并具多期活动的特点。

整个缝合带内发育多个相互重叠的强应变带。在马尼翁—阿尼桥—汗密之间发育多个顺层剪切带。实际上，马尼翁—二号桥和二号桥—阿尼桥—老虎嘴—汗密东的石英岩或石英片岩，其总体是该巨型韧性剪切带的一个巨大透镜体。该透镜体是雅鲁藏布江缝合带的蛇绿岩被韧性剪切拉成的巨大透镜体，向西南于希让附近收敛尖灭。

据研究，韧性剪切带具三期活动：早期表现为俯冲碰撞；中期表现为伸展拆离，这在作为缝合带标志物的蛇绿岩套透镜体及其以西的汗密—日扎鲁一带表现最为充分，为正断剪切；晚期为右旋剪切推覆，这一期在整个变形带均有极强烈的表现。

3)雅鲁藏布江缝合带北缘磨拉石岩片体的构造变形

夹持于雅鲁藏布江缝合带北侧边缘与冈底斯火山—岩浆弧之间的大竹卡组磨拉石岩片体(E_3N_1d 砾岩)，构造变形十分强烈，派生多组破裂面。这些破裂面上发育有摩擦镜面、擦痕和阶步等构造变形的痕迹。岩片体本身塑性变形极为令人瞩目，内部的角砾、碎屑物质等组分明显压扁、拉长，但仍基本保持原有层序，如图 3.59 所示。在朗县—加查区段，清晰可见雅鲁藏布江缝合带构造混杂岩片大幅度逆冲叠覆于大竹卡组砾岩之上，如图 3.60 所示。

图 3.59　朗县北侧第三系砾岩(E_3N_1d)的构造变形特征

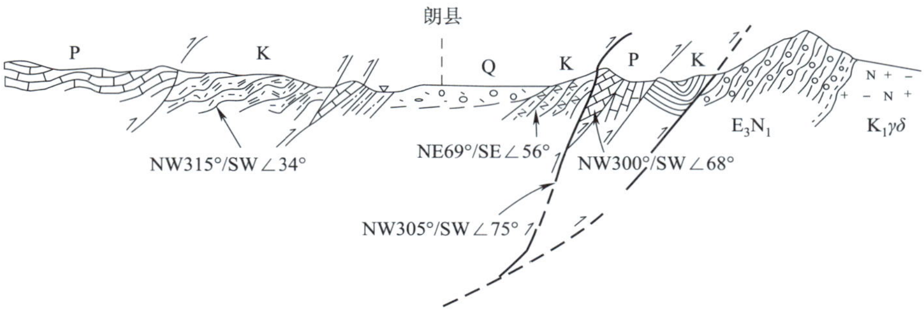

图 3.60　构造"岩片"逆冲叠覆于砾岩（E_3N_1d）之上

3.5　雅鲁藏布江缝合带形成与演化过程的动力学特征

二叠纪晚期开始扩张发育起来的南特提斯洋壳，到晚侏罗世～早白垩世已发展成一个宽约 2 000～3 000 km、横跨赤道、水深约 4 000～5 000 m 的广阔大洋（高延林，中国地质科学院地质研究所，1985 年）。由它连接的冈底斯和印度洋板块一起以约 5～6 cm/a 的速度向北漂移，大洋两岸均是稳定的大西洋型大陆边缘。此时，冈底斯板块北缘正处于北特提斯洋壳向南俯冲的活动环境中，出现一些不典型的沟弧盆环境，发育了深海浊积岩相侏罗系和约 140～203 Ma BP 的钙碱性火山—岩浆岩。

早白垩世晚期，北特提斯洋壳消亡，冈底斯陆壳板块与古欧亚板块碰撞缝合为现在的欧亚板块后[图 3.61(a)]，漂移速度显著变慢，与南特提斯洋壳及印度洋板块陆壳向北漂移的同步性不复存在。漂移速度较快的南特提斯洋壳向冈底斯陆壳之下俯冲（当时的深海沟或俯冲带大约在北纬 10°偏南位置），开始了雅鲁藏布江缝合带闭合演化的动力学过程[图 3.61(b)]。这一过程经历了大洋壳俯冲和大陆壳碰撞两个发展阶段。

1. 洋壳俯冲阶段

洋壳俯冲阶段发生于白垩纪晚期到始新世初（50～90 Ma BP），以大洋壳的俯冲为主导。随着特提斯洋壳以大于 5 cm/a 的速度，约 60°左右的倾角持续俯冲（据计算俯冲带在拉萨附近深 120 km，羊八井一带深 295 km），消亡的特提斯洋壳和冈底斯陆壳的上地壳及下地壳中发生部分熔融，形成深源型钙碱性岩浆。伴随着这些岩浆物质的形成和壳幔之间强烈活动，北部陆缘呈现出活动陆缘特征，火山弧性质的冈底斯火山—岩浆带逐步形成，出现 50～90 Ma BP 的钙碱性火山—岩浆活动高潮期，同时引起地壳地热梯度上升。

据该区壳熔型花岗岩实验熔融温压条件（安山岩包裹体测温），推测当时平均地热梯度可达 37～40 ℃/km。由此在雅鲁藏布江北侧，形成了以冈底斯山主脊为热轴的区域性高温低压变质带。

同时由于壳幔之间物质的强烈运动，致使冈底斯区域地壳发生差异性升降，岛弧

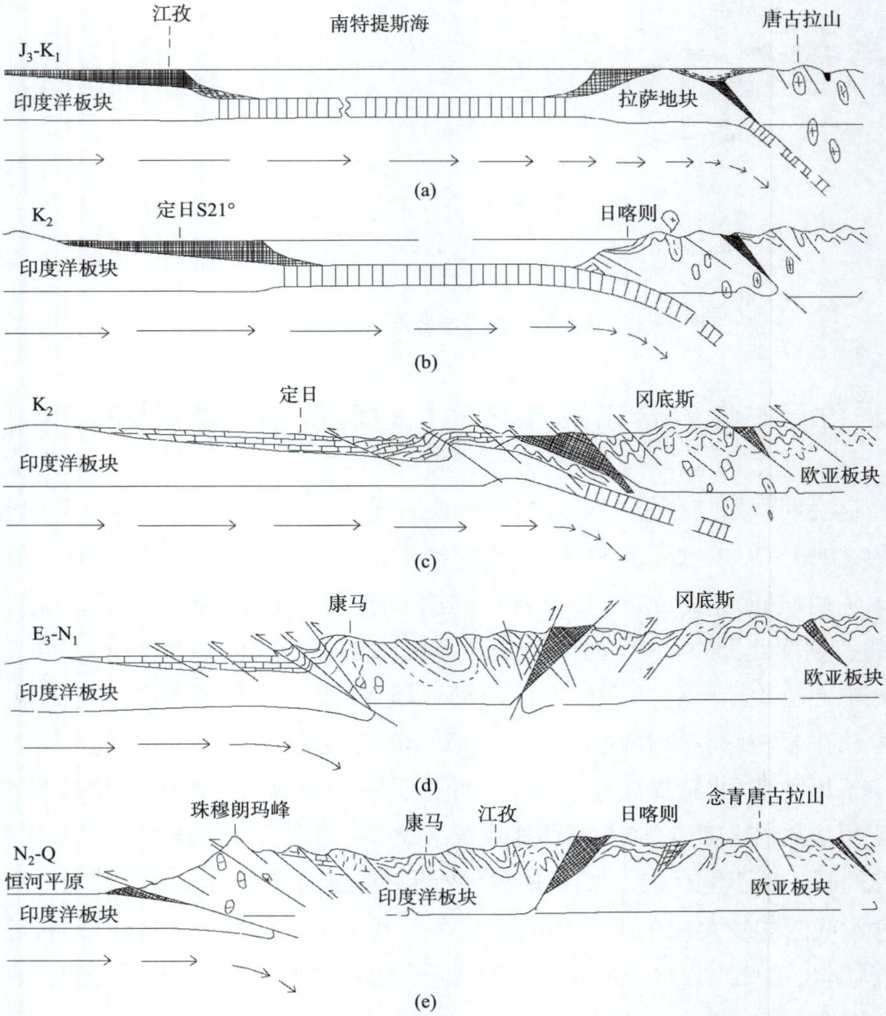

图 3.61　雅鲁藏布江缝合带板块构造演化模式图(据高延林等,1988 年)

隆起带和弧前、弧间及弧后盆地相继形成。各构造沉积环境中发育了不同型相的火山—沉积—岩浆岩石组合[图 3.61(b)]。与此同时印度洋板块北缘在向北漂移中仍处于持续状态,陆坡复理石中开始出现深海硅质泥岩建造。

始新世时期,洋壳的消减活动即将结束,印度洋板块北缘已被传带到海沟部位[图 3.61(c)]。部分洋壳碎片开始向南仰冲到大陆根部沉积物之上,洋壳逆冲岩片底部出现动力变质和混杂作用,形成蛇绿岩底部的蛇纹质混杂体和石榴子石角闪岩变质晕圈。洋壳逆冲岩片内部和上、下地层均出现轴面北倾的第一期形变(断裂和褶皱)。俯冲到洋壳岩片之下的大陆基沉积物和尚未消减的部分洋壳物质不断俯冲下插,地热梯度骤然降低(10～14 ℃),沉积物中开始出现高压低温变质作用(蓝片岩)。这些沉积物在海沟的不同部位和深度上,分别出现较脆性的剪切错碎和较韧性的透镜状褶皱形变，形成泥砂质混杂体基质和其中的原地岩块。加之岩层在俯冲带上的刮削作用，蛇绿岩套碎块和仰冲板块一侧基底岩层丢落和混杂，形成了海沟部位的泥砂质混杂体带。此时俯冲带附近的区域应力场，以南冲北仰的空间剪切力偶为主，两大陆壳尚未完全接触[图 3.61(c)]。

北部陆缘此时已露出海面，海相沉积全面结束，弧前盆地复理石褶皱变形，冈底斯火山—岩浆岛弧带更趋成熟，并发育第三系磨拉石建造。

俯冲和变形发生在岩石圈板块整体漂移的动力体系中。冈底斯板块大约还向北漂移了 500 余公里（从北纬 10°左右漂移到北纬 15°左右），印度洋板块则向北移动了约 1 000 km（比前者速度快近一倍，从南纬 4.5°到达北纬 4.6°左右）。

2. 陆壳碰撞阶段

始新世以后，印度洋板块继续北移与欧亚板块发生正面碰撞。两大陆壳板块的强烈水平挤压，导致雅鲁藏布江缝合带上的蛇绿岩楔状体发生向北逆掩，推覆在复理石和老第三纪砾岩之上，蛇绿岩内部和两侧岩层中因此而产生了轴面南倾的断裂和叠加褶皱，以及配套的北东向和北西向剪切断层等较脆性的第二期形变[图 3.61(d)]。

随着这种偏转作用，蛇纹质混杂体、砂质混杂体和蓝片岩抬升地表并发生强烈变形。较塑性的基质出现强片理化和流动褶曲、岩块发生旋转滚动和定向排列，并使基质更加破碎，造岩矿物普遍变形，出现叠加褶皱和二期片理。蛇绿岩带附近的老第三纪砾岩发生褶皱变形[图 3.61(d)]。

在此阶段缝合带北部陆缘发生 20～30 Ma BP 岩浆活动和陆相火山活动。雅鲁藏布江缝合带附近的某些早期花岗岩中出现重结晶黑云母和其他造岩矿物的破碎、弯曲、折断等显微构造以及重结晶黑云母等矿物的定向排列，形成似片麻状构造。念青唐古拉和冈底斯山前断裂发生强烈活动，山前磨拉石遭受强烈的构造变形。碰撞过程中，印度洋板块岩石圈与软流圈之间的推移速差和软流圈的拖曳能量，致使雅鲁藏布江缝合带南侧印度洋板块陆壳中沿康马一线出现一条陆壳型俯冲带，壳内岩石的部分熔融形成 30 Ma BP 左右的拉轨—岗日花岗岩带[图 3.61(d)]，同时引起俯冲带北侧大陆坡中生代复理石全部发生轴面北倾、轴向近东西的复式同斜褶皱。

到中新世时，通过大陆漂移和地壳缩短型俯冲作用，印度洋板块北缘已从北纬 4.6°到达北纬 16.6°附近，北移了 1 000 余公里。相应地冈底斯板块也漂移了约 800 km（从北纬 15°到达北纬 24°左右）。此后两大陆壳板块的漂移速度逐渐趋于一致。

中新世后，雅鲁藏布江缝合带的构造变形渐趋平静，南北大陆联为一体[图 3.61(e)]。上新世缝合带南北出现同一三趾马动物群，当时西藏高原平均海拔不超过 1 000 m。显然，青藏高原的强烈隆升和巨厚地壳的形成，极有可能是雅鲁藏布江缝合带闭合后第四纪以来发生的，这可能与上新世高喜马拉雅中央断裂和更新世以来低喜马拉雅主边界断裂型俯冲带的发育及其地壳的缩短加厚以及均衡抬升有关。

4 雅鲁藏布江河谷地貌与新构造运动特征

4.1 区域地形地貌特征

区域地形地貌受大地构造、新构造运动和外营力作用制约，形成现代复杂的高原地貌特征。

由于喜马拉雅陆块与冈底斯—念青唐古拉陆块在古新世～渐新世的强烈碰撞造山，再加上印度洋板块持续在喜马拉雅陆块南麓西瓦里克一带发生陆内俯冲，使区域急剧抬升、隆升，表现为上新世末以来多次抬升所形成的各级夷平面、活动断裂、地震、水热活动、冰川以及第四纪湖盆、谷地、河流阶地等。

北部冈底斯山脉主脊山峰多在海拔 5 000 m 以上，平均海拔 4 500 m 以上，最高峰穷母岗日海拔 7 048 m。著名的雅鲁藏布江流经冈底斯山南侧，尼洋河流经冈底斯山北侧，与雅鲁藏布江汇合于林芝，汇合处河谷最低海拔为 2 916 m，最大地形高差达 4 132 m。拉萨河、雅鲁藏布江等水系之分水岭冈底斯山脉，受支流水系的侵蚀作用和古冰川的刨蚀作用，主脊以北基岩多为火山岩、碎屑岩及灰岩，地形切割陡峻；主脊以南以花岗岩体为主，剥蚀作用较强，切割较弱，常形成浑圆山脊和山头，形成花岗岩地区特殊的球形风化地貌。

南～东南部为喜马拉雅山脉，地形切割剧烈，河流湍急，故而第四纪沉积规模相对较小，成因类型繁多。

区内主干水系为雅鲁藏布江，其一级支流尼洋河与拉萨河分别在林芝三江口及曲水县附近汇入雅鲁藏布江。

雅鲁藏布江呈东西向横贯拉萨—泽当—加查—米林以及林芝南侧。其中，林芝—朗县河床宽敞，河谷平直，发育Ⅰ～Ⅳ级阶地；朗县—桑日为高山峡谷，地势陡峭，相对高差约 1 000 m，发育Ⅳ～Ⅴ级阶地；桑日—曲水河床宽敞，谷底平直，谷宽 3～6 km，为典型的堆积型宽谷地貌，河谷中辫状河流几乎占满整个谷地，主谷内阶地分布零星，一般以Ⅰ级阶地为主。

拉萨河谷地貌特征与桑日—曲水段雅鲁藏布江相似。支流藏布曲、澎波曲、粑布曲及续曲等，流程较短，常形成冲、洪积混合型沉积物组成的河漫滩、阶地。

4.2　雅鲁藏布江河谷第四纪地貌的形成与发展

在已有的研究资料中，有关河谷第四纪地貌及沉积物形成及发展的论述，主要有以下几种认识：

(1)区域河谷阶地至少发育有6级，均发育在河谷两侧不同高度的谷坡上，其形成时间为晚于山原面，是河谷下切时期的产物。中更新世青藏高原快速隆升是高原河谷形成的主要时期。

(2)有关的研究学者(钱方、吴锡浩等，1979年)认为，青藏高原最广泛的堆积地形地貌形成于晚更新世基龙寺冰期～绒布寺冰期。在中更新世的深切河谷，被松散堆积物充填，并发育了5级侵蚀、嵌入阶地，最高第Ⅴ、Ⅵ级阶地堆积物即由基龙寺冰期的冰碛物所组成。

(3)在《中华人民共和国区域地质调查报告　拉萨市幅　泽当镇幅(比例尺:1∶250 000)》(西藏自治区地质调查院，2007年)拉萨市地质图西北部的羊八井盆地，是第四纪形成的断陷盆地。第四纪沉积物厚达400 m以上，主要由中晚更新世冰碛物、冰湖沉积物组成。据钻孔及物探资料，中更新世时羊八井盆地为构造断陷盆地，晚更新世时则转化为继承性构造拗陷盆地。而拉萨堆积阶地和拉萨冲积平原，亦极可能为晚更新世形成。

4.2.1　雅鲁藏布江河谷地貌发展的阶段性

在现场调查研究中，发现并注意到以下几方面重要的第四系地质现象：

(1)研究区下游林芝—米林区段，雅鲁藏布江河谷内广泛发育有巨厚的湖相地层。

(2)研究区中游加查县莫地拉—加查县城区段，雅鲁藏布江河谷内堆积有较大规模的第四纪冰川堆积体、冰碛垅堆积及冰川漂砾。上游段雅鲁藏布江河谷中部冲积层内，亦可见到零星分布的巨型孤石。

(3)沿雅鲁藏布江河谷各区段，均不同程度地发育有Ⅴ级阶地。

(4)雅鲁藏布江河谷的湖相地层、冰川堆积和冲积阶地三类不同沉(堆)积层之间的生成时代关系见表4.1，即下游段的湖相地层和中上游段的冰碛物的沉(堆)积时间，均早于Ⅴ级阶地。

表4.1　雅鲁藏布江河谷湖相地层、冰川堆积和冲积阶地的时代关系

沉(堆)积层	Q_4			Q_3		
河床冲积	漫滩、河床沉积		Ⅰ、Ⅱ级阶地	Ⅲ、Ⅳ、Ⅴ级阶地		—
冰期	现代	新冰期	尼羊河间冰期	错高湖冰期	雪巴间冰期	白玉冰期
湖积盆地	—	—	—	—	—	湖相沉积

由此可见，雅鲁藏布江河谷地貌的发展经历了以下发展阶段，尤其是晚更新世以来极为特殊。

(1)N_2^2-Q_1时期，青藏高原山原面(剥离面)形成阶段。

(2)中更新世(Q_2)，剥蚀台地及侵蚀高阶地发展阶段。

(3)晚更新世前期(Q_3^1)，下游林芝—米林区段发育山间湖盆，加查县莫地拉以上区段为冰川谷地。

(4)晚更新世后期(Q_3^2)以来，进入河谷侵蚀—堆积发展阶段。

4.2.2 晚更新世以来雅鲁藏布江河谷地貌的发展阶段

青藏高原地貌环境的变迁与喜马拉雅山隆起有密切相关。自上新世之后，喜马拉雅山大幅度抬升形成的气候屏障，阻挡了印度洋暖湿季风的北侵。高原隆升运动的差异性和第四纪冰期与间冰期的交替变化，对区域的地貌发展有着巨大的影响。在晚更新世早期，青藏高原的抬升具有显著的差异性，高原西部和西北部地势高亢，区域所在的东南部地势低缓。受此控制，晚更新世时期拉萨—林芝地区经历了两次寒冷和三次温暖时期，即林芝(米林)及尼洋河、雪巴 3 个间冰期和白玉、错高湖(珠西)2 个冰期。

1. 林芝—米林湖积盆地

林芝—米林古湖泊的形成在距今 4 万 a 左右，白玉冰期来临之前的间冰期。气候温暖而湿润，充沛的降雨将高山上的风化剥蚀碎屑从西、北、东等方向搬运至湖盆中，从而形成了林芝—米林一带的一套细粒深灰色黏土和粉砂、细砂等湖相沉积物，如图 4.1 和图 4.2 所示。

图 4.1 林芝红光社区湖相沉积

堆积物为湖泊深水～浅水相厚层状黏土、灰黄色中细粒砂质、粉砂质黏土沉积，胶结紧密～疏松状，见水平层理，局部见交错层理及卵石，地层沉积稳定[图 4.1 上部为河湖相交错沉积，厚分别达 99.0 m(河相厚度)和 113.4 m(湖相厚度)]，米林湖积在纳伊普曲及尼洋河与雅鲁藏布江汇合的党纽窝等地分布高程 2 930～3 005 m(河积分布高

图 4.2　米林罗布帮噶湖相沉积

程2 950～3 108 m)。以洪积裙、洪积扇为其独特的地貌形态，叠置于晚更新世河床冲积物上。林芝湖积物下部古藤本植物化石^{14}C年龄为 3.6 万 a，属晚更新世早期。同时在湖积中获晚更新世孢粉，故其时代应属晚更新世。

沉积物中黏土矿物组合为高岭石—水云母，含除云杉及冷杉(可能是周围高山上飞翔到盆地中产物)外，均属温暖而湿润气候环境下生长的水龙骨、栎、中国蕨、菊科、蒿子等植物。在林芝盆地湖相沉积中发现的 Bibos sp.(野牛)，在云南元谋早更新世和丽江晚更新世地层中也有发现，其生态环境属于亚～热带。

2. 白玉冰期冰碛

距今约 3 万 a，进入寒冷气候环境，开始发展白玉冰期冰盖、冰川。其活动形迹分布于雅鲁藏布江加查县莫地拉以上河谷(图 4.3)，米林扎西绕登乡的足鲁、色拉普等冰

图 4.3　雅鲁藏布江河谷古冰碛漂砾(加查县莫地拉)

碛垅、鼓丘台地陡崖等也为此冰期的产物,冰碛形态保存不好。

3. 雪巴间冰期河流相沉积

白玉冰期之后,进入冰后期。由于气温上升,使林芝地区的尼洋河与雅鲁藏布江流域又变得温暖而湿润,降水量也增大。沿雅鲁藏布江谷地开始进入延续至今的河谷发育阶段,并逐步袭夺了林芝—米林地区的湖泊,宽阔的河流相谷地中,广泛发育Ⅲ～Ⅴ级阶地,如图 4.4 所示。

图 4.4 雅鲁藏布江Ⅴ级阶地(加查县岗布泽当)

这一时期尼洋河、雅鲁藏布江流域的自然景观与现今有些相似。当时林芝盆地东、西、北三面环山,尼洋河从西北流入盆地,再转向南汇集到雅鲁藏布江中。由于林芝盆地处于藏东南部喜马拉雅山东端与南北走向的横断山交汇处,受印度洋湿润海洋季风气候影响,使林芝盆地和尼洋河、雅鲁藏布江流域气候变得温暖而湿润。

4. 错高湖(珠西)冰期冰碛

距今约 0.8 万～2 万 a,随着错高湖(珠西)冰期的到来,区内又进入寒冷气候环境,大部分地区形成了冰盖、冰川。其活动遗迹以分布于错高湖上游拉木曲、作拉错冰碛垅,及纳伊普曲上游朗打冰水冲积扇、冰槽谷为代表,分布海拔 3 164～4 300 m。形成如罗结曲的支沟布弄沟 U 形冰槽谷、侧碛、终碛、冰水冲积扇、冰砾阜冰碛地貌,及角峰、刃脊、冰斗、漂砾、冰湖等冰蚀地貌。

5. 尼洋河(亚里)间冰期洪冲积

距今约 5 000～8 000 a,在错高湖冰期结束之后,进入冰后期～尼洋河(亚里)间冰期。雅鲁藏布江、尼洋河谷及林芝盆地处在山地暖温带,具有足够流量的河流携带大量风化剥蚀的岩石碎屑等物质,在河床内堆积大量的细卵石、砾石、砂砾、砂土、黏土质砂及粉质黏土等,形成Ⅰ～Ⅱ级堆积阶地、河漫滩及冲积平原等(图 4.6)。在Ⅰ、Ⅱ级阶地堆积物内发现大量的脊椎动物化石(如牛、马、羊等和新石器时期的文化遗址;林芝市巴宜区砖瓦场和米林白过多出土林芝智人)。

此阶段,高山地区受印度洋吹来的湿润海洋季风影响,可能在 4 500 m 左右不太高的地域形成山岳冰川。由于降雪补给量较大,这类冰川向下延伸到海拔 2 500 m 左右的针阔叶混交林中。

6. 现代立体气候和风化剥蚀与混杂堆积

从喜马拉雅、冈底斯的高山到雅鲁藏布江和尼洋河的河谷,立体气候极为明显。

高山地区表现为现代冰川—冰雪混合体。雪线 4 500 m 以上,多为“冰盖”覆盖,并形成以之为中心向外散射的冰舌、冰体和小型“冰川”,如图 4.5 和图 4.6 所示。

图 4.5 现代冰川

图 4.6 现代冰蚀地貌

在海拔 4 300 m 左右的“冰盖”突出部位或冰舌末端,冰雪和融冰及其携带混合物,形成底碛或中碛及少量尾碛堆积。同时,冰川—冰雪混合体流动以及雪崩、冰劈现象和融冻风化、冰蚀作用异常强烈,形成冰碛、融雪泥石流等现代冰川冰积。因冰蚀作用形成的角峰、刃脊、冰斗、槽沟、冰湖等冰蚀地貌随处可见。

3 200～4 500 m 低山区，以风化剥蚀为主，冰碛地带棕色土壤化，流水将大量岩屑、泥砂带入各级支流。河流侵蚀河岸及河床，携带大量风化剥蚀的岩石碎屑、泥砂等，最终在 3 000 m 以下的雅鲁藏布江和尼洋河的河漫滩、凸岸、冲积平原及其支流入口处等地堆积，如图 4.7 和图 4.8 所示。

图 4.7　雅鲁藏布江现代河床地貌(阶地、漫滩、风积砂)

图 4.8　曲松县那木干当泥石流

此外，在春冬季节干燥季风期，雅鲁藏布江和尼洋河谷地，大风吹扬河砂遮天蔽日，形成现代风积。

4.3　新构造运动基本特征

4.3.1　造山运动与夷平面、阶地发育特征

1. 造山运动与夷平面

所谓夷平面(planation surface)是指主要由剥蚀作用形成的横切所有不同时代地层与构造的平坦地形面，它是地貌侵蚀发育旋回达到或接近老年期时形成的地貌，相当于 William Morris Davis 的准平原(peneplain theory)。夷平面可以是目前仍保留完

整的上述老年期地貌，也可以是上述各种老年期地貌被破坏后的残余。

根据有关研究资料(徐近之，1961 年)，高原上至少有一个大规模的准平原。“高原准平原”主要是指藏北的现代高原面，藏东南地区的夷平面，已遭后期切割破坏。“统一的准平原”形成于古近纪始新世初到中新世末(罗来兴等，1963 年)，在新近纪上新世末，青藏高原统一夷平面(山原面)最终形成，当时高原面海拔约 1 000 m(李吉均等，1979 年)。早更新世开始，高原面在急剧抬升过程中被切割、抬高或差异性沉降，形成现今多级夷平面的雏形(施雅风，1999 年)。

通过三维数字地貌图定量分析、地形剖面分析以及遥感判读(王国灿等，2010 年)，在西藏普遍存在着形态特征和分布规律不同的三级夷平面，Ⅰ级夷平面或称山顶面，海拔高 5 700～6 000 m，形成于古近纪～新近纪中新世期间；Ⅱ级夷平面或称山原面，海拔 5 200～5 500 m，形成于上新世；Ⅲ级夷平面或称盆地面，海拔 4 500～5 000 m，表现为起伏低缓的山地、宽缓的谷盆及现代湖泊，形成于早、中更新世。有关研究者认为(张沛全等，2009 年)，在雅鲁藏布江下游及藏东南地区的地貌演化过程中，高山冰雪作用是地貌削高、去顶的重要外动力因素，也是有助于修平山顶并形成齐一峰顶面的参与因素；流水切割和搬运作用是形成地表高起伏的重要原因；外流水系大大削弱了地貌填低作用，也是导致河谷、山谷沉积物年轻化的原因。

古新世～渐新世急剧造山阶段，随印度洋板块在喜马拉雅山南麓发生陆内俯冲，青藏高原急剧隆升，在研究区表现为上新世末以来多次抬升所形成的各级夷平面和活动断裂、地震、水热的活动，以及冰川、河流阶地的形成。

喜马拉雅期曾经历了三次大幅度的间歇性整体隆升，在每次快速整体隆升后的相对宁静期，地壳表面遭受剥蚀和切削夷平作用，以三级主夷平面切削夷平作用表现得最为强烈。根据现代地形、地貌及相关堆积物的研究，主要发育海拔 5 802～6 282 m、5 076～5 383 m 和 4 500～4 800 m 三级夷平面，如图 4.9 所示。

1)山顶面(summit surface，Ⅰ级夷平面)

山顶面又称老夷平面(崔之久，1996 年)，主要分布于各大山体顶部，表现为零散的峰顶面。山顶面的平均海拔高度为 5 700～6 000 m，在冈底斯—念青唐古拉高山亚区、藏东南高山峡谷地区各山顶顶面局部分布。根据其夷平的最新地层推测，其形成于古近纪～新近纪中新世期间(23～15 Ma BP)。这一级夷平面代表一个夷平期仍有争论，在喜马拉雅山南麓沉积的下中西瓦里克系主要为河流相和湖泊相细粒沉积，而且物源是来自印度地盾，而不是喜马拉雅山(李吉均，1979 年)，古近纪～新近纪中新世期间喜马拉雅地区起伏很小，这种地貌格局在上新世晚期没有大的突变。

2)山原面(主夷平面：main surface，Ⅱ级夷平面)

在西藏自治区内均有分布。冈底斯山以南的外流区，由于受后期流水的切割破坏，一般保存较差，多以分割山顶面的形态出现。这一级夷平面就是通常所指的统一高原面，广泛发育三趾马红土。

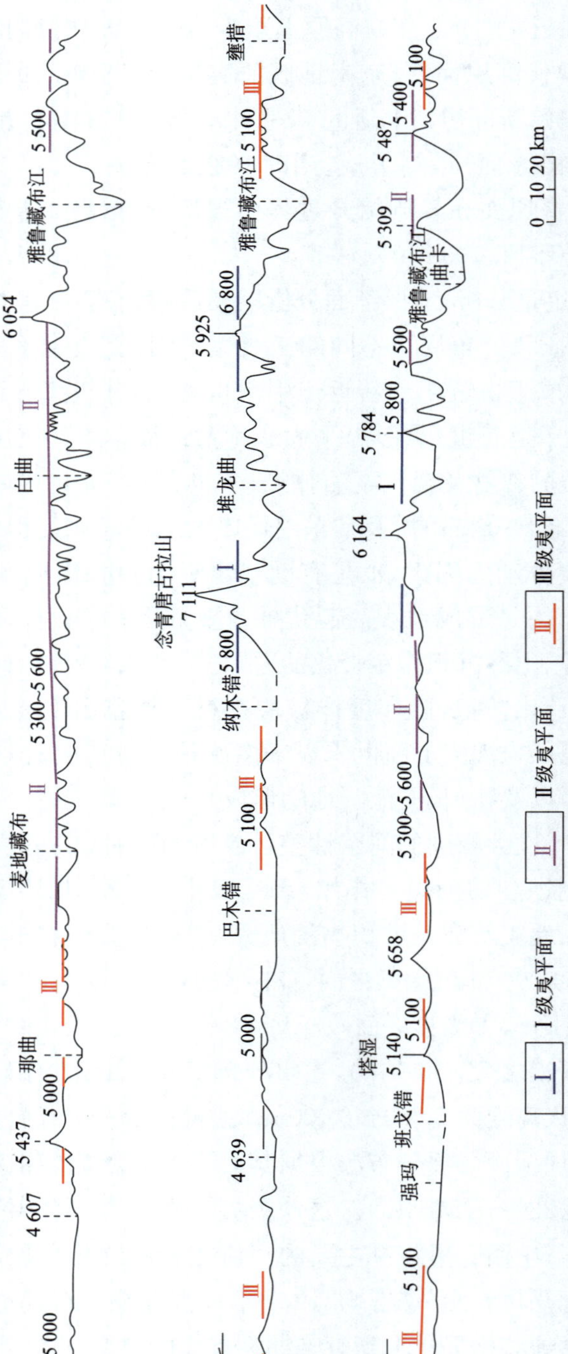

图 4.9　青藏高原三级夷平面发育示意图

山原面海拔高度一般在 5 500 m 上下。在藏东地区，被强烈分割的山原面海拔高度通常为 4 600 m 左右。山原面削平的地层，除了侏罗系和白垩系等老地层之外，尚有古近系，而且陡倾斜的始新世地层有被山原面削平的现象。因此，山原面形成的时代在中新世至上新世晚期之间(潘保田等，2002 年)。

3)盆地面(basin surface，Ⅲ级夷平面)

盆地面是目前西藏分布较广，保存最好的夷平面。在藏北内流区，通常表现为切割微弱、平坦开阔、波状起伏高差不大的高原面。而在西藏东、南区域，盆地面分布比较狭窄，受分割比较严重，相对高差也较大。雅鲁藏布江上游谷地(河流裂点尚未到达的地区)，表现为宽阔的河谷平原，在最高一级裂点以下，表现为谷肩。盆地面形成时间上与山原面同时或滞后于山原面，即上新世末～第四纪初，夷平面往往切割湖积物及河流堆积物。

雅鲁藏布江下游及察隅曲谷地一般均已遭受强烈分割，或以山前低山丘陵，或以山间湖盆的形态出现，分布高度向南逐渐降低，高度在 4 500 m 左右。

进入第四纪，青藏高原较为宏观的外动力地质作用为第四纪出现的几大冰期事件(郑本兴，1980 年)。冰川作用在青藏高原地貌改造中起到关键性作用。

冰期大规模山岳冰川对地貌的刻蚀在地貌演化过程中起着关键性作用，冰川源区各种侵蚀地貌及冰川流动过程中形成的 U 形谷，并在谷内形成侧积、终积垄等堆积地貌；冰川前缘可以深入干流谷底形成冰川堰塞坝及上游侧的湖相堆积，并影响河谷的发展。间冰期冰川融化，强大的融水又将大量冰碛物从山地区搬运到河流或湖盆中。因此，第四纪各冰期均对应有各期堆积物，其中末次冰期对应的堆积物保存最好，其在雅鲁藏布江晚更新世河谷演化中宽谷河段具有重要的控制作用。

2. 地壳升降运动与阶地发育特征

1)林芝—米林区段

区内发育有雅鲁藏布江、尼洋河 2 条一级水系。呈近东西向横穿测区，并在林芝嘎玛附近汇合。雅鲁藏布江和尼洋河的主要支流为 2～3 级水系。一级水系河谷呈 U 形—宽谷状，沿雅鲁藏布江河谷卧龙—米林段及泥洋河工布江达—林芝段，两岸发育对称或不对称的Ⅰ～Ⅱ级河流阶地和少量Ⅰ～Ⅳ级侵蚀阶地和基座阶地。而 2～3 级水系常呈 V 形～U 形，偶见Ⅲ～Ⅳ级阶地。

Ⅰ级阶地：沿雅鲁藏布江两岸的卧龙、里龙、塘嘎、扎西绕登、党纽窝和尼洋河岸的帕朗萨、雪巴农场、八一镇毛纺厂等地发育，阶地海拔 2 940～3 020 m，总体显示上游高、下游低的特点，由全新河流冲积物构成，多为内叠阶地，一般厚 2～86.3 m 不等。河水面高程 2 928 m，Ⅰ级阶地阶面相对(河水面)高程 5 m。

Ⅱ级阶地：常与Ⅰ级阶地相伴，分布于雅鲁藏布江两岸的卧龙—巴嘎一带及尼洋河岸的工布江达—林芝一带，海拔高 2 945～3 190 m。Ⅱ级阶地相对宽缓、平坦，宽 80～1 400 m，长可达数千米。由流冲积、洪冲积构成，堆积厚 7.09～82.54 m。Ⅱ级阶地形成后间歇期较长，剥蚀强烈，但阶地保留较好，是江、河两岸主要居住地和耕地之一。河水面高程 2 928 m，Ⅱ级阶地阶面相对(河水面)高程 20 m。

尼洋河及其支流河谷全新统冲积物特征，以工布江达县帕朗萨剖面和林芝百巴镇雪巴农场剖面为代表；分布高程在 3 150～3 396 m，形成Ⅰ、Ⅱ级阶地堆积、河漫滩(图 4.10)及冲积平原等地貌。河水面高程 3 145 m，Ⅰ级阶地相对(河水面)高程 5 m，Ⅱ级阶地阶面相对(河水面)高程 20 m。

图 4.10　两河口Ⅰ级阶地及漫滩堆积

雅鲁藏布江及其支流河谷全新统冲积物特征，以米林卧龙乡卧龙村、党纽窝、羌纳乡塘嘎、里龙乡、扎西绕登乡康沙剖面为代表；分布高程 2 920～3 130 m，形成Ⅰ、Ⅱ、Ⅲ级堆积阶地(图 4.11)、河漫滩及冲积平原等地貌；河水面高程 2 918 m，Ⅰ级阶地相对不发育，Ⅱ级阶地较为发育，阶面相对(河水面)高程 28 m。

图 4.11　米林三级阶地

Ⅲ级阶地：以内叠式与Ⅳ级阶地相伴分布，部分为侵蚀阶地，沿雅鲁藏布江卧龙、里龙、米林和主干支流纳伊普曲、工字弄、巴嘎河以及尼洋河晒登、八一镇一带分布，海拔 2 955～3 210 m。阶地由更新世冲积构成，堆积厚 50.0～102.5 m。Ⅲ级阶地阶面相对(河水面)高程 35 m。

Ⅳ级阶地：多为侵蚀阶地和基座阶地，保留较差，海拔 2 960～3 250 m，零星分布于雅鲁藏布江沿岸的里龙、塘嘎和尼洋河谷的雪巴农场等地。阶地堆积物以冲积物为主，厚 0.9～47.1 m。Ⅳ级阶地阶面相对(河水面)高程 110 m。

尼洋河河谷更新世冲积，主要分布于尼洋河及雅鲁藏布江下游地段及其支流较为宽缓谷地，工布江达县以东河段。以林芝百巴镇雪巴农场和砖瓦场剖面为代表，分布高程在 3 180～3 250 m，形成不对称凸岸堆积Ⅲ、Ⅳ级及以上高阶地、多级平台，Ⅰ、Ⅱ级阶地相对不发育；沉积物以砾石层、砂层为主，松散状胶结，厚度 52.31～68.78 m；河水面高程 3 110 m，Ⅲ级阶地阶面相对（河水面）高程 90 m，Ⅳ级阶地阶面相对（河水面）高程 140 m。

雅鲁藏布江河谷更新世冲积，主要分布里龙以东河段两岸及其支流河谷中，高程在 3 000～3 100 m；形成不对称凸岸Ⅲ、Ⅳ级阶地堆积，Ⅰ、Ⅱ级阶地相对不发育。以米林里龙乡、羌纳乡塘嘎剖面为代表；沉积物以砾石层、砂砾、砂层为主，夹粉砂、黏土层；胶结紧密～疏松状，厚度 82.97～113.42 m。河水面高程 2 950 m，Ⅲ级阶地阶面相对高程 35 m，Ⅳ级阶地阶面相对（河水面）高程 110 m。

上述表明，测区自更新世以来曾经历了四次隆升和相对宁静期，Ⅱ、Ⅲ级阶地分布广、宽缓、面积大，表明阶地形成后间歇期较长，剥夷强烈。

2)朗县—桑日区段

朗县—桑日为高山峡谷，地势陡峭，相对高差约 100 m，Ⅳ～Ⅴ级阶地相对发育（图 4.12 和图 4.13）。尤其以加查县岗布泽当处出露的Ⅰ～Ⅴ级阶地与冰碛堆积物最为显著。

Ⅰ级阶地沿拉萨河及雅鲁藏布江两岸断续分布，主要在河流拐弯处发育，阶地海拔 3 200～3 726 m，总体显示上游高、下游低的特点，阶地由全新世河流冲积物构成，多为内叠阶地，阶面相对（河水面）高程 5 m。

Ⅱ级阶地常与Ⅰ级阶地相伴，主要分布于拉萨河及雅鲁藏布江两岸的卧龙—巴嘎一带，海拔高 3 190～3 700 m。Ⅱ级阶地相对宽缓、平坦，宽 50～200 m。由河流冲积、洪冲积构成，堆积厚 10～85 m 及 85 m 以上。阶地形成后间歇期较长，剥蚀强烈，但阶地保留较好。Ⅱ级阶地阶面相对（河水面）高程 18 m。

图 4.12 朗县洞嘎Ⅰ、Ⅱ级阶地

图 4.13 朗县戈屋Ⅰ、Ⅱ级阶地

Ⅲ级阶地以内叠式与Ⅳ级阶地相伴，部分为侵蚀阶地，主要沿拉萨河、雅鲁藏布江之主干支流分布，海拔 3 150～3 500 m，阶地由更新世冲积构成，堆积厚 8～40 m。Ⅲ级阶地阶面相对(河水面)高程 38 m。

Ⅳ级阶地多为侵蚀阶地和基座阶地，保留较差，零星分布于雅鲁藏布江沿岸，阶地堆积物以冲积物为主。Ⅳ级阶地堆积物上部为粉砂，下部为卵砾石、块石，块石分选、磨圆均较好，块石粒径 20～50 cm，卵砾石粒径 5～20 cm，砾石成分主要为花岗岩、闪长岩，含少量基性岩，块石充填物为中粗砂，砂质成分主要为长石、石英及岩屑。Ⅳ级阶地阶面相对(河水面)高程 85 m。Ⅴ级阶地堆积物上部主要为粉砂。Ⅴ级阶地阶面相对(河水面)高程 118 m。

同时在加查县岗布泽当处出露有早更新世冰碛堆积物。堆积物主体为砾岩巨块石堆，积冰碛物成分主要为大的砾岩巨块石与粒径稍小的基性块体、灰岩块石，含少量花岗岩块石、角闪岩块石，块石粒径 3～8 m，最大可大于 10 m，坡面砾岩堆积呈“羊背石”状。冰碛物顶部高出河水面 220 m。

3)泽当—拉萨区段

区内发育有雅鲁藏布江、拉萨河等主要水系，雅鲁藏布江呈东西向、拉萨河南西向流经本区，河谷呈 U 形～宽谷状(图 4.14)。支流呈 V 形谷地，发育多级阶地

图 4.14 雅鲁藏布江泽当—曲水段河谷地貌

(图 4.15)。拉萨河及雅鲁藏布江河谷两岸发育对称或不对称的Ⅰ～Ⅱ级河流阶地和少量Ⅰ～Ⅳ级侵蚀阶地和基座阶地。而其支流阶地不甚发育,偶见Ⅲ～Ⅳ级阶地。

图 4.15　雅鲁藏布江支流地貌与多级阶地

Ⅰ级阶地:沿拉萨河及雅鲁藏布江两岸断续分布,阶地海拔 3 200～3 726 m,总体显示上游高、下游低的特点,阶地由全新世河流冲积物构成,多为内叠阶地,堆积厚 5～80 m 不等。Ⅰ级阶地高于河床 10 m。

Ⅱ级阶地:常与Ⅰ级阶地相伴,主要分布于拉萨河及雅鲁藏布江两岸,海拔高 3 700～3 190 m。Ⅱ级阶地相对宽缓、平坦,宽 50～200 m,长可达数千米。由河流冲积、洪冲积构成,堆积厚 10～85 m 及部分 85 m 以上。阶地形成后间歇期较长,剥蚀强烈,但阶地保留较好,是江、河两岸主要居住地和耕作地之一。Ⅱ级阶地高出河床 25 m。

Ⅲ级阶地:以内叠式与Ⅳ级阶地相伴,部分为侵蚀阶地,主要沿拉萨河、雅鲁藏布江之主干支流分布,海拔 3 150～3 500 m,阶地由更新世冲积构成,堆积厚 8～40 m。Ⅲ级阶地高于河床 35 m

Ⅳ级阶地:多为侵蚀阶地和基座阶地,保留较差,海拔 3 130～3 500 m,零星分布于拉萨河、雅鲁藏布江沿岸。阶地堆积物以冲积物为主,厚 0.9～30 m。Ⅳ级阶地高于河床 50 m。

上述研究表明,研究区自晚更新世(Q_3)以来曾经历了 4 次较快隆升和相对的宁静期,Ⅱ、Ⅲ级阶地分布广、宽缓、面积大,表明阶地形成后间歇期较长,剥夷强烈。

4.3.2　地壳运动的差异性特征

实测研究成果表明,区域地壳运动在时间、空间两方面均表现出较大的差异性,雅鲁藏布江河谷地壳抬升速率见表 4.2。

1. 时间序列上的差异性

自晚更新世(Q_3^3)晚期以来的地壳运动发展进程中,不同时段地壳运动的差异性表

表 4.2　雅鲁藏布江河谷地壳抬升速率

区　域	晚更新世(Q_3)晚期						
	Ⅴ级阶地			Ⅳ～Ⅲ级阶地			
	年代(万 a)	相对高程(m)	抬升速率(mm/a)	年代(万 a)	相对高程(m) Ⅳ	相对高程(m) Ⅲ	抬升速率(mm/a)
林芝—米林					110.0	35.0	6.83
朗县—加查	3.0	118.0	3.30	2.0	85.0	38.0	5.58
泽当—拉萨					50.0	35.0	2.08

区　域	全新世 Q_4					
	Ⅱ级阶地			Ⅰ级阶地		
	年代(万 a)	相对高程(m)	抬升速率(mm/a)	年代(万 a)	相对高程(m)	抬升速率(mm/a)
林芝—米林		28.0		5.0	1.00	5.75
朗县—加查	0.8	18.0	0.5	5.0	1.00	3.25
泽当—拉萨		25.0		10.0	2.00	3.75

注:相对高程为相对河水面高差。

现得十分明显(表 4.2),亦即具有明显的阶段性特征。

晚更新世晚期(Q_3^3)距今 3 万 a 前的Ⅴ级阶地发育阶段,地壳抬升速率较平稳地保持在 3 mm/a 左右,区域地壳运动处于总体平稳的中速抬升状态。

晚更新世末期(Q_3^3)距今 1 万～3 万 a 期间的 Ⅱ～Ⅲ级阶地发育阶段,地壳抬升速率最高达 6.83 mm/a,区域地壳运动总体快速抬升状态,且具有下游较快、上游相对较慢的特点。

自全新世(Q_4)以来,早期地壳抬升速率 3.25～5.75 mm/a,区域地壳运动处于极不平衡的差异性抬升状态;晚期地壳抬升速率明显减缓为 1.00～2.00 mm/a,区域地壳运动转为平稳地缓慢抬升状态。

2. 空间地域的差异性

自晚更新世(Q_3^3)晚期以来,不同区段地壳运动的差异性同样十分明显(表 4.2),亦即具有明显的地域差异性特征。这种差异性在晚更新世末期(Q_3^3)至全新世早期(Q_4^1)表现得尤为突出。表 4.2 显示,此期间雅鲁藏布江下游米林—朗县地区,地壳抬升速率保持在 5.75～6.83 mm/a 较高水平。上游加查—泽当—拉萨地区,地壳抬升速率则平稳地保持在 2.08～3.75 mm/a。

5 区域地震活动基本特征

5.1 区域地震活动带

青藏高原是我国地震活动最强烈地区之一。根据历史地震活动的分布及地质构造发育特征，将青藏高原划分为北部、中部和南部三个地震活动亚区。研究区位于青藏高原的南部地震活动亚区的藏中地震区和喜马拉雅地震带(图 5.1)，其地震带特征及其发生的强震次数见表 5.1。

表 5.1 研究区地震带特征及其发生的强震次数

地震区(带)	强震次数			M_{max}	特　征
	6.0～6.9 级	7.0～7.9 级	≥8 级		
藏中地震区	40	4	2	8	包括雅鲁藏布江缝合带以北的藏北高原广大区域。强震活动主要受 NE 及 NW 向走滑型断裂带控制(如 NE 向当雄断裂带、NWW 向崩错断裂带等)
喜马拉雅地震带	83	23	3	8.7	包括雅鲁藏布江缝合带和喜马拉雅山脉。现代构造运动表现为喜马拉雅中央冲断层和主边界逆掩断裂带上的挤压运动，以及雅鲁藏布江缝合带上的挤压和走滑断层活动

5.2 区域强震活动的时、空、强特征

5.2.1 强震活动的空间分布特征

区域强震活动主要受西部当雄断裂带、北部嘉黎断裂和雅鲁藏布江缝合带东段控制，集中分布在西部拉萨以西的亚东—谷露—桑雄、北东部易贡—波密、东部墨脱—察隅以及南部喜马拉雅山等四个区段(图 5.1)。此外，在雅鲁藏布江缝合带中段的泽当—桑日地段存在一个强度相对较低的地震活动区。

地震是现代地壳活动的直接证据和主要表现形式。根据调查得到的历史地震记载(表 5.2 及图 5.2)，研究区域历史上曾发生过 6 级以上强烈地震 44 次。其中，震级超过里氏 7.0 级的大地震事件 10 次，超过 8 级的特大地震事件两次(察隅—墨脱地区、

冈底斯-念青唐古拉地块
拉萨-林芝地块
雅鲁藏布江缝合带
雅鲁藏布江缝合带
北喜马拉雅地块
高喜马拉雅地块
$M_S\geq8$
$8>M_S\geq7$
$7>M_S\geq6$
$6>M_S\geq3.5$

图 5.1　区域强震—构造图

当雄南西地区)。特别是 1950 年 8 月 15 日发生在察隅—墨脱地区的 8.6 级特大地震,是我国大陆地区记录到的最高震级。

表 5.2 $M_S \geqslant 6.0$ 级地震统计

时 间	震 级	震 中		
		N(°)	E(°)	地 点
2008 年 10 月 6 日	6.6	29.8	90.3	西藏拉萨市当雄县
2005 年 6 月 1 日	6.1	28.93	94.6	中国西藏自治区—印度边境地区
1993 年 1 月 18 日	6.1	30.87	90.43	西藏自治区
1992 年 7 月 30 日	6.3	29.61	90.17	西藏自治区
1967 年 3 月 14 日	6.2	28.4	94.4	西藏米林南
1964 年 10 月 22 日	6.6	28.2	93.8	西藏米林南
1952 年 8 月 18 日	7.5	31	91.5	西藏当雄附近
1951 年 12 月 26 日	6.25	31.3	90.6	西藏当雄北
1951 年 11 月 18 日	8	31.1	91.4	西藏当雄附近
1951 年 11 月 18 日	6.75	30.9	91.5	西藏当雄附近
1951 年 11 月 17 日	6.25	31	91.6	西藏当雄附近
1951 年 4 月 15 日	6.25	28.4	93.8	西藏米林南
1951 年 3 月 17 日	6	30.9	97.4	西藏昌都附近
1950 年 12 月 3 日	6	29	96	西藏墨脱附近
1950 年 11 月 2 日	6.25	29.2	95.1	西藏墨脱附近
1950 年 9 月 30 日	6.5	28.7	94.2	西藏米林南
1950 年 8 月 18 日	6.25	28.7	96.6	西藏察隅
1950 年 8 月 16 日	6	28.7	96.6	西藏察隅
1950 年 8 月 15 日	8.6	28.5	96	西藏察隅—墨脱地区
1950 年 2 月 23 日	6	29	96.5	西藏察隅附近
1947 年 7 月 29 日	7.75	28.6	93.6	西藏朗县东南
1940 年 10 月 4 日	6	30.5	91.5	西藏拉萨东北
1940 年 9 月 3 日	6.25	30.7	91.7	西藏拉萨东北
1938 年 12 月 3 日	6	29.9	95.3	西藏波密西
1934 年 12 月 15 日	7	31.3	89	西藏奇林错附近
1924 年 10 月 9 日	6.5	30	90	西藏拉萨西北

续上表

时　　间	震　　级	震　　中		
		N(°)	E(°)	地　　点
1921 年 10 月 15 日	6.25	30.5	91	西藏拉萨当雄
1918 年 2 月 5 日	6	29.6	87.8	西藏拉孜日喀则
1915 年 12 月 3 日	7	29.5	91.5	西藏拉萨东
1909 年 8 月 4 日	6.5	28.8	90.5	浪卡子
1901 年 4 月 26 日	6.75	29.5	90.1	尼木
1871 年 6 月	7.5	28	91.5	错那洛扎一带
1847 年—1848 年	≥6	28.5	92.5	隆子南
1845 年—1862 年	6.75	29.5	94.3	隆子
1806 年 6 月 11 日	7.5	28.2	91.8	错那西北
1791 年—1804 年	6.75	30.8	95	边坝
1654 年—1668 年	≥7	30.8	95.6	洛隆西北
1411 年 10 月 8 日	8	30.1	90.5	当雄南西一带
1264 年	6	29.7	90.6	堆龙德庆楚布寺

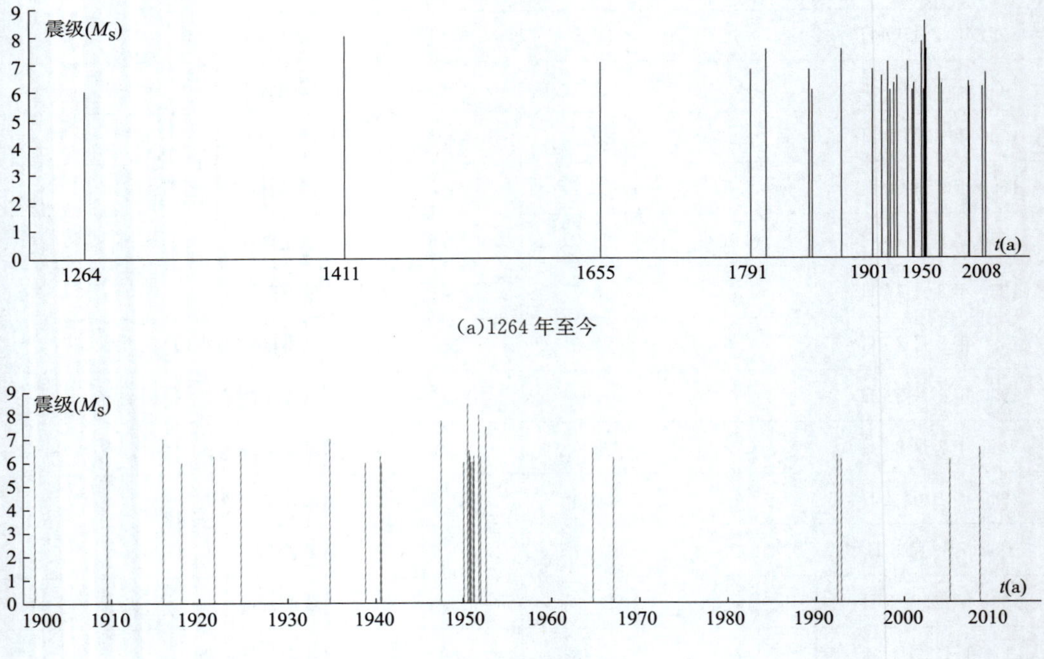

图 5.2　强震活动时间序列($M_S>6.0$)

5.2.2 历史地震活动的时间序列特征

区域历史地震活动研究资料(图 5.2 和图 5.3)显示,自 19 世纪末至 20 世纪,该地区已经历了以 1897 年印度阿萨姆邦 8.7 级大地震为代表的第一活动高潮期;以 1950 年我国西藏察隅—墨脱地区 8.6 级大地震为代表的第二活动高潮期,地震活动周期约 50 a 左右。

根据历史地震记载资料绘制的 1900 年以来区域中强地震 M_S—T 图(图 5.2 和图 5.3)显示,1900 年—1950 年的约 50 年期间处于地震活跃状态,1930 年前后 5 年的间隔期间地震活动不明显;1950 年前后,特别是 1950 年后的一两年为地震频发期,地震活动极为强烈;1950 年后的 10 余年为地震活动相对平静期,未记载到有中强震活动;1970 年前后至今中强地震($4.5 \leqslant M_S < 6$)频发,但未发生 7 级以上强烈地震。

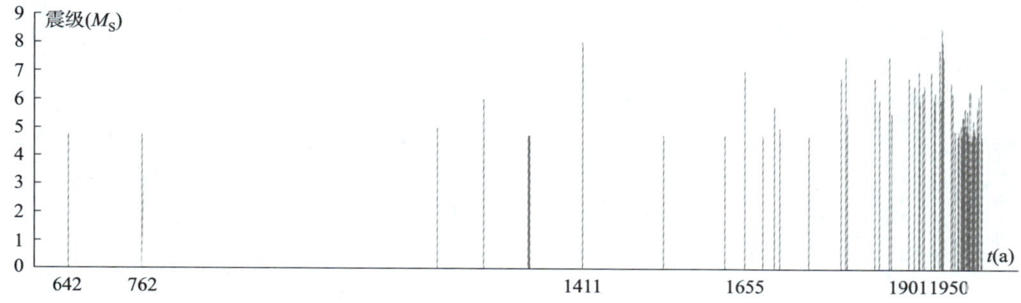

(a)1264 年至今

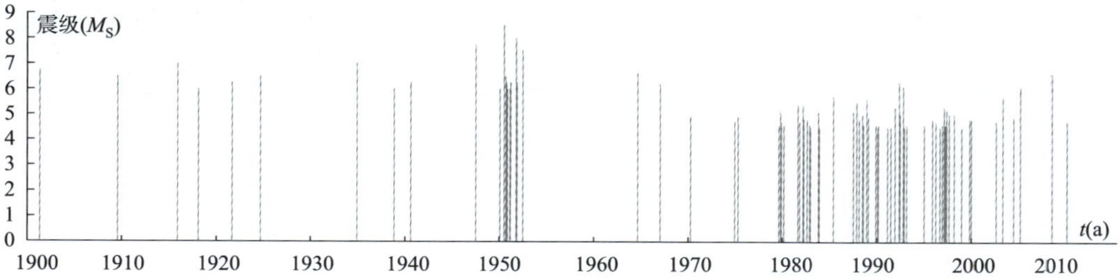

(b)1900 年至今

图 5.3 中强震活动时间序列(M_S>4.5)

5.3 地震活动的迁移特征

图 5.4 研究成果显示,自 1806 年以来的区域地震活动围绕拉萨—林芝地块周边断裂,表现出明显的空间迁移特征,如图 5.4 和图 5.5 所示。地震活动首先始于南部喜马拉雅地区,而后依次向西部当雄、北部嘉黎—波密、东部墨脱—察隅地区迁移。至 1950 年 8 月 15 日察隅—墨脱地区 8.6 级特大地震发生后,今仍在西部当雄与东部墨脱—察隅地区之间迁移调整。

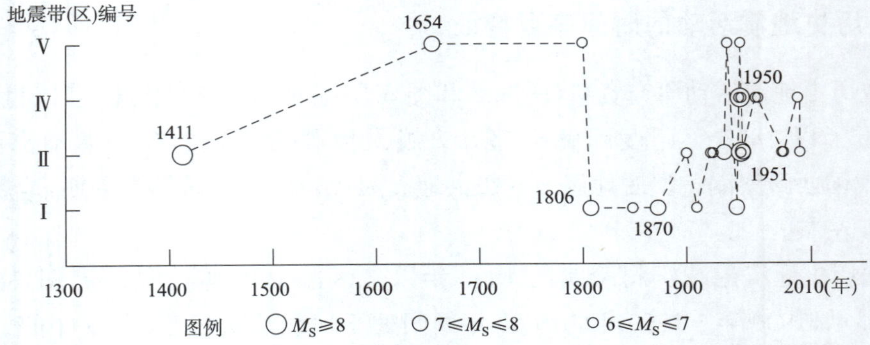

图 5.4　区域强震活动迁移规律

Ⅰ—喜马拉雅地震区；Ⅱ—当雄—羊八井—康马地震区；Ⅲ—墨脱—察隅地震区；Ⅴ—嘉黎—波密地震区

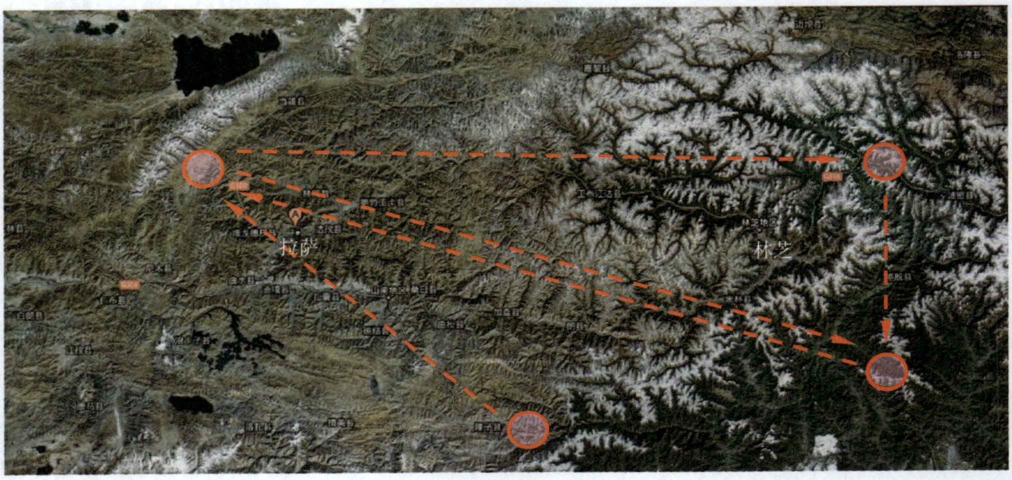

图 5.5　区域强震活动迁移图示

5.4　地震复发周期及年发生概率

对某地震带一定时间段的地震建立了古登堡的震级—频度关系：

$$\lg N = a - bM_S$$

式中　a——地震总次数有关的统计常数。

b——一个地震(区)带内不同大小地震频数的比例关系，反映不同震级地震的比例关系，揭示了地壳岩体介质的结构强度特征，b 值高，说明弱震频度高、强震频度低，地壳岩体强度相对较低；b 值低，则说明弱震频度低、强震频度高，地壳岩体强度相对较高；

N——m 年内地震(区)带上，震级大于等于 M_S 的地震总数。

则复发周期 T_m 为

$$T_m = n10^{bM_S - a}$$

年发生概率 $F(M_S)$ 为

$$\begin{aligned} F(M) &= \frac{N}{\nu_4} \\ &= \frac{e^{a-\beta M_S}}{e^{a-4\beta}} \\ &= e^{-\beta(M_S-4)} \end{aligned}$$

其中 $\beta = b \cdot \ln 10$。

对区域地震活动进行统计并采用极值理论分析不同震级的地震复发周期，分别求得历史地震(642 年—2010 年)和 1951 年以来的复发周期(表 5.3 和表 5.4)和年平均发生概率(表 5.5)。

表 5.3 历史地震资料统计的地震复发周期

M_S	5.0	5.5	6.0	6.5	7.0	8.0
T_ma	17.62	28.12	44.90	71.69	114.47	291.80
实际发生数	70	51	44	19	10	3

表 5.4 1951 年以来地震复发周期

M_S	4.5	5.0	5.5	6.0	6.5	7.0	8.0
T_ma	0.34	0.60	1.04	1.81	3.16	5.52	16.81
实际发生数	97	46	30	26	13	6	2

表 5.5 区域地震年平均发生概率

M_S		5.0	5.5	6.0	6.5	7.0	≥8
$F(M)$	642 年—2010 年	0.39	0.25	0.15	0.064	0.096	0.024
	1951 年以来	0.33	0.19	0.11	0.035	0.062	0.017

6 地壳岩体应力—形变场数值模拟研究

根据现场地质调查和已有的区域地质调查资料，在充分考虑地应力实测、震源机制解资料的基础上，建立能够客观反映区域地壳结构总体特征的岩体力学概念模型。采用有限元数值模拟的方法，通过调整边界力的作用方式及量值、模型内部介质的力学参数，直至计算区域内某些特定点的应力计算值与已有地应力实测结果及地震震源机制解相吻合。由此，即可获得反映研究区地壳应力—形变场真实特征的一系列成果图件。

6.1 区域应力—形变场特征

6.1.1 模型及参数

1. 地质原型与力学概念模型

研究区主要涉及三个一级构造单元和六个二级构造单元(图 6.1)。在满足计算精度的前提下，主要考虑区域内的一级、二级断裂构造和部分三级断裂构造(图 2.8)，对研究区内的构造单元、断裂构造发育特征进行概化研究，拟定模型范围为 E:89°～96°，N:28°20′～31°(图 6.1)，将复杂的区域地质原型简化为一个可以用于计算模拟的力学概念模型。

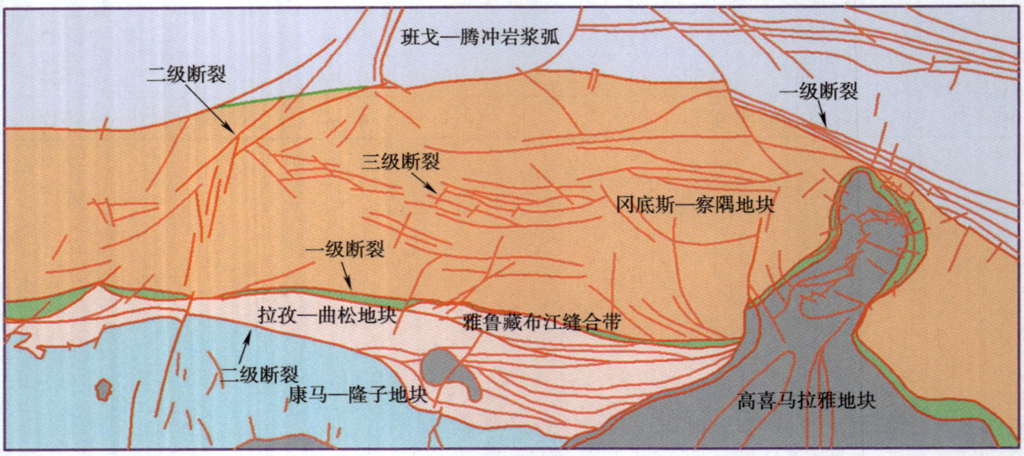

图 6.1　区域地壳岩体结构概化模型

模型采用三角形单元有限元网格，如图 6.2 所示，共分 7 744 个节点，10 065 个单元。约束模型上部边界，在模型下部、左边界及右边界分别施加正应力 σ_n 及剪应力 τ_n。

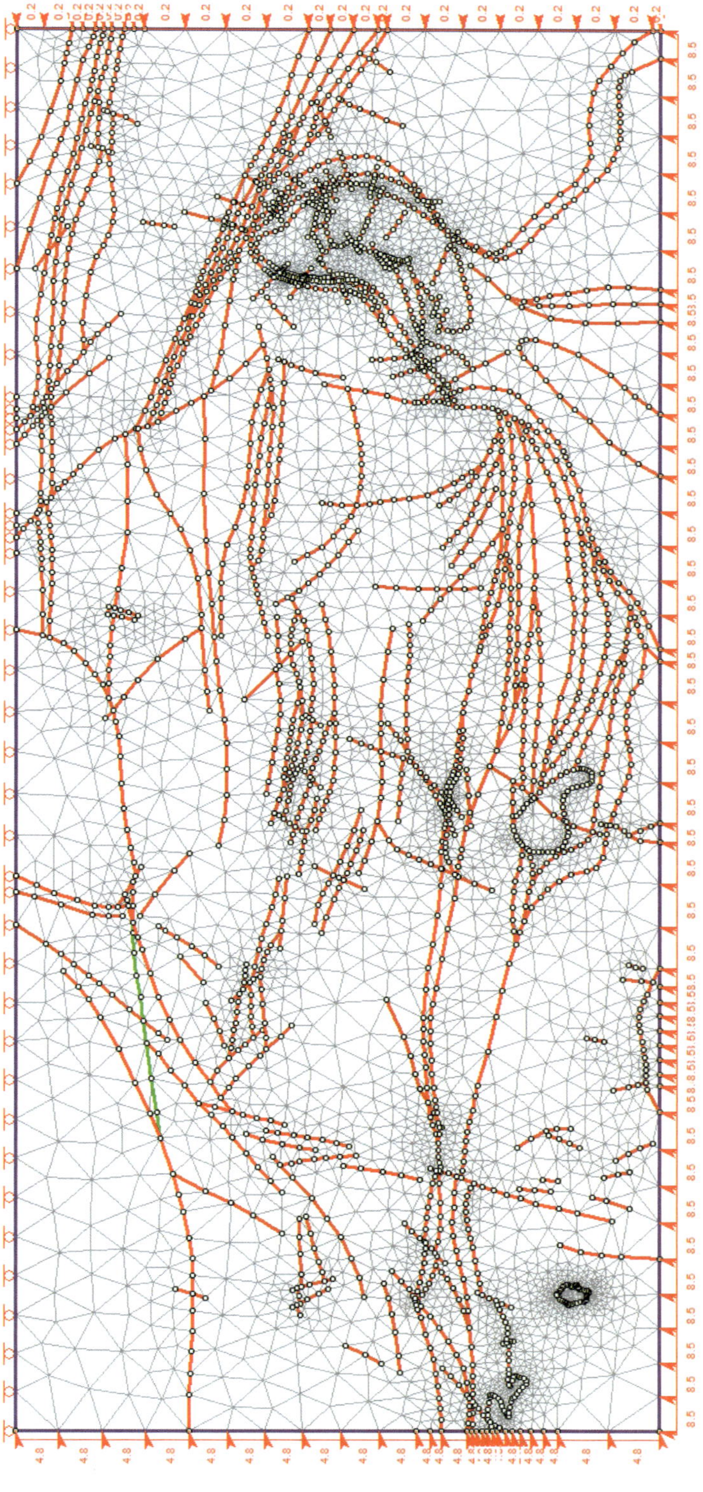

图 6.2 有限元数值模型及边界条件

2. 反演参照依据

20 世纪 80 年代以来有关部门对羊八井、拉萨、康马和曲水进行了地应力测量(表 7.2)。地壳表层地应力主要有北东、北北西向两个优势方位,应力量级在 10 MPa 左右。由震源机制解得出研究区不同位置的最大主应力方向,见表 6.1。

表 6.1　震源机制解反演构造应力场作用方向

位置			现代构造应力场特征		位置			现代构造应力场特征	
地点	经度 E	纬度 N	P 轴方位	倾角	地点	经度 E	纬度 N	P 轴方位	倾角
墨脱附近	95.91°	29.26°	NE21°	14°	亚东—谷露断裂带	91.5°	31.0°	NE27°	11°
	95.53°	29.24°	NE34°	37°		90.57°	29.76°	NE32°	37°
波密附近	95.70°	29.78°	NW10°	11°		90.50°	29.66°	NE26°	65°
洛隆附近	95.72°	30.79°	NE49°	7°		90.30°	29.46°	NE13°	3°
大拐弯处	94.87°	29.80°	近 EW 向	1°		90.34°	29.47°	NE21°	0°
高喜马拉雅构造带	94.72°	28.81°	NE8°	47°		90.13°	29.74°	NW15°	74°
	94.3°	28.4°	近 SN 向	55°		90.28°	30.34°	近 SN 向	66°
	94.4°	28.4°	近 SN 向	30°		89.94°	28.74°	NW8°	19°
	93.8°	28.2°	NE12°	40°	西北角	89.79°	30.87°	NW42°	62°
	93.8°	28.4°	NE40°	10°		89.16°	30.69°	近 SN	4°

3. 模型力学参数

研究区北部地壳岩体为硬质花岗岩,南部为相对软质的沉积岩、变质岩,东部高喜马拉雅地块为硬质的变质岩,雅鲁藏布江缝合带内部岩体为硬质变质岩及基性岩。同时断裂带按发育规模可分为三种类型。

根据研究区不同构造单元的地壳岩体特征,将模型分为 6 个岩性实体区域及三组断裂,如图 6.3 和表 6.2 所示。

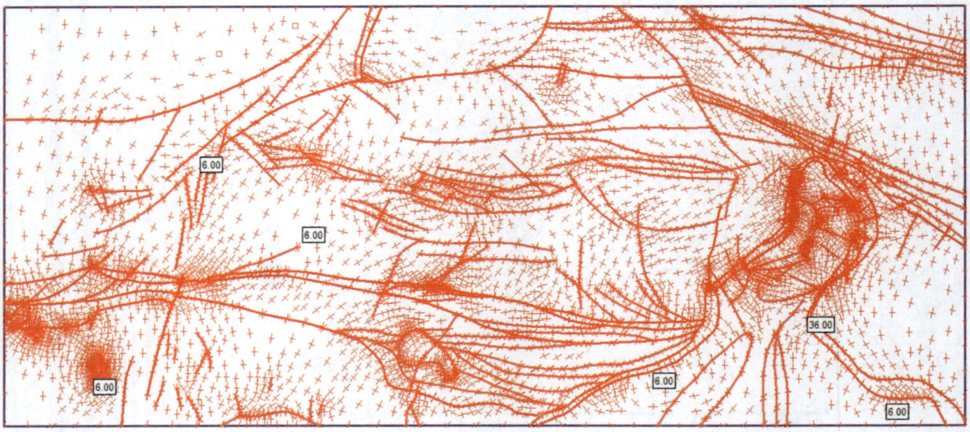

图 6.3　区域平面主应力矢量图

表 6.2 模型介质力学参数表

介质类型		参数						
		模量 E (GPa)	泊松比	内聚力 (MPa)	摩擦角 (°)	抗拉强度 (MPa)	切线刚度 (GPa)	法线刚度 (GPa)
岩体	班戈—腾冲岩浆弧	30.5	0.24	2.4	65	2.5	—	—
	冈底斯—察隅地块	35	0.23	3.1	75	4.3	—	—
	雅鲁藏布江缝合带	33	0.2	1.6	65	1.5	—	—
	拉孜—曲松地块	28.5	0.25	2.1	65	2.1	—	—
	康马—隆子地块	30	0.27	2.1	65	2.2	—	—
	高喜马拉雅地块	45	0.2	4.5	75	3.8	—	—
断裂	一级断裂带	—	—	0.01	9	0	450	900
	二级断裂带	—	—	0.015	10	0	550	1 000
	次要断裂带	—	—	0.023	12	0	700	1 200

6.1.2 区域应力—形变场现今特征

根据上述模型采用线弹性有限元数值方法，通过不断地调整边界力量值及作用方式，最终在（南部边界 $\sigma_n = 8.21$ MPa，$\tau_n = 2.20$ MPa；西部边界 $\sigma_n = 4.64$ MPa，$\tau_n = 1.42$ MPa；东部边界 $\sigma_n = 0.2$ MPa）边界力作用下，实现了各计算参照点计算值与实测值的基本拟合，见表 6.3。据此获得区域地壳应力—形变场现今特征的一些成果图。

表 6.3 最大、最小主应力量值及作用方向与实测值的对比

位置	最大主应力 σ_1 作用方向		最大主应力 σ_1 量值(MPa)		最小主应力 σ_3 量值(MPa)	
	实测值	计算值	实测值	计算值	实测值	计算值
羊八井	N 45°～70°E	NE 50°	8.03	8.93	5.27	4.02
拉萨	N38°W	N15°W	4.0	6.07	2.6	4.02
康马	N49°W	N45°W	5.2	6.07	4.4	4.02

1. 最大主应力 σ_1 分布特征

1）最大主应力 σ_1 作用方向

区域最大主应力 σ_1 作用方向总体以北北东向为主，局部为北北西及近北东向（图 6.3），不同构造单元内部主应力方向不尽相同，受区域深大断裂及断块运动的影响与控制，主应力作用方向在断裂带及其附近略有偏转，最大主应力作用方向变化特征见表 6.4。

表 6.4 最大主应力作用方向变化特征

<table>
<tr><th rowspan="2">位　置</th><th colspan="2">σ_1作用方向</th><th rowspan="2">位　置</th><th colspan="2">σ_1作用方向</th></tr>
<tr><th>东侧</th><th>西侧</th><th>东侧</th><th>西侧</th></tr>
<tr><td>北部班戈—八宿地区</td><td>NNW</td><td>SN</td><td>南部康马—隆子地区</td><td>NE</td><td>SN</td></tr>
<tr><td>中部拉萨—察隅地区</td><td>NNE</td><td>NE</td><td>雅鲁藏布江缝合带内部</td><td>NNE</td><td>SN</td></tr>
<tr><td>南部拉孜—曲松地区</td><td>NNE</td><td>NE</td><td colspan="3">东南部高喜马拉雅地区从南到北，方向由 NNE 变为 EW</td></tr>
</table>

2)最大主应力 σ_1 量级分布及应力分异特征

最大主应力区域背景值约为 3.2～6.0 MPa，最大主应力集中现象主要发生在区域性断裂的交汇区域，呈带状分布，如图 6.4 所示。羊八井、拉萨和康马附近区域，σ_1 计算值与实测值基本吻合(表 6.3)。

(1)雅鲁藏布江缝合带西段 σ_1 量值一般在 20 MPa 以下。东部情况较复杂，南迦巴瓦西侧 σ_1 量值一般在 10 MPa 以下，而东侧出现明显的应力集中现象，σ_1 量值一般在 30 MPa 以上(最大量值达 54 MPa)。

(2)北部沿狮泉河—嘉黎—易贡湖断裂带出现了明显的应力集中，应力量值一般在 26～29 MPa，局部高达 40 MPa。

(3)西部当雄—羊八井—康马一带，应力量值一般在 8.93～17.53 MPa。南部的措美—隆子一带，应力集中量值为 26.0～29.0 MPa，局部高达 89.0 MPa。

3)σ_1 量值的区域变化趋势

沿 N15°E 方向切三条剖面线(位置如图 6.4 所示)，对比 σ_1 量值变化曲线可以看出，总体上雅鲁藏布江缝合带南侧最大主应力普遍较高，北侧拉萨—林芝地块的最大主应力普遍较低。

东部高喜马拉雅构造带最大主应力值普遍较高，且在雅鲁藏布江大拐弯处出现明显的应力集中现象。

在北喜马拉雅构造带的错那—桑日断裂带和亚东—谷露断裂带附近最大主应力集中较明显。

拉萨—林芝地块的应力值普遍较低。仅在断裂带错动(交汇)部位、断裂带附近、缝合带东段“东构造结”向北挤出部出现一定程度的地应力集中(图 6.5 及图 6.6 中的 3—3 剖面)，在断裂带拉张部位地应力较低。

2. 最小主应力 σ_3 分布特征

区域最小主应力等值线如图 6.6 所示模拟计算成果显示，区域最小主应力 σ_3 的分布特征，主要表现在以下几方面：

(1)最小主应力 σ_3 方向总体以南东向和东西向为主，不同构造单元内部最小主应力作用方向不尽相同，同时受区域深大断裂及地块运动的影响与控制，最小主应力作用方向在断裂带及其附近略有偏转，最小主应力作用方向变化特征见表 6.5。

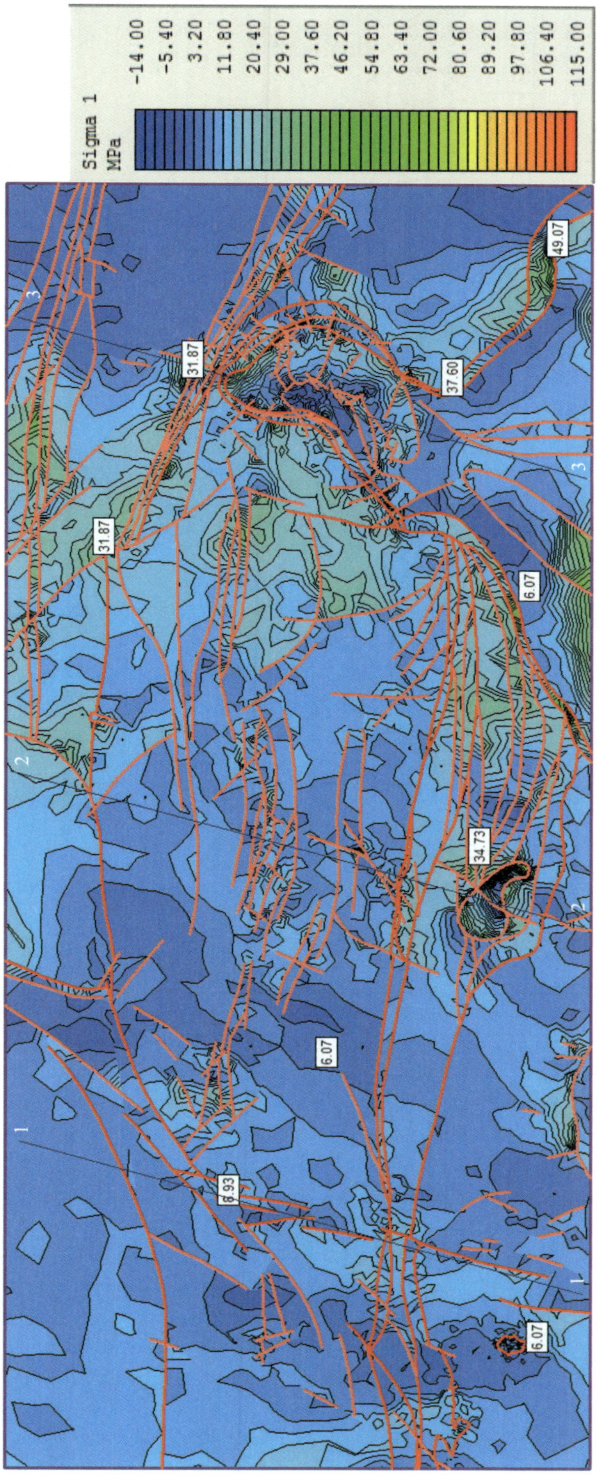

图 6.4　最大主应力 σ_1 量级等值线图

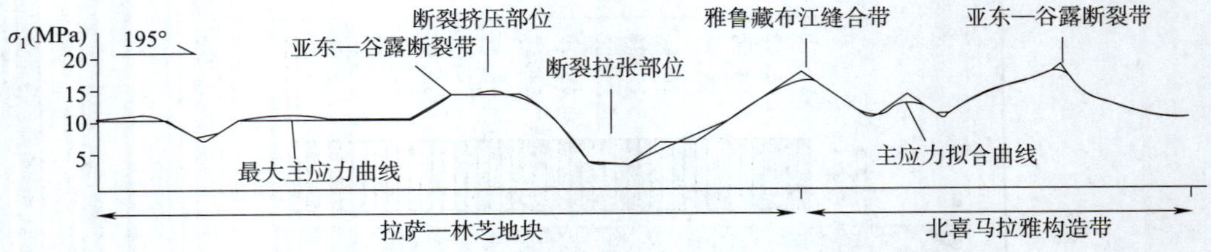

（a）1-1剖面

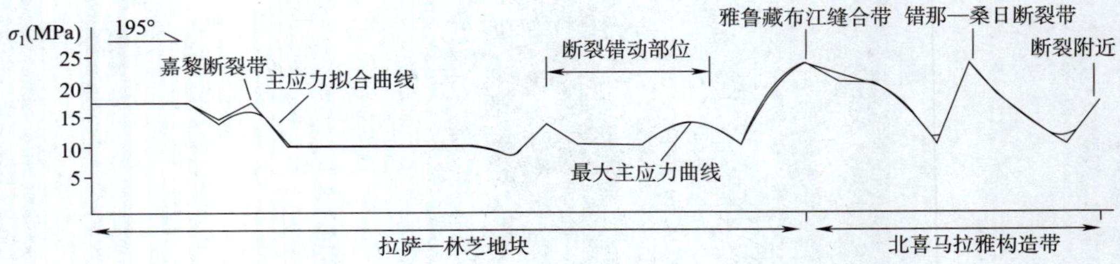

（b）2-2剖面

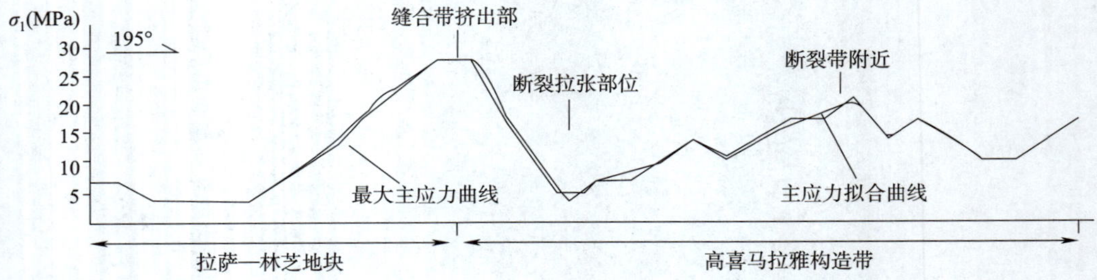

（c）3-3剖面

图 6.5　最大主应力沿切线方向变化曲线图

表 6.5　最小主应力作用方向变化特征

位　　置	σ_1作用方向		位　　置	σ_1作用方向	
	东侧	西侧		东侧	西侧
北部班戈—八宿地区	NNE	EW	南部康马—隆子地区	SE	EW
中部拉萨—察隅地区	SSE	SE	雅鲁藏布江缝合带内部	SSE	EW
南部拉孜—曲松地区	SSE	SE	东南部高喜马拉雅地区从南到北，方向由 SSE 变为 SN		

(2)区域最小主应力 σ_3 应力分异集中程度相对较弱，量值一般为－3.0～8.0 MPa。

(3)高喜马拉雅构造带内 σ_3 量值普遍较低，一般在 4 MPa 以下。雅鲁藏布江缝合带南侧附近出现明显的拉张应力分布区，最值为－37.08 MPa。

(4)北部狮泉河—嘉黎—易贡湖断裂带及其附近的最小主应力 σ_3 普遍偏高，断裂带北西侧一般在 10 MPa 左右；羊八井附近最小主应力量值较小，为 4.02～6.0 MPa；

(5)拉萨—林芝地块最小主应力量值普遍较高，未出现 σ_3 量值降低及分异情况。

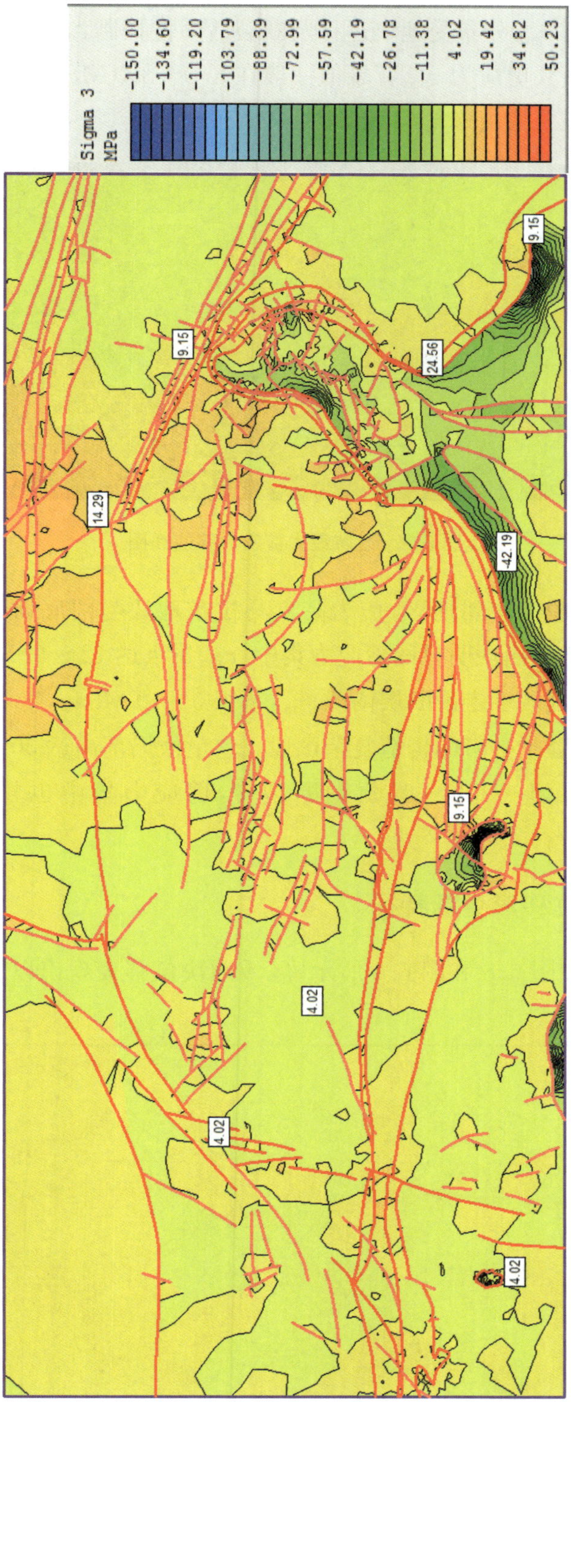

图 6.6 区域最小主应力等值线图

3. 最大剪应力 τ_{max} 分布特征

区域最大剪应力 τ_{max} 分布受地块运移及断裂活动性控制，表现出较大的差异性，如图 6.7 所示。区域最大剪应力 τ_{max} 背景值一般在 4.0～8.0 MPa，地壳浅层岩体剪应力集中现象主要出现在几个特殊的构造部位：

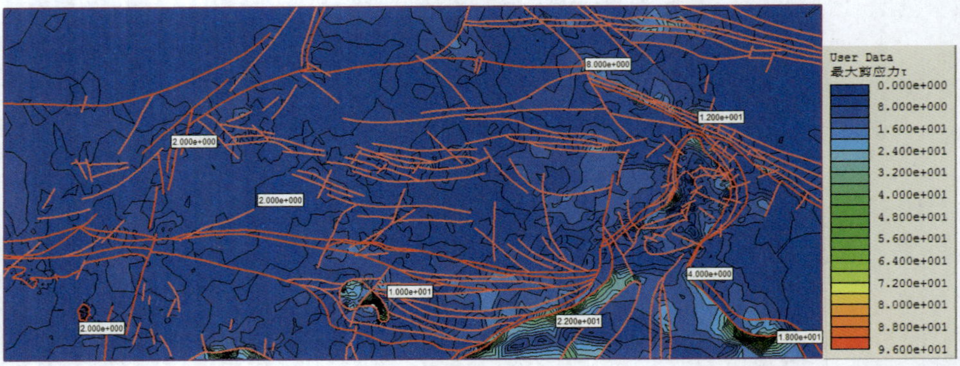

图 6.7　区域最大剪应力等值线图

(1)在东南部墨脱—察隅地区，作为高喜马拉雅地块与冈底斯—察隅地块分界构造的雅鲁藏布江缝合带出现明显的剪应力集中，τ_{max} 量级达 12～44 MPa。

(2)夺松—比丁延展性走滑断层南段，τ_{max} 量级 5～10 MPa。

(3)南部措美—隆子一带的构造复杂区段，τ_{max} 量值局部高达 30 MPa。

(4)北部沿狮泉河—嘉黎—易贡湖断裂带，剪应力集中也较明显，τ_{max} 量值在 10 MPa 左右。

6.1.3　区域地壳位移形变场特征

数值模拟成果如图 6.8 和图 6.9 所示，区域地块位移表现出以下几方面较为突出的特征：

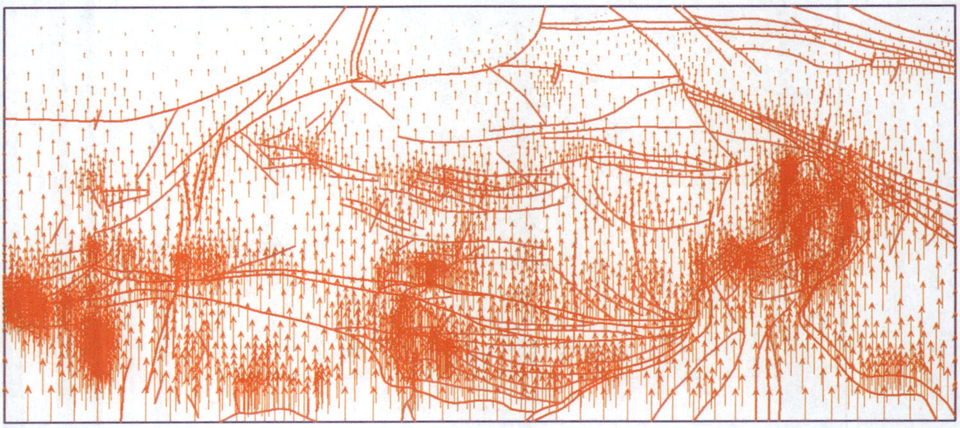

图 6.8　地壳水平位移矢量图

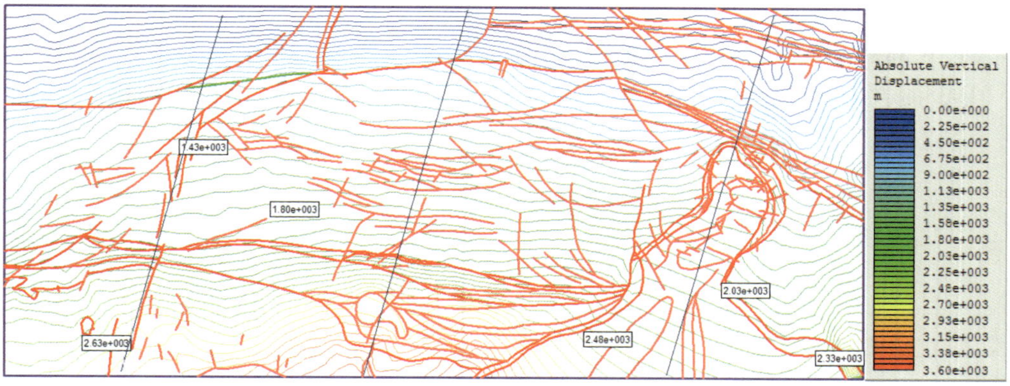

图 6.9　区域水平位移等值线图

(1)现今地壳运动方式以南北向挤压为主,地壳位移量由南向北逐渐减小。

(2)雅鲁藏布江缝合带对地壳位移有着明显的控制作用(图 6.8 和图 6.10),缝合带附近是位移急速变化区,缝合带南、北两侧地壳位移变化存在明显差异。南侧位移量较大,变化趋势较慢,曲线斜率小。北侧位移量较小,位移变化整体向北急速降低,曲线斜率明显增大。

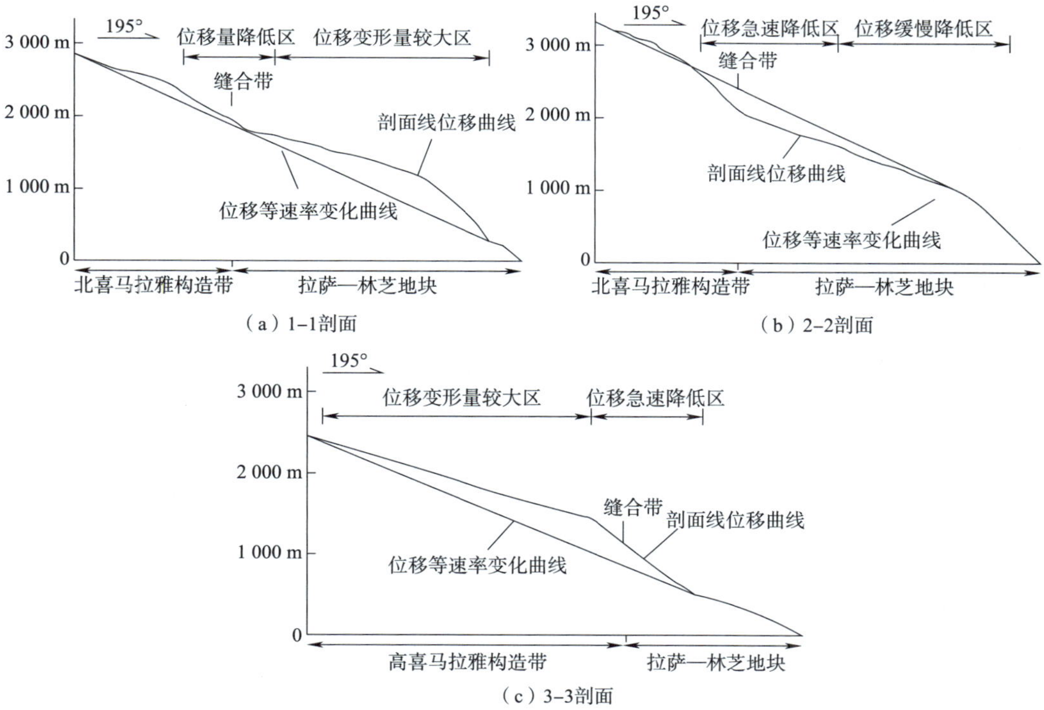

图 6.10　剖面位移增量线图

(3)东部高喜马拉雅构造带(东构造结)呈犄角状整体挤出,位移变形总体较高,变形量明显大于两侧地壳。

(4)北部狮泉河—嘉黎—易贡湖缝合带以北，位移量急速降低。

上述地壳位移的数值模拟计算成果与GPS实测数据(表6.6)较为吻合。

表6.6　青藏高原GPS站地壳运动速率检测结果表

测站	经度(°)	纬度(°)	东西向运动速率(mm/a)		南北向运动速率(mm/a)		垂直运动速率(mm/a)
			GPS监测结果	NNRA	GPS监测结果	NNRA	
那曲	92.0	31.5	50.7±4.7	25.0	8.2±2.4	−6.9	3.8±2.8
拉萨	91.1	29.7	46.4±1.2	24.9	14.0±1.0	−6.7	2.5±2.0
拉孜	87.6	29.1	43.4±5.3	25.1	22.6±2.9	−5.7	7.5±3.5
日喀则	88.9	29.2	48.5±4.9	25.0	20.7±2.7	−6.1	6.6±6.6
聂拉木	86.0	28.3	42.0±5.4	25.1	24.7±3.1	−5.3	9.1±5.1

6.2　雅鲁藏布江缝合带(米林—曲水段)地壳岩体应力—形变特征

雅鲁藏布江缝合带米林—曲水段具有极为复杂的地质条件，在前述构造—岩石学特征、地质构造及断裂活动性等研究的基础上，采用Phase有限元数值模拟的方法，分析雅鲁藏布江缝合带岩体应力(σ_1、σ_3、τ_{max})—形变场(U_x、U_y)的基本特征。

6.2.1　模型及参数

1. 模　　型

计算模型的建立力求最大限度地接近实际。根据现场地质调查、实测地质剖面、区域应力分析及相关的钻探资料，确定米林、朗县、加查、泽当等4个能够反映雅鲁藏布江缝合带构造特征的典型构造部位，建立有限元数值分析模型，如图6.11～图6.14所示。

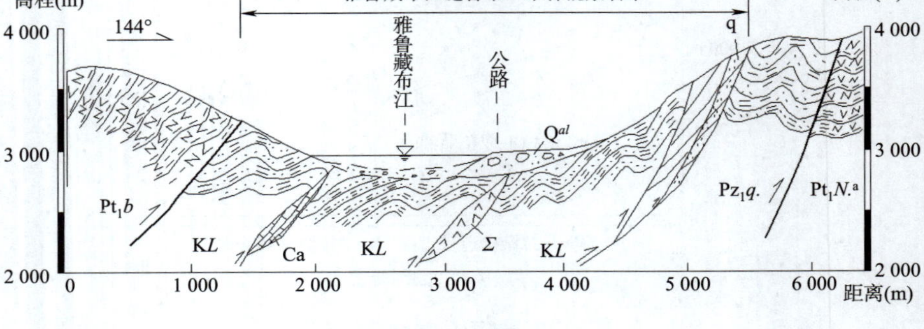

(a)典型地质剖面

图　6.11

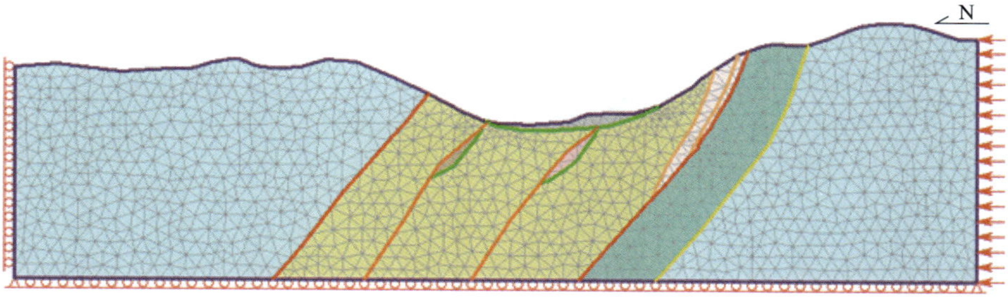

(b)有限元数值分析模型

图 6.11 米林段缝合带剖面

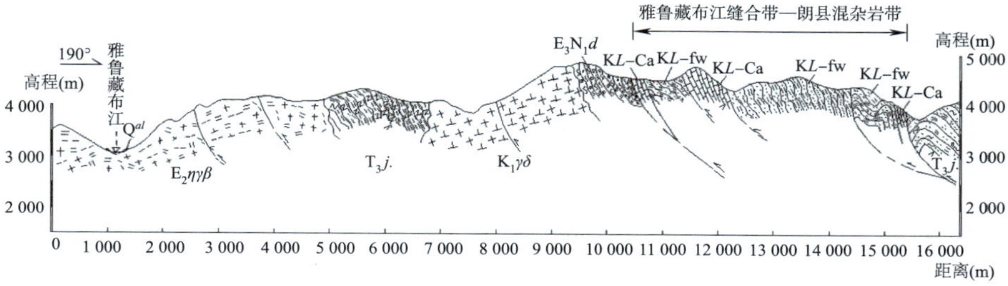

(a)典型地质剖面

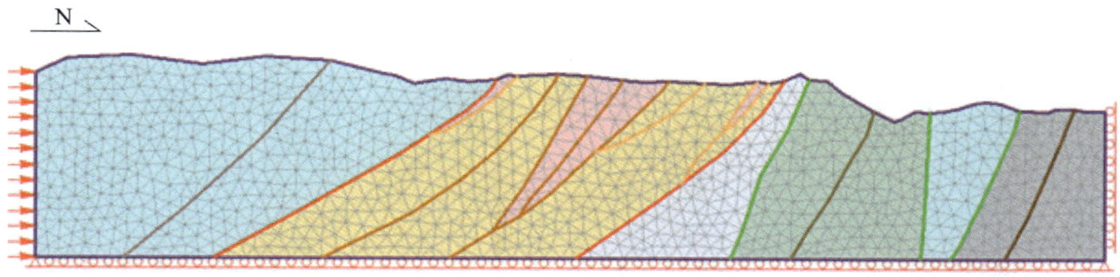

(b)有限元数值分析模型

图 6.12 朗县段缝合带剖面

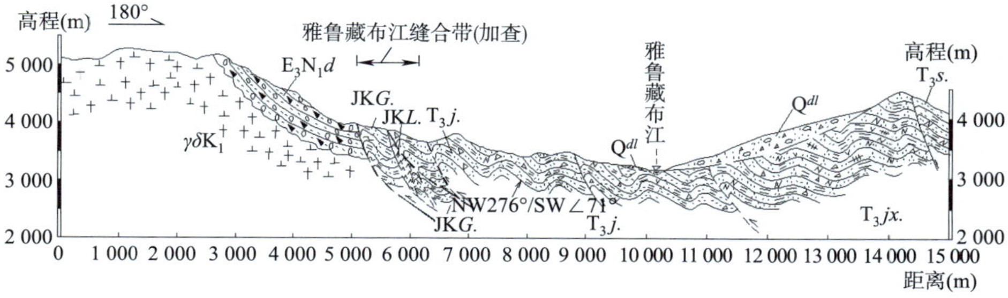

(a)典型地质剖面

图 6.13

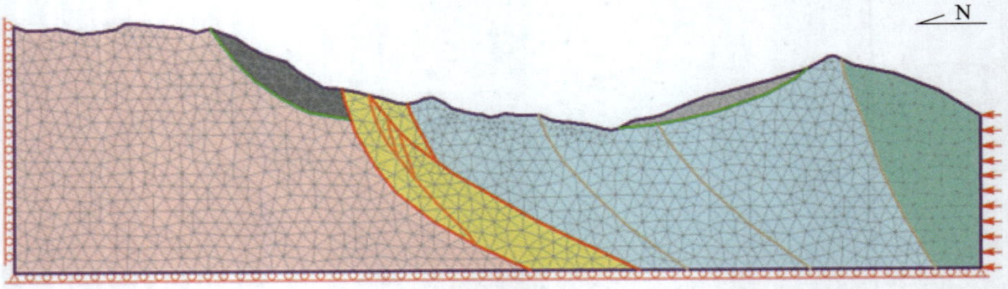

(b)有限元数值分析模型

图 6.13　加查段缝合带剖面

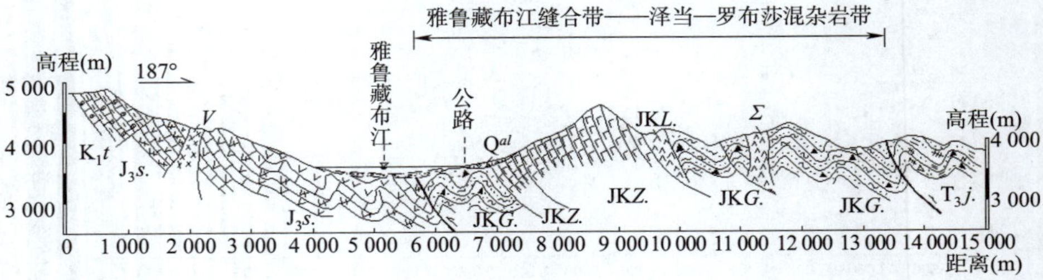

(a)典型地质剖面

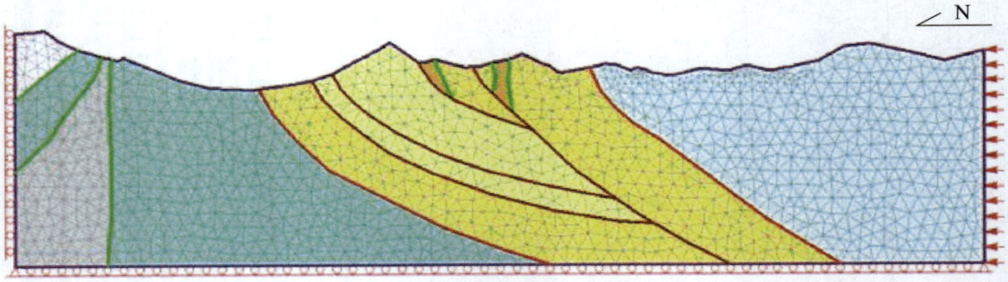

(b)有限元数值分析模型

图 6.14　泽当段缝合带剖面

1)米林剖面

模型采用三角形等参常应变单元，共划分 2 525 个单元，节点数 2 739，分析容差 0.01，地震系数 0.20。

2)朗县剖面

模型采用三角形等参常应变单元，共划分 2 251 个单元，节点数 2 534，分析容差 0.05，地震系数 0.15。

3)加查剖面

模型采用三角形等参常应变单元，共划分 2 454 个单元，节点数 2 673，分析容差 0.05，地震系数 0.15。

4)泽当剖面

模型采用三角形等参常应变单元，共划分 2 581 个单元，节点数 2 836，分析容差 0.05，地震系数 0.15。

2. 边界条件与参数取值

1)边界力

研究区域内可作为反演参照依据的地应力实测资料较少，数值计算中各剖面边界力的取值，采用区域平面应力场反演的水平构造应力结果(表 6.7)，并综合考虑自重作用产生的侧向力作用，采用梯形边界荷载力。

表 6.7 区域平面应力场反演所得各剖面位置处构造应力值

剖面位置	米林	朗县	加查	泽当
边界力(MPa)	14.5	12.8	15	23.4

2)模型介质的力学参数

模型介质类型包括完整岩石及断层破碎带两大类。完整岩体主要有片麻岩、千枚岩、板岩、石英片岩、结晶灰岩、大理岩、闪长岩、辉绿岩、凝灰岩等。断层破碎带则根据其活动强烈程度、发育规模，分为雅鲁藏布江缝合带边界断裂、雅鲁藏布江缝合带内部断裂及岩性分界断裂、岩体内部断裂。

模型介质的力学参数参照各岩体的岩体力学经验值，根据经验类比确定，具体参数见表 6.8 和表 6.9。

表 6.8 岩体结构面(断裂面)参数

参数	结构面			
	缝合带边界断裂	缝合带内部断裂	岩性分界断裂	岩体内部断裂
剪切刚度(GPa)	450	600/800	1 000	1 200
法向刚度(GPa)	900	1 000/1 200	1 500	2 000

表 6.9 岩体的物理力学参数

地层岩性	参数				
	容重 γ(kN/m³)	弹性模量 E(MPa)	泊松比	黏聚力 c(MPa)	内摩擦角 φ(°)
Q	23	100	0.3	0.1	25
$Pt_1b.$	26	20 000	0.3	0.5	60
$Pz_1q.$ 、Pt_1N^a	29	100 000	0.1	0.38	60
Ca、P	29	22 000	0.27	0.6	50
$T_3jx.$ 、$T_3j.$ 、$T_3s.$	29	25 000	0.16	0.25	50
$K_1\gamma\delta$、$E_2\eta\gamma\beta$	27	35 000	0.16	0.5	55
E_3N_1d	28	50 000	0.2	0.3	55
$J_3s.$	29	20 000	0.18	0.4	52

续上表

地层岩性	参数				
	容重 γ(kN/m^3)	弹性模量 E(MPa)	泊松比	黏聚力 c(MPa)	内摩擦角 φ(°)
K_1t.	23	24 000	0.25	0.3	35
JK*G*.	27	10 000	0.2	0.54	55
K*L*	28	10 000	0.1	0.4	50
JK*Z*.	28	10 000	0.15	0.3	55
JK*Q*.	26.5	10 000	0.18	0.5	55
JK*L*.	27	25 000	0.2	0.5	55

6.2.2 缝合带岩体应力场计算成果及分析

1. 米林段应力场分布特征

1)最大主应力 σ_1 分布特征

(1)计算成果如图 6.15 所示。雅鲁藏布江缝合带内部浅表部最大主应力 σ_1 矢量总体上呈近水平作用，中深部出现明显偏转，雅鲁藏布江缝合带边界断裂及内部构造断裂附近 σ_1 矢量有所变化，雅鲁藏布江缝合带外部南侧岩体 σ_1 矢量亦变化较大。

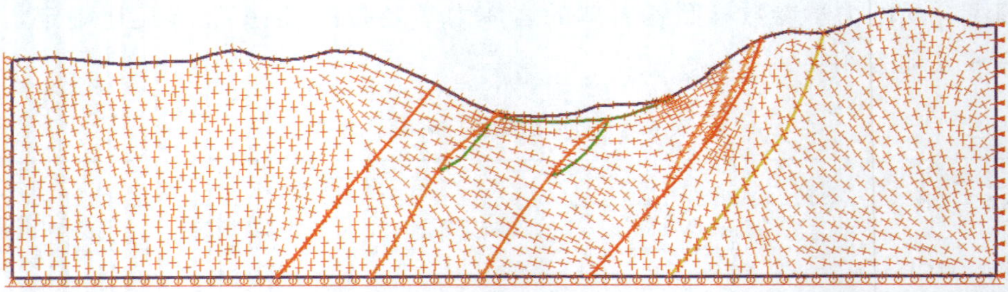

图 6.15　米林段缝合带岩体主应力矢量分布(构造应力＋自重应力＋地震力)

(2)在单纯的水平构造力的作用下，雅鲁藏布江缝合带内最大主应力 σ_1 总体上呈均布状态，σ_1 量值总体在 12～20 MPa。缝合带南界边界附近出现应力集中现象，σ_1 急剧增加至 50～150 MPa，如图 6.16(a)所示。

(3)叠加自重应力的计算成果如图 6.16(b)所示。σ_1 量值等值线变化较大，量值明显增大。雅鲁藏布江缝合带内部 σ_1 量值近似为天然构造应力条件下的 3～4 倍，在 25～70 MPa。南界边界附近发生应力集中，σ_1 急剧增加达数百兆帕。

(4)叠加自重应力及区域最强地震力的计算成果如图 6.16(c)所示。雅鲁藏布江缝合带内部及北侧岩体 σ_1 量值较叠加自重应力条件下略微减小，南侧边界附近 σ_1 明显减小，但仍显示出主应力集中现象。

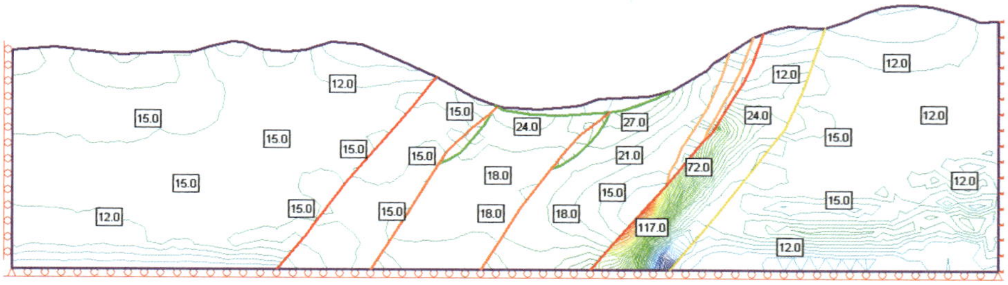

(a)水平构造应力

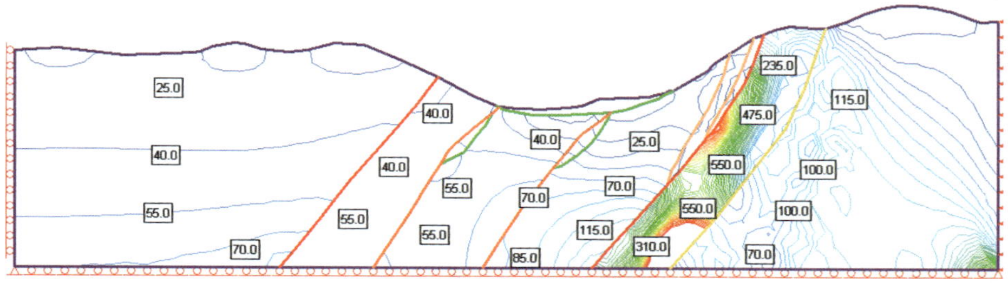

(b)叠加重力场

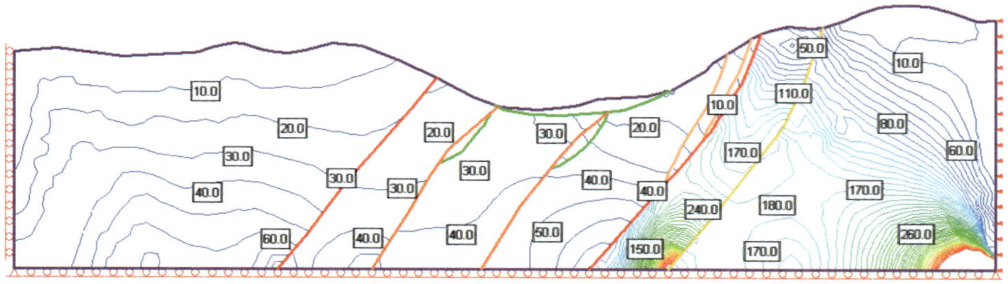

(c)叠加重力场及地震力

图 6.16 米林段缝合带岩体最大主应力 σ_1 分布等直线图(单位:MPa)

2)最小主应力 σ_3 分布特征

(1)在单纯的水平构造应力作用下,雅鲁藏布江缝合带内部最小主应力 σ_3 总体上呈低值均布状态,如图 6.17(a)所示,南侧边界附近出现急剧变化的应力分异现象,应力量级总体上在 −18～9 MPa,雅鲁藏布江缝合带内部某些深度范围出现局部拉张应力。

(2)叠加重力场的计算成果如图 6.17(b)所示。雅鲁藏布江缝合带内部最小主应力明显增大,σ_3 量级总体上在 15～35 MPa,局部出现拉张应力;南边界附近出现急剧变化的应力分异现象,且局部出现较大的拉张应力。

(3)叠加重力场及区域最强地震力的计算成果如图 6.17(c)所示。雅鲁藏布江缝合带内部最小主应力相对略微减小,σ_3 量级总体上在 7～31 MPa,未见拉张应力。雅鲁藏布江缝合带北侧岩体 σ_3 明显减小，局部出现拉张应力；南侧岩体 σ_3 明显大于雅鲁藏布江缝合带内部，南边界附近出现应力集中现象，未见拉张应力。

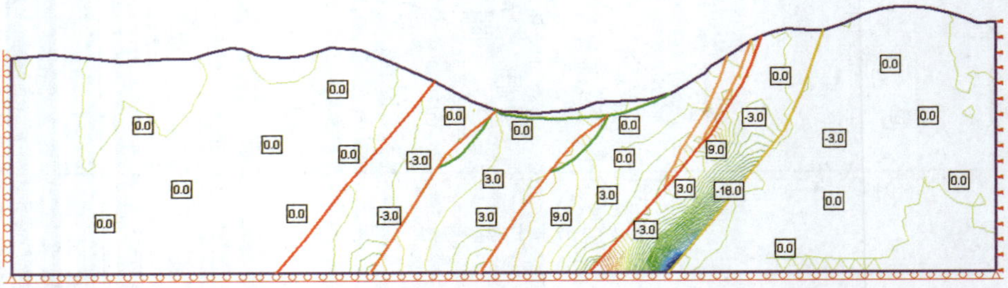

(a)水平构造应力

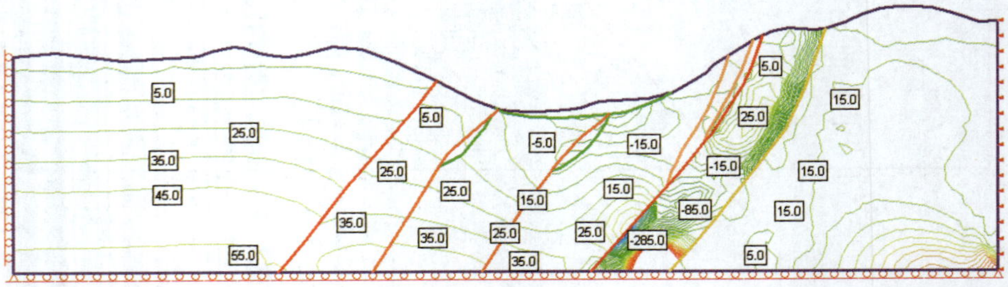

(b)叠加重力场

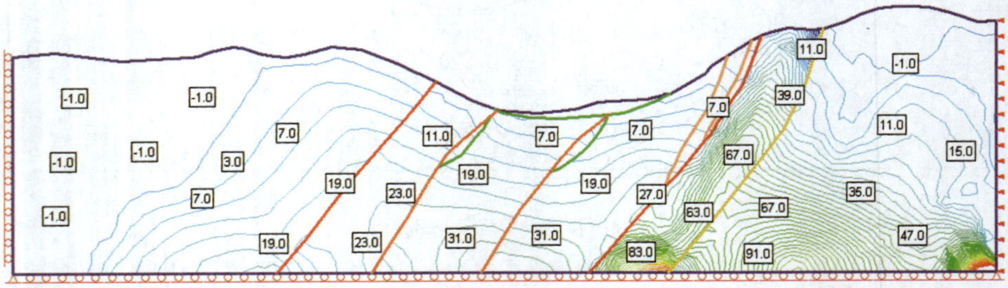

(c)叠加重力场及地震力

图 6.17 米林段缝合带岩体最小主应力 σ_3 分布等直线图(单位：MPa)

3)最大剪应力 τ_{max} 分布特征

(1)在水平构造应力作用下，雅鲁藏布江缝合带内部最大剪应力 τ_{max} 总体上呈低值均布状态，如图 6.18(a)所示，τ_{max} 量值总体在 5～12 MPa。南边界附近出现急剧变化的剪应力集中现象。

(2)叠加重力场的计算成果如图 6.18(b)所示。雅鲁藏布江缝合带内部最大剪应力明显增大，τ_{max} 量级总体上在 10～40 MPa，缝合带南边界附近出现急剧增大的剪应力集中现象，τ_{max} 量值在 100～300 MPa。

(3)叠加重力场及区域最强地震力的计算成果如图 6.18(c)所示。雅鲁藏布江缝合带内部及外部南侧岩体最大剪应力明显减小，缝合带南边界附近出现剪应力集中现象，但较叠加重力场的条件下相对减弱，τ_{max}量值在 30～80 MPa。

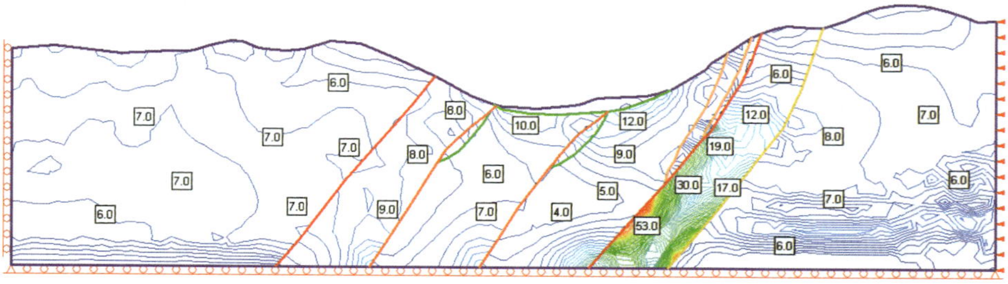

(a)水平构造应力

(b)叠加重力场

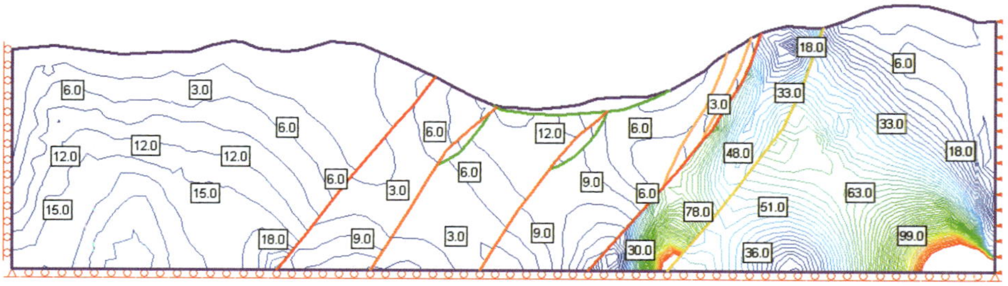

(c)叠加重力场及地震力

图 6.18　米林段缝合带岩体最大剪应力 τ_{max} 分布等直线图(单位：MPa)

2. 朗县段应力场分布特征

1)最大主应力 σ_1 分布特征

(1)计算成果如图 6.19 所示。雅鲁藏布江缝合带内部浅表部最大主应力 σ_1 矢量总体上呈近水平作用，中深部出现明显偏转，雅鲁藏布江缝合带边界断裂及内部构造断裂附近 σ_1 矢量有所变化。

(2)在水平构造应力作用下，雅鲁藏布江缝合带内最大主应力 σ_1 总体上呈均布状态，雅鲁藏布江缝合带内外部岩体应力量值差别不大，在 10.5～15.5 MPa，未见应力集中现象，如图 6.20(a)所示。

(3)叠加自重应力的计算成果如图 6.20(b)所示。σ_1 量值等值线变化较大，σ_1 量值

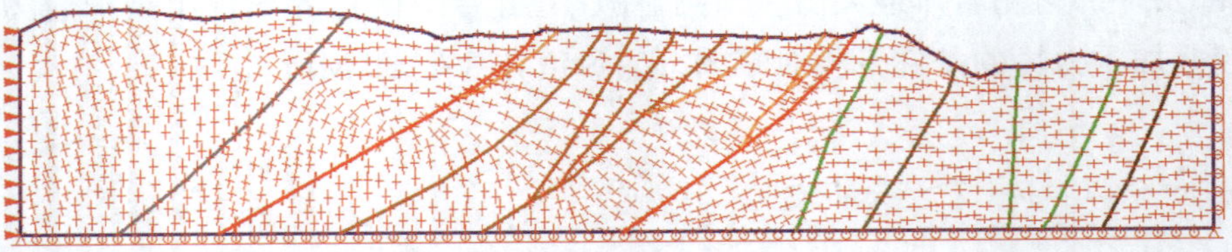

图 6.19　朗县段缝合带岩体主应力矢量分布

（构造应力＋自重应力＋地震力）

明显增大。雅鲁藏布江缝合带深部岩体 σ_1 量值近似为天然构造应力条件下的 3～4 倍，量值在10～70 MPa。

(4)叠加自重应力及区域最强地震力的计算成果如图 6.20(c)所示。σ_1 等值线较自重条件下变化较大，雅鲁藏布江缝合带外部北侧岩体 σ_1 明显增大，缝合带内部岩体 σ_1 略微增大，σ_1 量值总体上在 40～80 MPa。

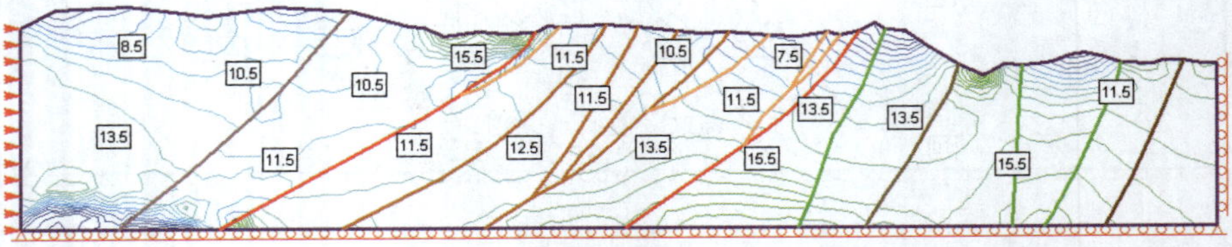

(a)构造应力

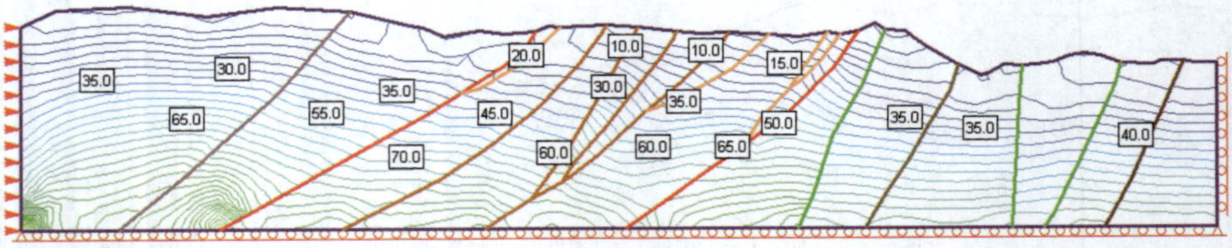

(b)叠加重力场

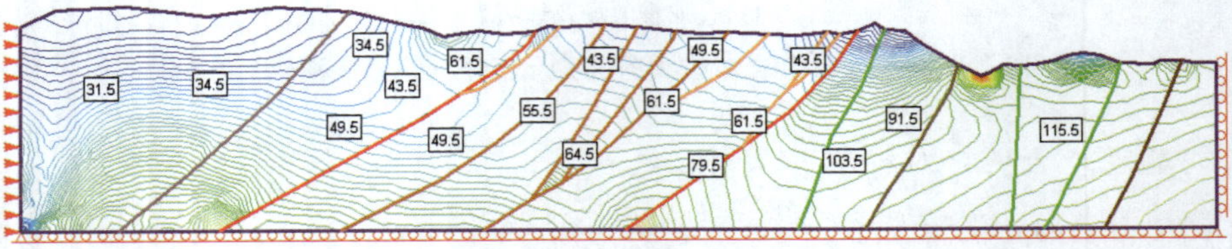

(c)叠加重力场及地震力

图 6.20　朗县段缝合带岩体最大主应力 σ_1 分布等直线图(单位:MPa)

2)最小主应力 σ_3 分布特征

(1)在水平构造应力作用下，雅鲁藏布江缝合带内部最小主应力 σ_3 总体上呈低值均布状态，如图 6.21(a)所示，未出现急剧变化的应力分异现象，应力量级总体上在 0～10 MPa，南侧岩体出现局部拉张应力。

（2）叠加重力场的计算成果如图 6.21(b)所示。雅鲁藏布江缝合带岩体内的最小主应力发生明显增大，量值总体上在 10～20 MPa，未见出现拉张应力。

（3）叠加重力场及区域最强地震力的计算成果如图 6.21(c)所示。雅鲁藏布江缝合带内部最小主应力明显增大，总体上在 10～40 MPa，缝合带内部一定深度未出现局部拉张应力。

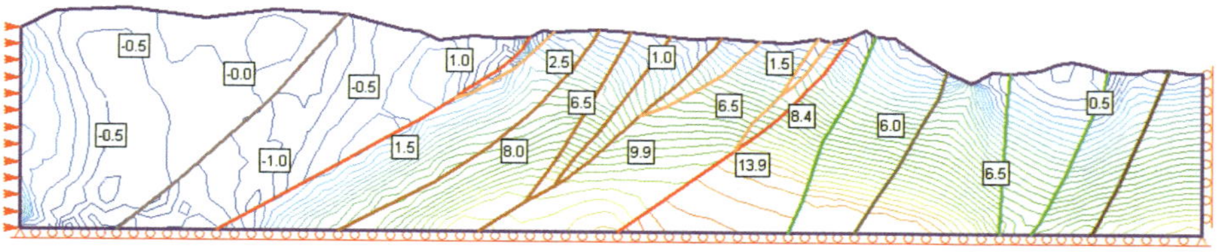

(a)水平构造应力

(b)叠加重力场

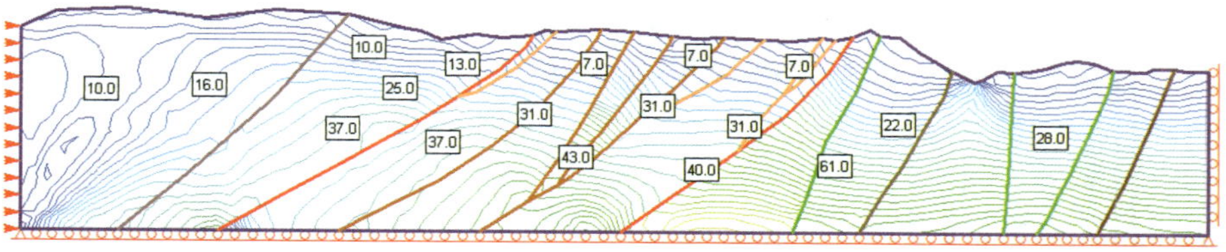

(c)叠加重力场及地震力

图 6.21 朗县段缝合带岩体最小主应力 σ_3 分布等直线图(单位：MPa)

3)最大剪应力 τ_{max} 分布特征

（1）在水平构造应力作用下，雅鲁藏布江缝合带内部最大剪应力 τ_{max} 总体上呈低值均布状态，如图 6.22(a)所示，未出现急剧变化的应力分异或集中现象，最大剪应力 τ_{max} 量值总体在 1～5 MPa。

（2）叠加重力场的计算成果如图 6.22(b)所示。雅鲁藏布江缝合带内部最大剪应力明显增大，总体上在 3～21 MPa，但未见明显的剪应力分异或集中现象。

（3）叠加重力场及区域最强地震力的计算成果如图 6.22(c)所示。雅鲁藏布江缝合带内部浅表部及北侧岩体 τ_{max} 明显增大，未见出现剪应力分异或集中现象。

3. 加查段应力场分布特征

1)最大主应力(σ_1)分布特征

（1）计算成果如图 6.23 所示。雅鲁藏布江缝合带内部浅表部最大主应力 σ_1 矢量总体上呈近水平作用，在雅鲁藏布江缝合带边界断裂及内部构造断裂附近 σ_1 矢量有所变化。

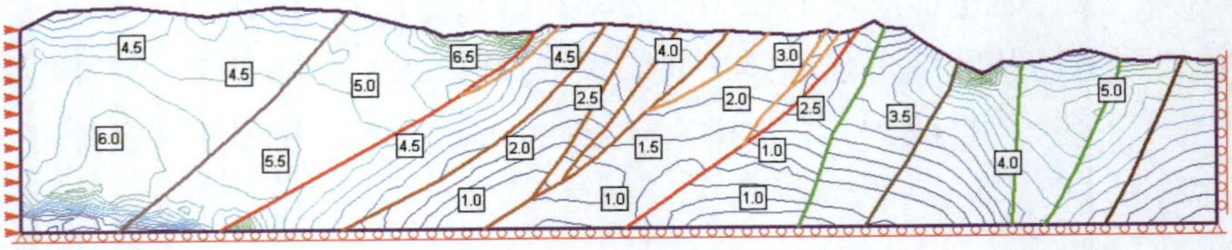

(a)水平构造应力

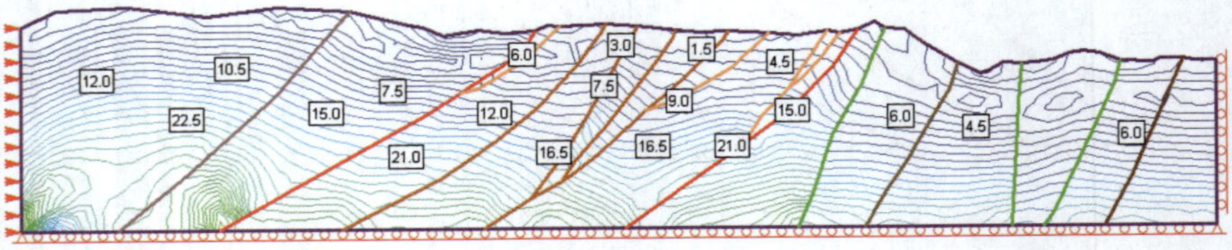

(b)叠加重力场

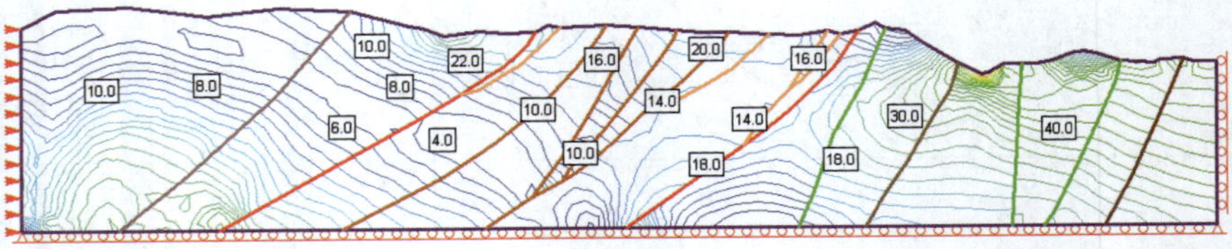

(c)叠加重力场及地震力

图 6.22 朗县段缝合带岩体最大剪应力 τ_{max} 分布等直线图(单位：MPa)

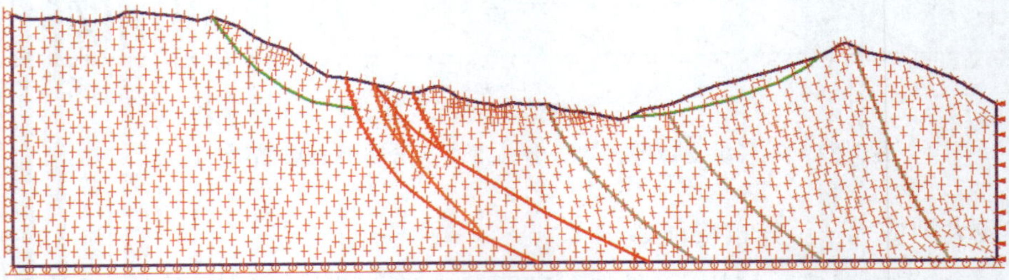

图 6.23 加查段缝合带岩体主应力矢量分布(构造应力＋自重应力＋地震力)

(2)在水平构造应力条件下，雅鲁藏布江缝合带内最大主应力 σ_1 总体上呈均布状态，σ_1 量值在 10～11 MPa，缝合带内外部岩体应力差别不大，南侧岩体应力相对较大，未见主应力集中现象，如图 6.24(a)所示。

(3)叠加自重应力的计算成果如图 6.24(b)所示。岩体 σ_1 等值线变化较大，量值明显增大。雅鲁藏布江缝合带深部岩体 σ_1 量值约为天然构造应力条件下的 3～5 倍，在 25～55 MPa。

(4)叠加自重应力及区域最强地震力的计算成果如图 6.24(c)所示。σ_1 等值线较自重条件下略微变化，雅鲁藏布江缝合带内部 σ_1 略微减小，σ_1 量值总体上在 20～45 MPa。

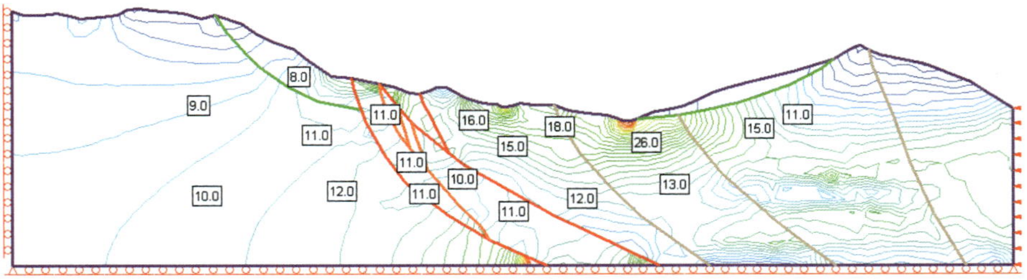

(a)构造应力

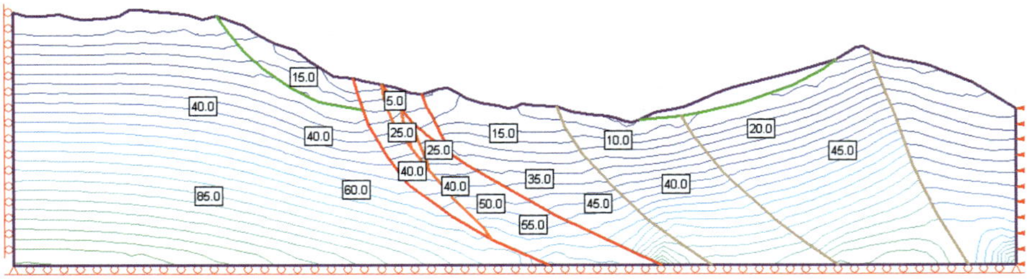

(b)叠加重力场

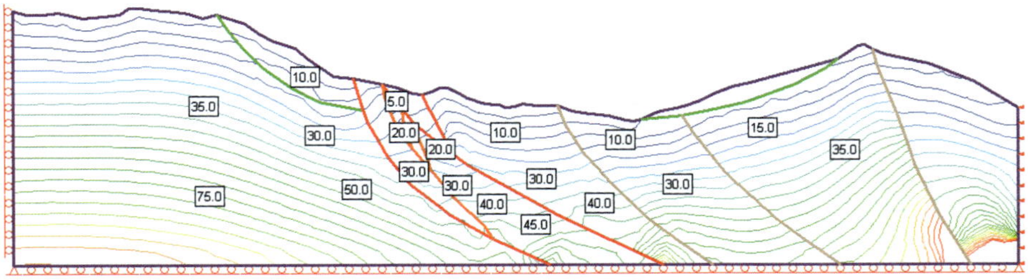

(c)叠加重力场及地震力

图 6.24　加查段缝合带岩体最大主应力 σ_1 分布等值线图(单位:MPa)

2)最小主应力 σ_3 分布特征

(1)在水平构造应力作用下,雅鲁藏布江缝合带内部最小主应力 σ_3 总体上呈低值均布状态,如图 6.25(a)所示,未出现急剧变化的应力分异现象,应力量级总体上在 −2.50～1.5 MPa,缝合带浅表部及南侧边界附近出现局部拉张应力。

(2)叠加重力场的计算成果如图 6.25(b)所示。雅鲁藏布江缝合带内的最小主应力明显增大,σ_3 量级总体上在 5～25 MPa,未见出现拉张应力。

(3)叠加重力场及区域最强地震力的计算成果如图 6.25(c)所示。雅鲁藏布江缝合带内部最小主应力与自重应力条件下比明显减小,σ_3 量级总体约在 −5.5～−14.5 MPa,缝合带内部及北侧岩体均为拉张应力。

3)最大剪应力 τ_{max} 分布特征

(1)在水平构造应力作用下,雅鲁藏布江缝合带内部最大剪应力 τ_{max} 总体上呈低值均布状态,如图 6.26(a)所示,未出现急剧变化的应力分异或集中现象,τ_{max} 量值级总体

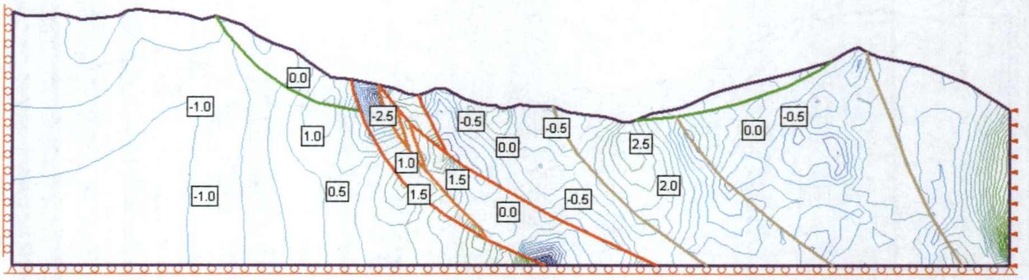

(a)水平构造应力

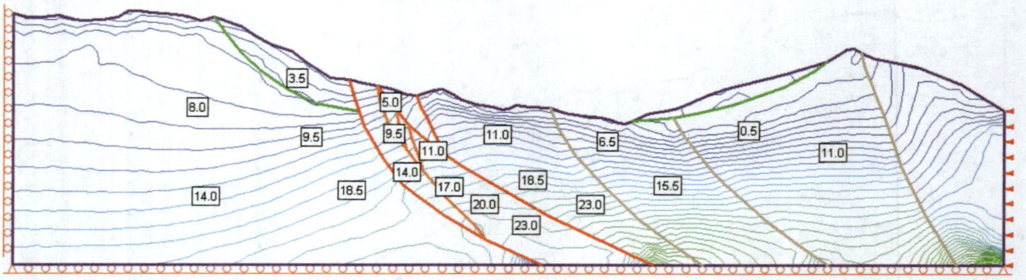

(b)叠加重力场

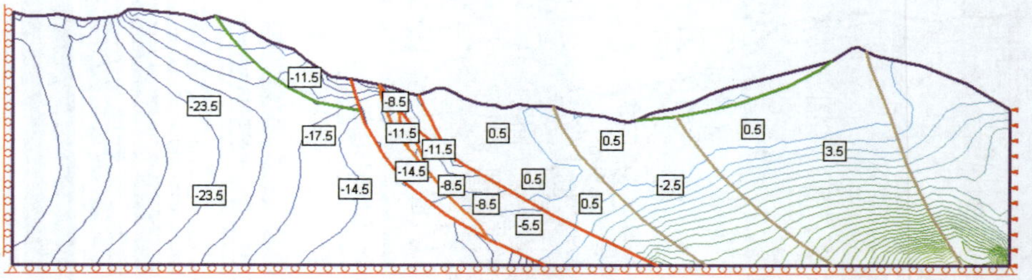

(c)叠加重力场及地震力

图 6.25 加查段缝合带岩体最小主应力 σ_3 分布等直线图(单位:MPa)

在 4～6 MPa。

(2)叠加重力场的计算成果如图 6.26(b)所示。雅鲁藏布江缝合带内最大剪应力明显增大,τ_{max} 量级总体上在 6～16 MPa,但未见明显的剪应力分异或集中现象。

(3)叠加重力场及区域最强地震力的计算成果如图 6.26(c)所示。雅鲁藏布江缝合带内部最大剪应力略微增大,τ_{max} 量级总体上在 6～24 MPa,缝合带内部未见明显的剪应力分异或集中现象。

4. 泽当段应力场分布特征

1)最大主应力 σ_1 分布特征

(1)计算成果如图 6.27 所示。雅鲁藏布江缝合带内部最大主应力 σ_1 矢量总体上呈近水平作用,浅表部出现明显偏转为近垂直,边界断裂附近及南侧岩体 σ_1 矢量偏转严重。

(2)在水平构造应力作用下,雅鲁藏布江缝合带内最大主应力 σ_1 总体上呈均布状态,缝合带内外部岩体应力差别不大,σ_1 量值在 18～24 MPa,未见主应力集中现象,如

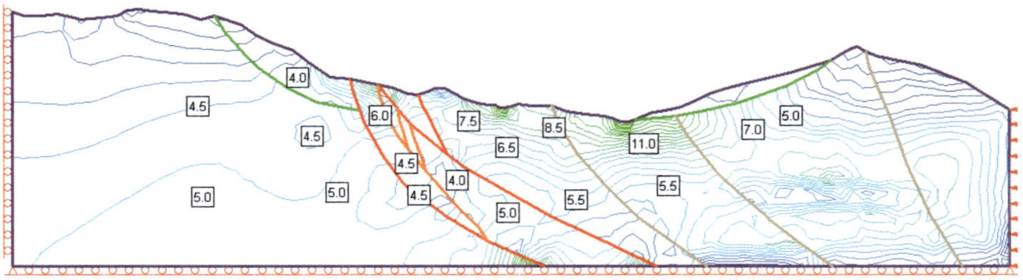

(a)水平构造应力

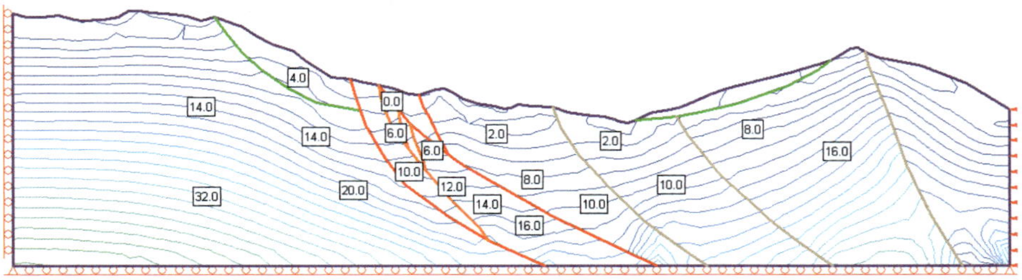

(b)叠加重力场

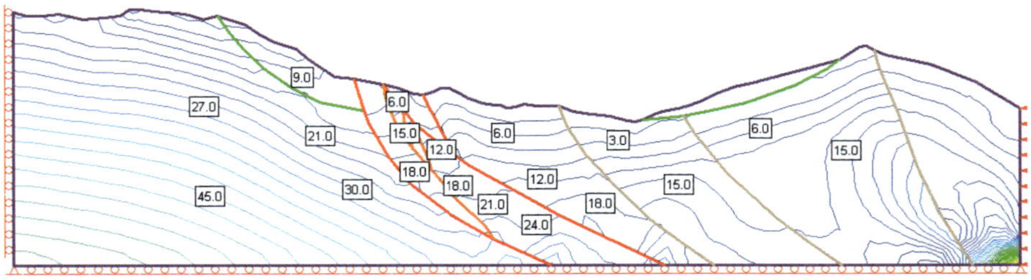

(c)叠加重力场及地震力

图 6.26　加查段缝合带岩体最大剪应力 τ_{max} 分布等直线图(单位:MPa)

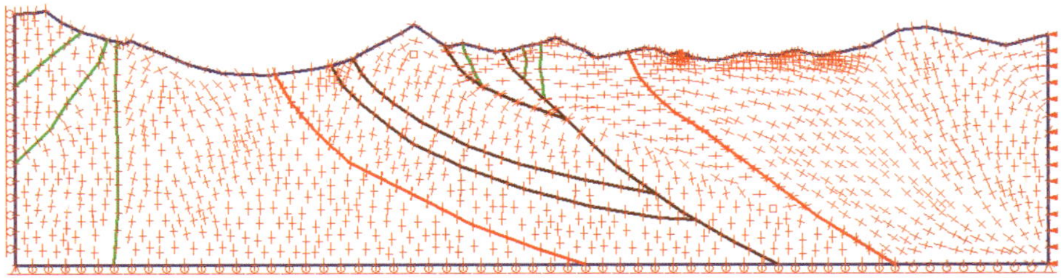

图 6.27　泽当段缝合带岩体主应力矢量分布(构造应力+自重应力+地震力)

图 6.28(a)所示。

(3)叠加自重应力的计算成果如图 6.28(b)所示。σ_1 等值线变化较大,岩体 σ_1 量值明显增大。雅鲁藏布江缝合带深部岩体 σ_1 量值近似为水平构造应力条件下的 1～3 倍,量值在 20～75 MPa。

(4)叠加自重应力及区域最强地震力的计算成果如图 6.28(c)所示。σ_1 等值线较自重应力条件下略有变化,雅鲁藏布江缝合带内部岩体 σ_1 减小,σ_1 量值总体上在 20～60 MPa。

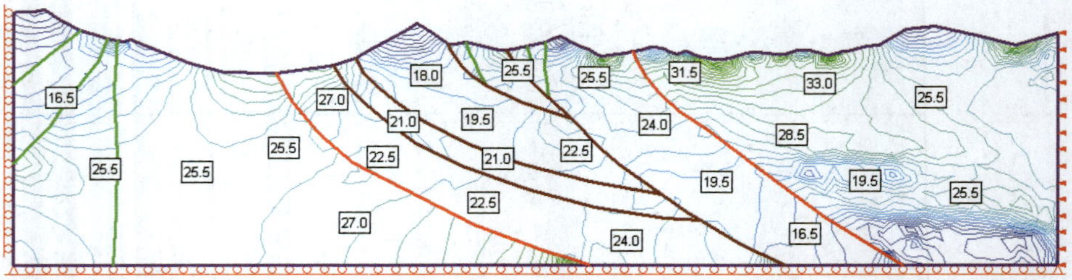

(a)构造应力

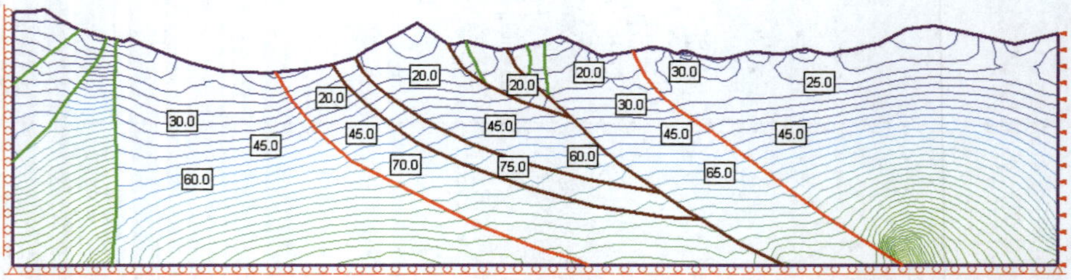

(b)叠加重力场

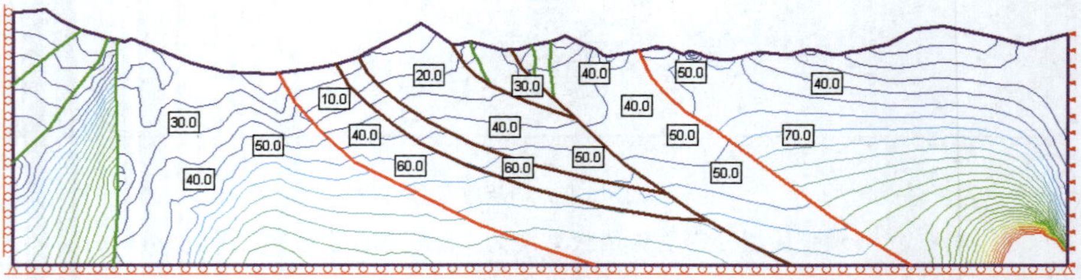

(c)叠加重力场及区域最大地震力

图 6.28 泽当段缝合带岩体最大主应力 σ_1 分布等直线图(单位:MPa)

2)最小主应力 σ_3 分布特征

(1)在水平构造应力作用下,雅鲁藏布江缝合带内部最小主应力 σ_3 总体上呈低值均布状态,未出现急剧变化的应力分异现象,σ_3 量级总体上在－1.50～1.5 MPa,缝合带浅表部出现局部拉张应力,如图 6.29(a)所示。

(2)叠加重力场的计算成果如图 6.29(b)所示。雅鲁藏布江缝合带内部的最小主应力 σ_3 明显增大,σ_3 量级总体上在 10～30 MPa,未见出现拉张应力。

(3)叠加重力场及区域最强地震力的计算成果如图 6.29(c)所示。雅鲁藏布江缝合带内部最小主应力 σ_3 与自重应力条件下比略微增大,σ_3 量级总体上在 10～40 MPa,缝合带内部未出现拉张应力。

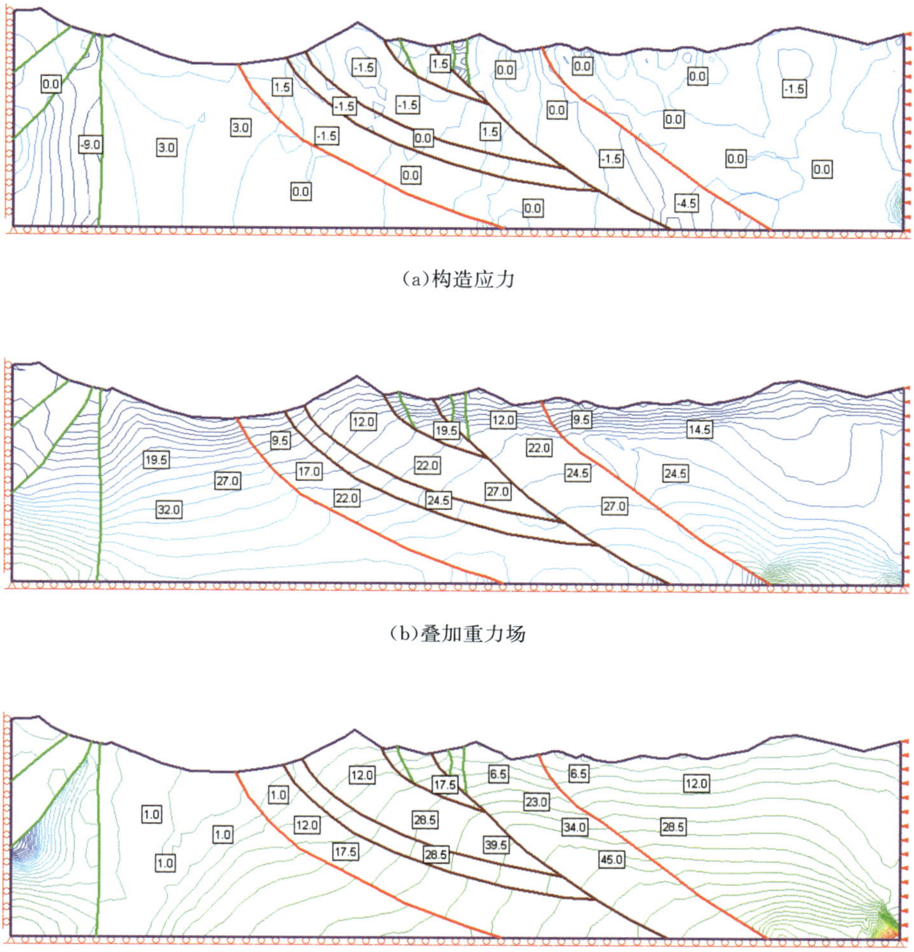

(a)构造应力

(b)叠加重力场

(c)叠加重力场及地震力

图 6.29　泽当段缝合带岩体最小主应力 σ_3 分布等直线图(单位:MPa)

3)最大剪应力 τ_{max} 分布特征

(1)在水平构造应力作用下,雅鲁藏布江缝合带内部最大剪应力 τ_{max} 总体上呈均布状态,如图 6.30(a)所示,未出现急剧变化的应力分异或集中现象,τ_{max} 量值总体在 9～12 MPa。

(2)叠加重力场的计算成果如图 6.30(b)所示。雅鲁藏布江缝合带浅表部最大剪应力 τ_{max} 减小,深部一定范围内 τ_{max} 增大,缝合带内部 τ_{max} 量级总体在 2～20 MPa,未见剪应力分异或集中现象。

(3)叠加重力场及区域最强地震力的计算成果如图 6.30(c)所示。雅鲁藏布江缝合带内部南侧边界附近及缝合带两侧岩体的 τ_{max} 与自重应力条件下相比明显增大,但未见剪应力分异或集中现象。

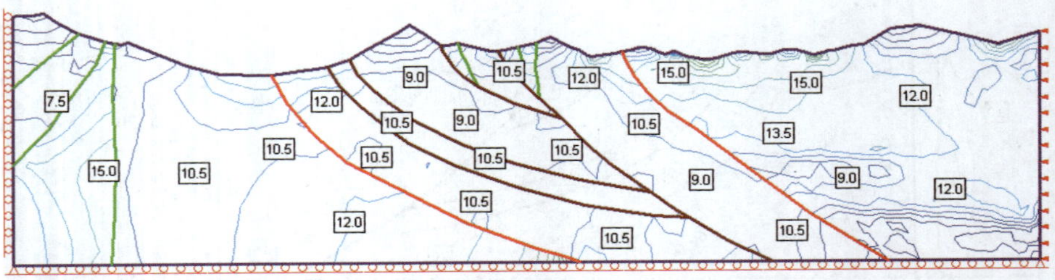

(a)水平构造应力

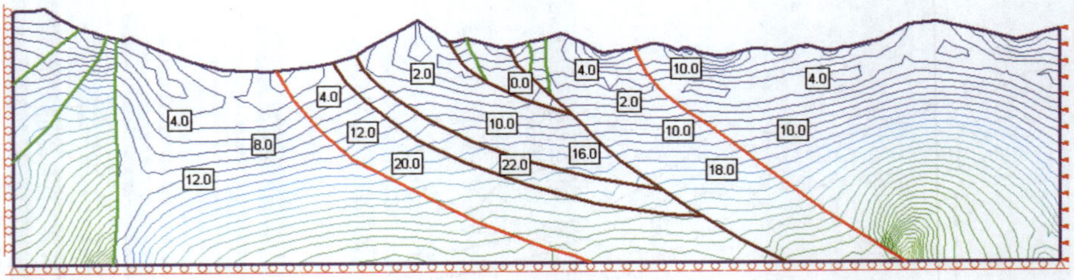

(b)叠加重力场

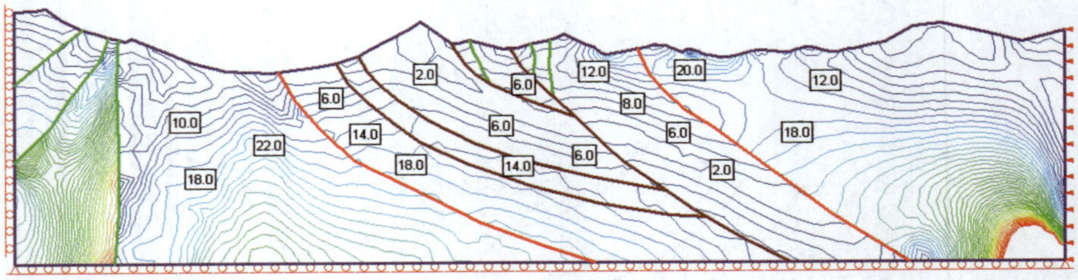

(c)叠加重力场及地震力

图 6.30　泽当段缝合带岩体最大剪应力 τ_{max} 分布等直线图(单位:MPa)

6.2.3　雅鲁藏布江缝合带岩体形变场计算成果及分析

1. 米林段形变场分布特征

(1)在近水平构造应力作用下的位移如图 6.31 所示。雅鲁藏布江缝合带内部水平位移 U_x 为负值、垂直位移 U_y 为正。缝合带南侧岩体 U_x 较大、北侧较小,内部位移变形介于两者之间;缝合带内部 U_y 小于其两侧岩体。U_x 从南往北,U_y 随深度有递减趋势。说明缝合带对地壳水平位移变形起到了明显的消减作用,消减的位移变形主要转为压缩变形。

(2)叠加重力场的计算成果如图 6.32 所示。除雅鲁藏布江缝合带外部距离南侧边界一定范围的岩体 U_x 为正值外,其余 U_x 及 U_y 均为负值。缝合带内部及边界断裂附近岩体位移形变大于南、北两侧岩体。显示缝合带内部岩体在重力场的作用下,极有可能发生沿断裂带的延展式倾滑位移。

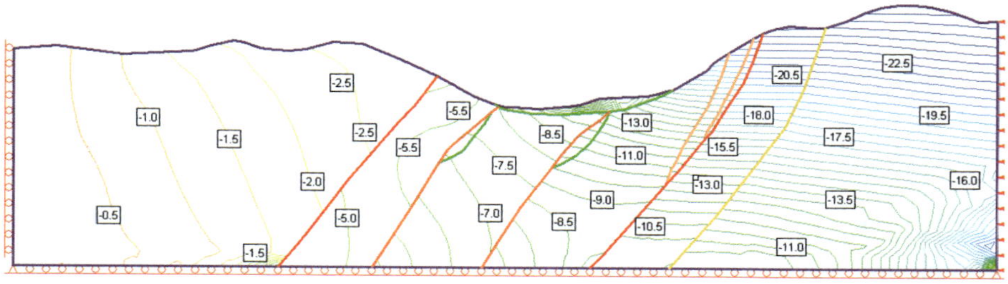

(a)U_x

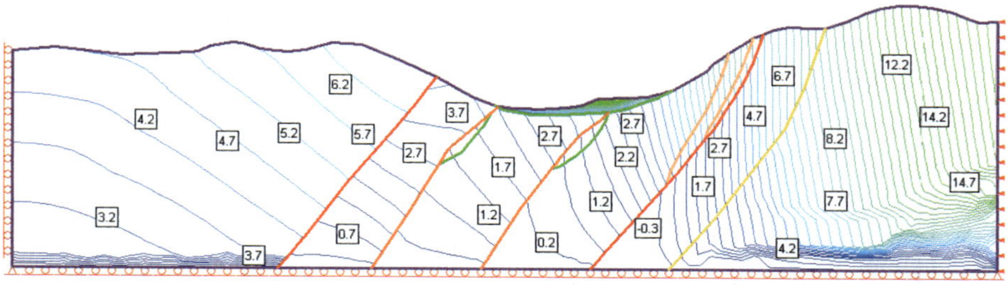

(b)U_y

图 6.31　米林段水平构造应力作用下的位移等值线图

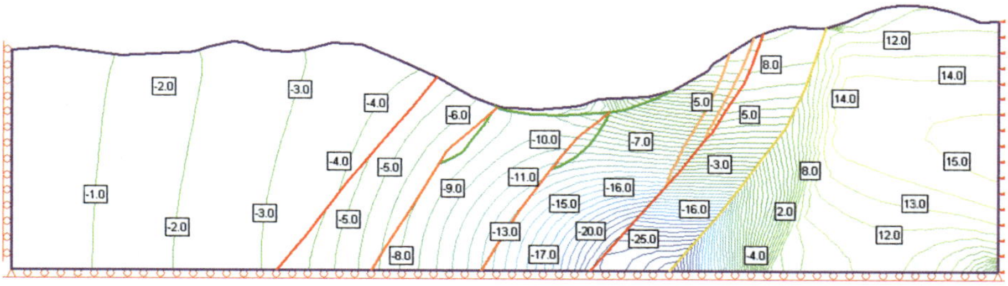

(a)U_x

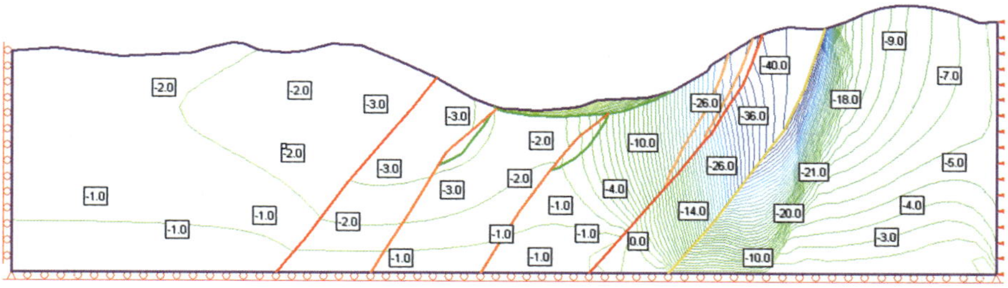

(b)U_y

图 6.32　米林段叠加重力场的位移等值线图

(3)叠加重力场及区域最强地震力的计算成果如图 6.33 所示。U_x 为正值、U_y 为负,且 U_x 量值约为 U_y 量值的 10～15 倍,且 U_x 近似呈均布状态、U_y 随深度有递减趋势。

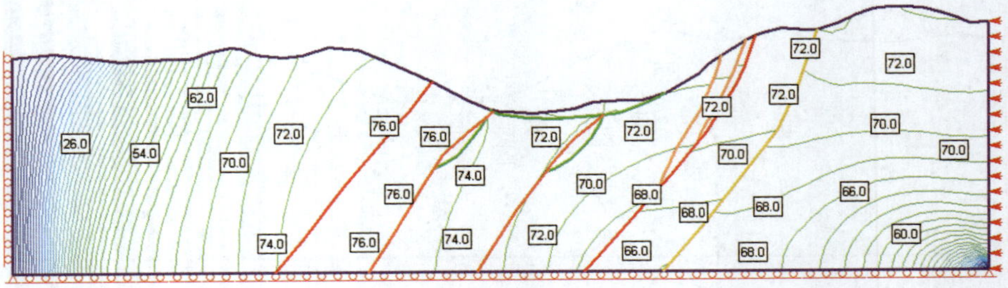

(a)U_x

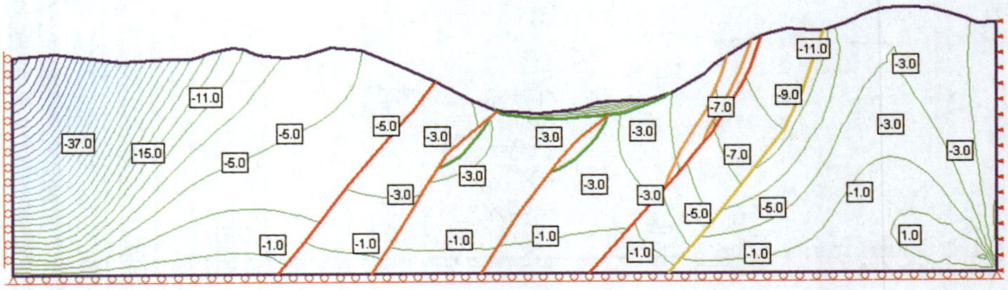

(b)U_y

图 6.33　米林段叠加重力场及地震力的位移等值线图

2. 朗县段形变场分布特征

(1)在近水平构造应力作用下的位移如图 6.34 所示。雅鲁藏布江缝合带内部 U_x 约为 U_y 的 2～4 倍，缝合带南侧岩体位移较大、北侧较小，缝合带内部位移变形介于两者之间。U_x 从南往北、U_y 随深度有递减趋势。说明缝合带对地壳水平位移变形起到了明显的消减作用，消减的位移变形主要转为压缩变形和断裂逆推位移。

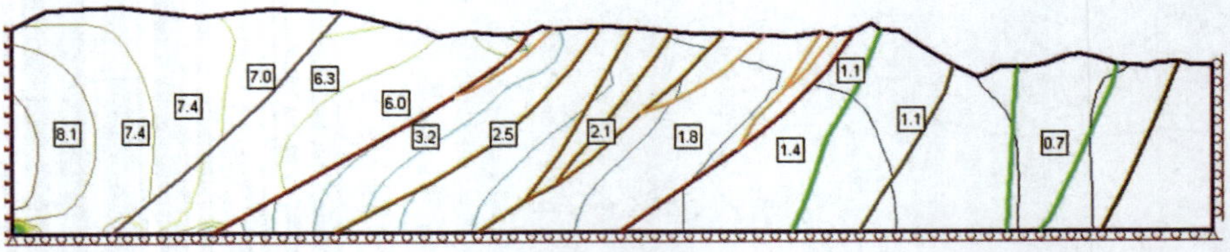

(a)U_x

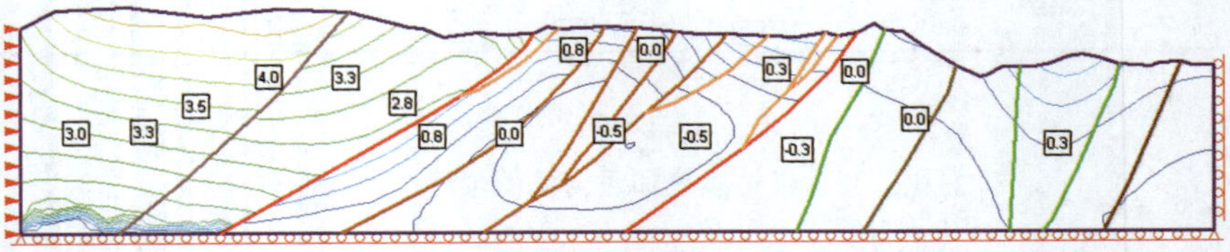

(b)U_y

图 6.34　朗县段水平构造应力作用下的位移等值线图

(2)叠加重力场的计算成果如图 6.35 所示。除雅鲁藏布江缝合带北侧岩体 U_x 为正值外，其余U_x及U_y均为负值，缝合带内部U_y近似为U_x的6～10倍，说明重力影响引起的位移形变作用远大于构造应力。缝合带内部及边界断裂附近岩体位移形变大于南、北两侧岩体，显示缝合带内部岩体在重力场的作用下，极有可能发生沿断裂带的延展式倾滑位移。

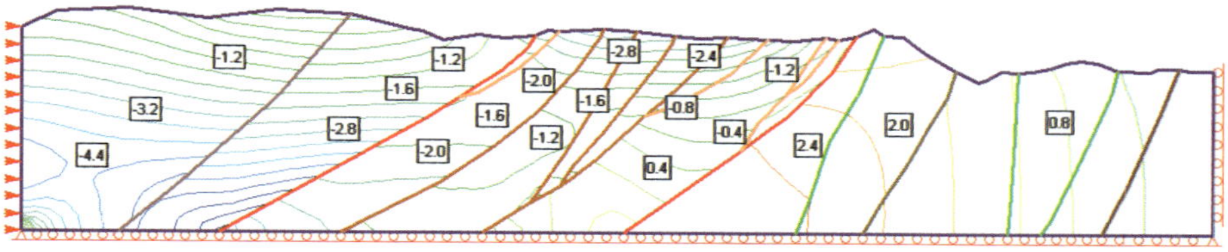

(a)U_x

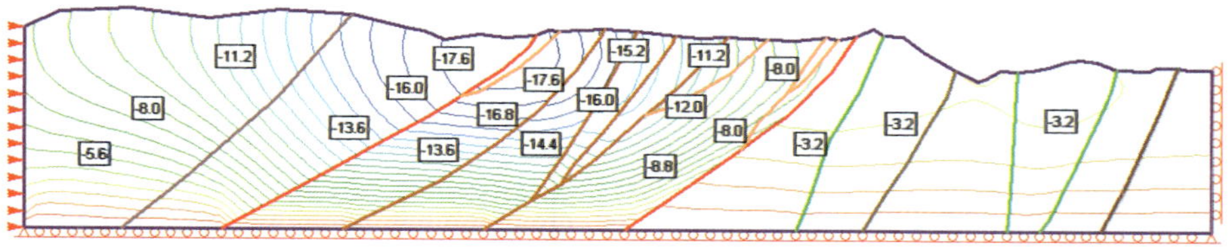

(b)U_y

图6.35　朗县段叠加重力场的位移等值线图

(3)叠加重力场及区域最强地震力的计算成果如图6.36所示。U_x为正值、U_y为负。雅鲁藏布江缝合带南侧岩体U_x约为北侧岩体的3～4倍，缝合带内部岩体U_x稍小于其北侧岩体。U_y呈现从上到下递减的趋势，缝合带北侧岩体U_y大于南侧，显然缝合带对位移变形起到了明显的消减作用。

(a)U_x

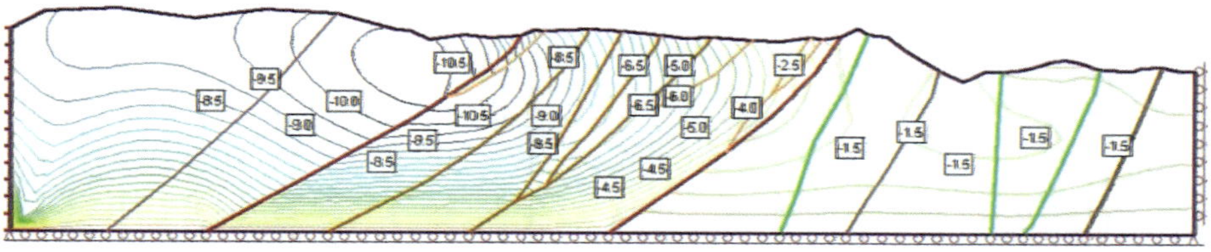

(b)U_y

图6.36　朗县段叠加重力场及地震力的位移等值线图

3. 加查段形变场分布特征

(1)在近水平构造应力作用下的位移如图 6.37 所示。雅鲁藏布江缝合带内部岩体 U_x 为负值，缝合带南侧岩体位移较大、北侧较小，缝合带内部介于两者之间。U_x 从南往北、U_y 随深度有递减趋势，说明缝合带对地壳水平位移起到了明显的消减作用，消减的位移变形主要转为压缩变形和断裂逆推位移。

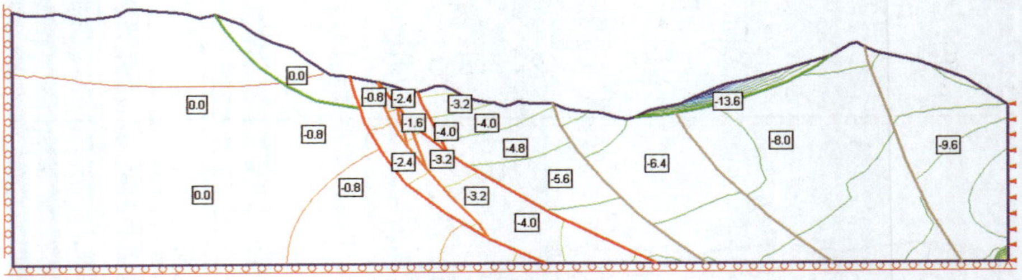

(a)U_x

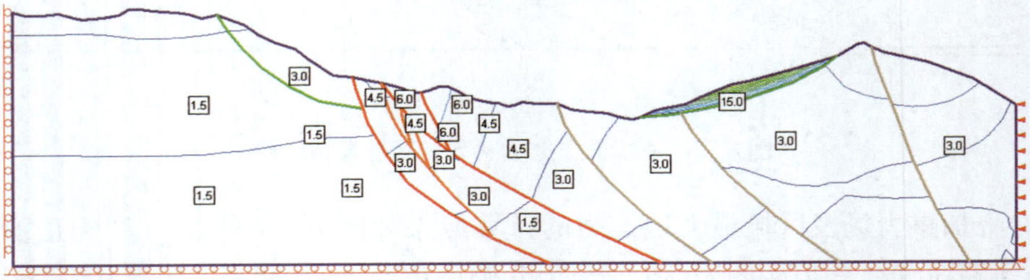

(b)U_y

图 6.37　加查段水平构造应力作用下的位移等值线图

(2)叠加重力场的计算成果如图 6.38 所示。U_x 为正值、U_y 为负值，U_x 从南往北、U_y 随深度有递减趋势，雅鲁藏布江缝合带内部 U_y 约为 U_x 的 2～3 倍。这说明重力影响引起的位移形变作用远大于构造应力，显示缝合带内部岩体在重力场的作用下，极有可能发生沿断裂带的延展式倾滑位移。

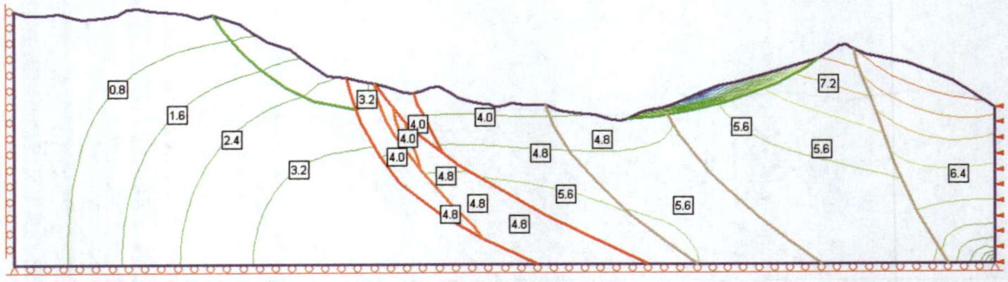

(a)U_x

图　6.38

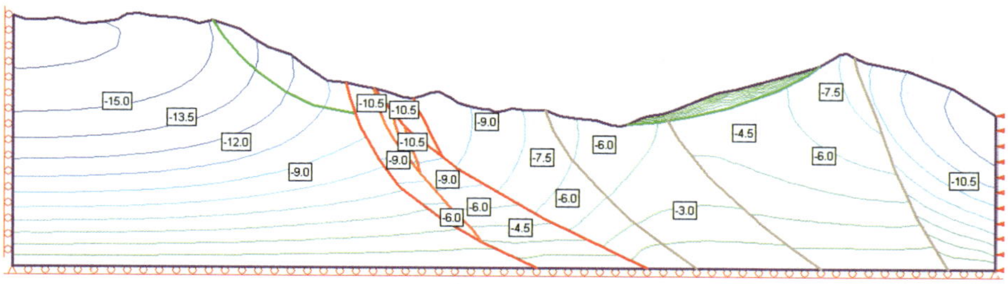

(b)U_y

图 6.38 加查段叠加重力场的位移等值线图

(3)叠加重力场及区域最强地震力的计算成果如图 6.39 所示。U_x 为正值、U_y 为负,U_x 的量值大于 U_y,U_x 从南往北依次减小,缝合带内部岩体 U_x 稍小于其南侧岩体,U_y 呈现随深度递减的趋势,缝合带外部北侧岩体 U_y 大于南侧,显然缝合带对位移变形起到了明显的消减作用。

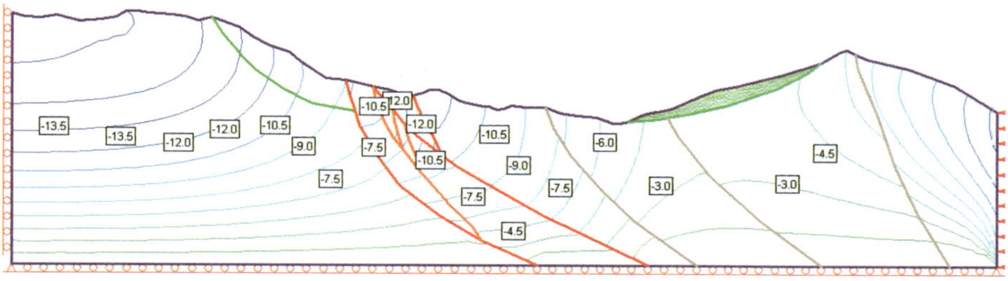

(a)U_x

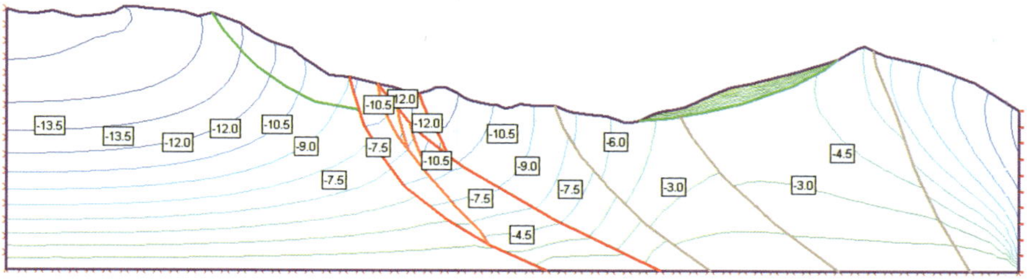

(b)U_y

图 6.39 加查段叠加重力场及地震力的位移等值线图

4. 泽当段形变场分布特征

(1)在水平构造应力作用下的位移如图 6.40 所示。雅鲁藏布江缝合带内 U_x 为负值,缝合带南侧岩体位移较大、北侧较小,缝合带内部介于两者之间。U_x 从南往北、U_y 随深度有递减趋势,说明缝合带对地壳水平位移变形起到了明显的消减作用,消减的位移变形主要转为压缩变形和断裂逆推位移。

(2)叠加重力场的计算成果如图 6.41 所示。U_x 为正值、U_y 为负值,U_x 从南往北、

U_y 随深度有递减趋势，雅鲁藏布江缝合带内部 U_y 约为 U_x 的 5～10 倍。这说明重力影响引起的位移形变作用远大于构造应力，缝合带内部岩体对位移变形起到了一定的消减作用。

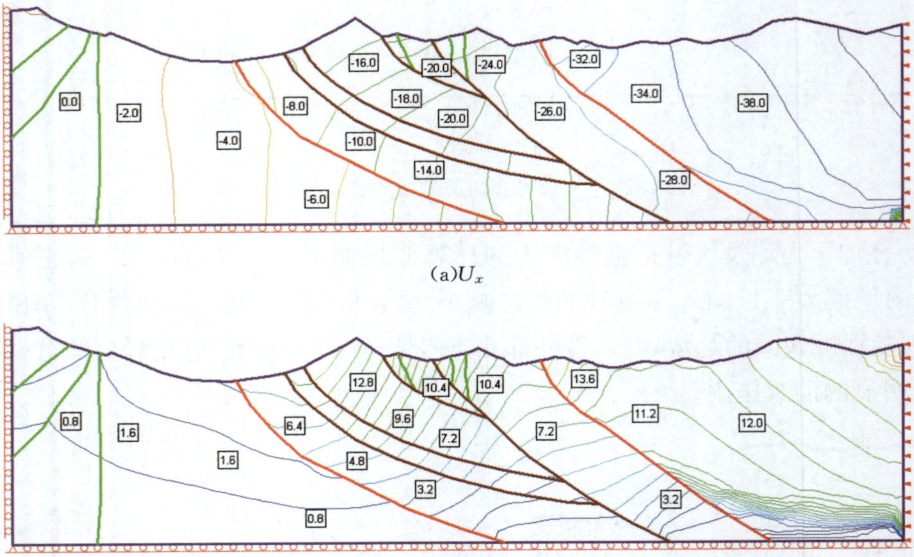

(a)U_x

(b)U_y

图 6.40　泽当段水平构造应力作用下的位移等值线图

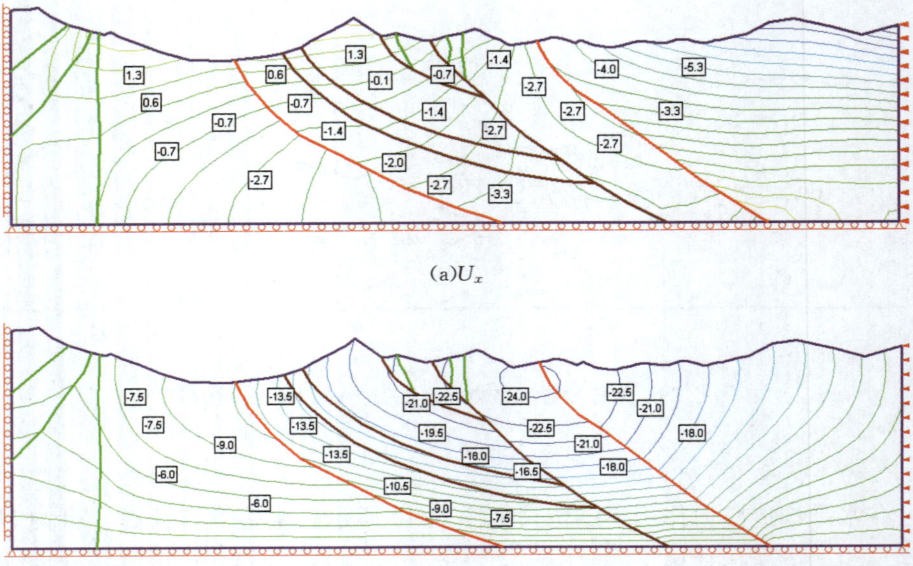

(a)U_x

(b)U_y

图 6.41　泽当段叠加重力场的位移等值线图

(3)叠加重力场及区域最强地震力的计算成果如图 6.42 所示。U_x 为正值、U_y 为负，U_x 的量值约为 U_y 的 4～7 倍，缝合带内部岩体位移形变大于两侧岩体。这说明在重力及地震共同作用下，极有可能发生沿断裂带的延展式倾滑位移。

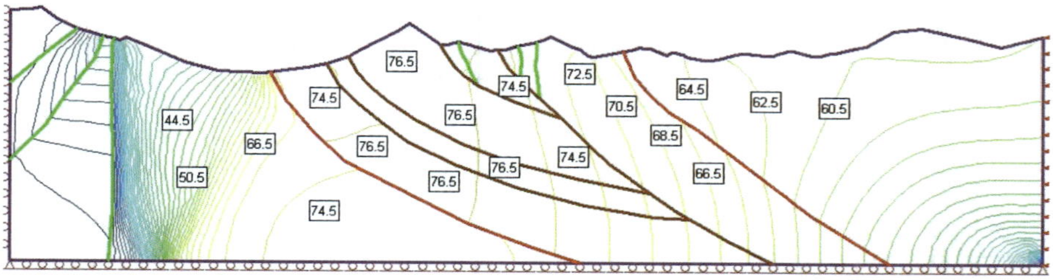

(a)U_x

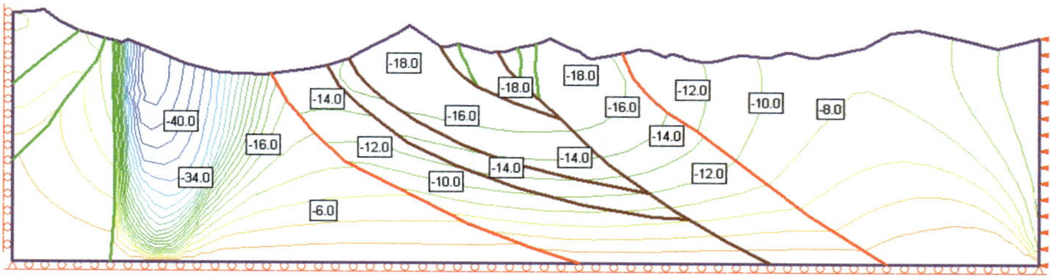

(b)U_y

图 6.42　泽当段叠加重力场及地震力的位移等值线图

7 雅鲁藏布江缝合带对铁路工程的影响

7.1 区域构造稳定性

7.1.1 地壳岩体应力—形变作用的动力学机制

印度洋板块向北北东(NNE)方向的持续推挤,致使青藏高原受到北北东(NNE)向的强烈挤压作用,研究区地壳岩体亦处于北北东(NNE)～南北(SN)向构造应力场的强力挤压状态。由此产生一系列相互关联的动力学效应,如图 7.1 所示。

1. 研究区东部

由于高喜马拉雅地块向北北东方向的强力"挤入—楔劈"作用,导致雅鲁藏布江缝合带向北呈马蹄状突出,形成著名的"东构造结"。与此同时,高喜马拉雅地块内部总体上处于北北东向挤压状态,主要发育逆断型构造,马蹄形缝合带东侧及北端嘉黎—狮泉河断裂(缝合)带产生明显的应力集中现象;东构造结东、西两侧因高喜马拉雅地块的强力挤入的侧压力效应,σ_1 作用方向局部转为近东西向。

2. 研究区西部

在北东(NE)向左旋走滑断裂带(当雄断裂)的两端,出现强烈的纵向拉分作用,形成一系列近南北(SN)向的张性断层。受这种左旋剪切作用的控制,在拉萨以西的当雄—羊八井—康马一带,形成中段以剪切走滑为主,两端以南北(SN)向纵向拉分为主的剪切—拉分带,构成醒目的拉萨—林芝地块西缘剪切—拉分形变边界。在这个特殊的构造部位,地壳岩体的剪切—拉分作用或将累进性持续发展。

3. 研究区中部

地壳主体的拉萨—林芝地块整体向北运移,地块内部发育共轭剪切变形构造。

4. 雅鲁藏布江缝合带

在近南北向的挤压作用下,处于挤压—逆断型构造应力场中,地壳岩体持续发生较强的南北向压缩和纵张变形状态。

上述这些相互关联的动力学效应,统一、客观地反映出在特定的地球动力学环境下,区域地壳岩体应力—形变作用的基本动力学机制,是在南部印度洋板块向北持续推移挤压下,研究区中部完整性较好刚性拉萨—林芝地块,沿东、西剪切滑移切分边界向北整体推移。构成东部滑移边界的"东构造结"东侧雅鲁藏布江缝合带,表现出具有

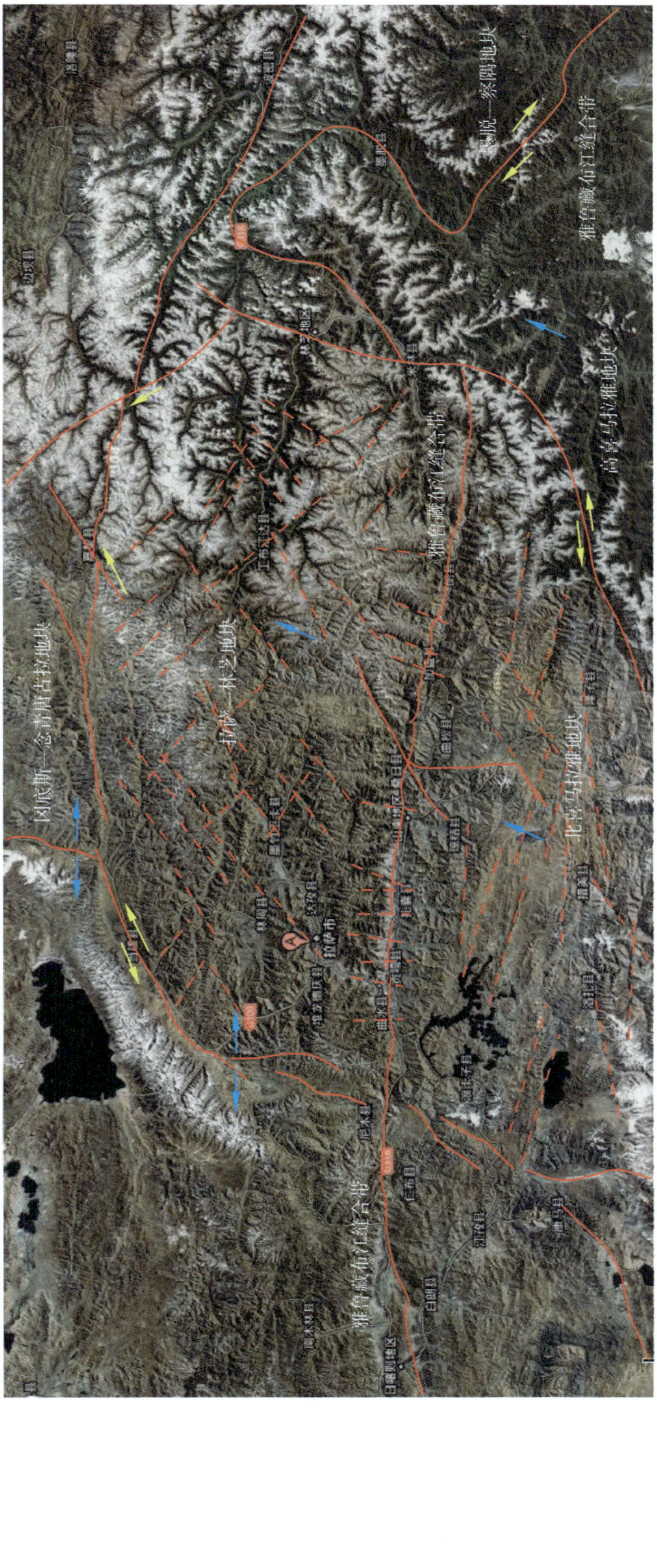

图 7.1 区域新断裂网络与地壳岩体运动

（←地块运动方向 ←断裂错动方向 ——断裂带 - - - 新断裂网络）

较强压性特征右旋走滑性质;西部以当雄断裂为主体的滑移边界构造,则显示出极为强烈的左旋剪切—拉分性质。这两条滑移控制边界,历史上均发生过大于 $M=8.0$ 级强烈地震。

7.1.2 地壳岩体应力集中

区域地震分布特征及地壳岩体应力—形变场数值模拟分析成果表明,受区域地块运移和断裂带差异性剪切活动的控制,地壳岩体应力集中现象主要发生在南部比松—夺丁断裂南西段、北东部嘉黎—波密、南东部墨脱—察隅地区、拉萨以西的当雄地区以及雅鲁藏布江缝合带中段泽当—桑日附近等五个特定部位,如图 7.2 所示。

根据区域构造应力场背景值,结合各应力集中区最大主应力值,引入应力集中指数来定量评价各区的应力集中程度,见表 7.1。

表 7.1 地壳岩体应力集中指数

应力集中区	最大主应力背景值 σ_0(MPa)	最大值 σ_1 (MPa)	应力集中指数 $K=\frac{\sigma_1-\sigma_0}{\sigma_0}$	最大震级 M
北东部嘉黎—波密	5.0	31.87	5.37	7.0
南东部墨脱—察隅地区	3.0	40.47	12.49	8.5
南部比松—夺丁断裂南西段	5.0	34.72	5.94	7.5
西部当雄—羊八井—康马	3.0	26.27	7.76	8.0

7.1.3 区域构造应力场的现今特征

1. 基本资料及数据

1)断裂新活动性反映的构造应力场

研究区主要发育北东、北西、北北东(近南北向)及东西向 4 组断裂构造(图 2.8)。其中,北东及北西向断裂表现为左旋及右旋位错,北北东向(近南北向)断裂发生张性正断变形,近东西向断裂构造则表现为明显的压性变形。这种特定的断裂体系和力学属性表明,区域构造应力场以北北东～南北向近水平挤压为主。

2)地应力测量

根据研究试验资料,羊八井、拉萨、曲水及康马等地区现今地应力测量数据见表 7.2。

3)震源机制解

震源机制解成果(图 7.3 和表 7.3)显示,区域构造应力形变场具有如下基本特征:

(1)现代构造应力场最大主压应力轴(P 轴)近水平,作用方位为近南北～北北东;最小主压应力轴(T 轴)近于垂直。

图 7.2 区域地壳岩体应力集中区

表 7.2　区域地应力测量值数据

测　　点	测量深度(m)	最大水平主应力 σ_1(MPa)	最小水平主应力 σ_3(MPa)	σ_1方向	测量时间
羊八井	13	10.4	8.4	N70°E	2001 年 1 月
	12	5.7	2.8	N 81°E	2001 年 1 月
	12	6.6	4.6	N 45°E	2001 年 1 月
	11	3.3	2.5	N 45°E	2001 年 1 月
拉萨	18	4.0	2.6	N38°W	2003 年
曲水	12	2.3	2.0	N17°W	2003 年 1 月
康马	13	5.2	4.4	N49°W	2003 年 1 月

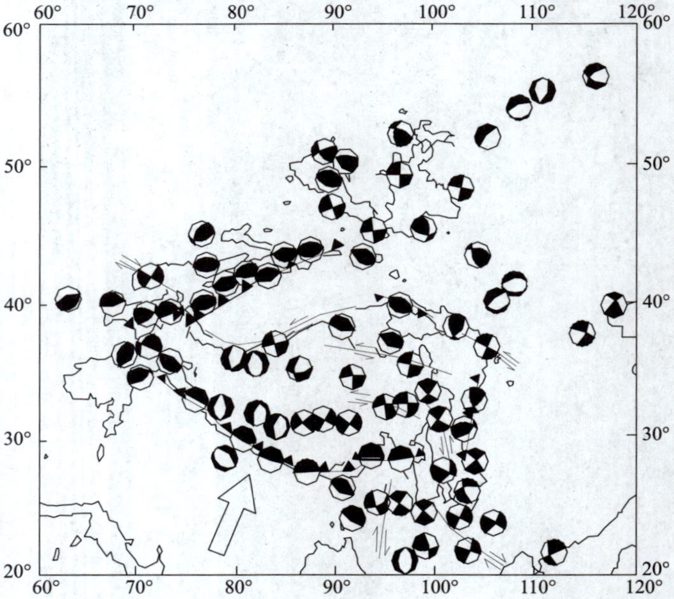

图 7.3　青藏高原地区震源机制解(据 Philip England)

表 7.3　区域震源机制断层面解

震源信息	机制解	震源信息	机制解
2008 年 10 月 8 日;M_S=5.5;拉萨堆龙德庆东 12 km	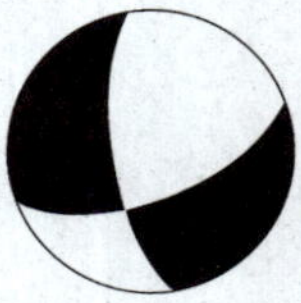	2008 年 10 月 6 日;M_S=6.3;拉萨市当雄西北 13 km	
29.76° N、90.57° E;震源深度 14.7 km		29.66° N、90.50° E;震源深度 12.0 km	
断面:走向 69°;倾角 62°;滑动方向 −25°		断面:走向 44°;倾角 48°;滑动方向 −55°	
断面:走向 171°;倾角 68°;滑动方向 −150°		断面:走向 178°;倾角 53°;滑动方向 −122°	
P 轴:方位角 299°,倾角 4°		*P* 轴:方位角 291°,倾角 3°	
N 轴:方位角 204°,倾角 53°		*N* 轴:方位角 199°,倾角 25°	
T 轴:方位角 32°,倾角 37°		*T* 轴:方位角 26°,倾角 65°	

续上表

震源信息	机制解	震源信息	机制解
2005 年 6 月 1 日；M_S=5.7；米林县东南	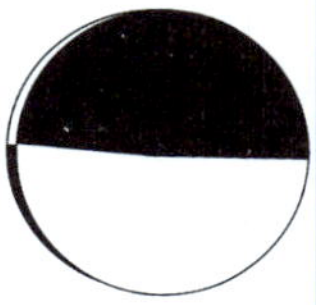	2004 年 9 月 27 日；M_S=5.1；林芝地区波密县东 10 km	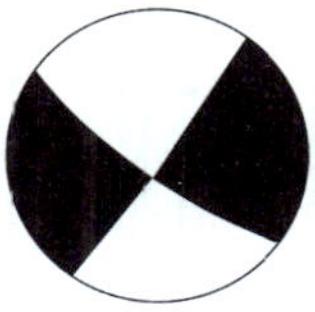
28.81° N、94.72° E；震源深度 19.0 km；		29.78° N、95.70° E；震源深度 31.0 km；	
断面：走向 209°；倾角 6°；滑动方向 26°		断面：走向 126°；倾角 79°；滑动方向 −176°	
断面：走向 93°；倾角 87°；滑动方向 95°		断面：走向 35°；倾角 86°；滑动方向 −11°	
P 轴：方位角 8°，倾角 47°		*P* 轴：方位角 81°，倾角 5°	
N 轴：方位角 273°，倾角 5°		*N* 轴：方位角 194°，倾角 78°	
T 轴：方位角 178°，倾角 42°		*T* 轴：方位角 350°，倾角 11°	
2003 年 8 月 18 日；M_S=5.3；墨脱以东约 40 km	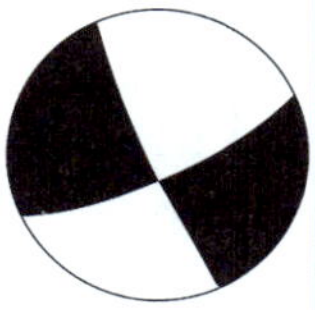	2000 年 1 月 26 日，M_S=5.0；昌都地区洛隆东 1.9 km	
29.26° N、95.91° E；震源深度 33.0 km		30.79° N、95.72° E；震源深度 33.0 km	
断面：走向 65°；倾角 77°；滑动方向 −6°		断面：走向 95°；倾角 70°；滑动方向 11°	
断面：走向 156°；倾角 84°；滑动方向 −167°		断面：走向 1°；倾角 80°；滑动方向 160°	
P 轴：方位角 290°，倾角 5°		*P* 轴：方位角 317°，倾角 21°	
N 轴：方位角 179°，倾角 75°		*N* 轴：方位角 156°，倾角 67°	
T 轴：方位角 21°，倾角 14°		*T* 轴：方位角 49°，倾角 7°	
1993 年 1 月 18 日；M_S=5.7；羊八井镇北西 30 km		1992 年 7 月 30 日；M_S=5.8；拉萨市尼木南 16 km	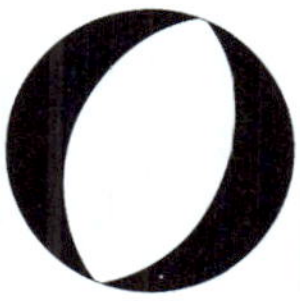
30.34° N、90.28° E；震源深度 15.0 km		29.46° N、90.30° E；震源深度 15.0 km	
断面：走向 25°；倾角 48°；滑动方向 −57°		断面：走向 10°；倾角 42°；滑动方向 −94°	
断面：走向 161°；倾角 51°；滑动方向 −121°		断面：走向 196°；倾角 49°；滑动方向 −86°	
P 轴：方位角 272°，倾角 2°		*P* 轴：方位角 283°，倾角 3°	
N 轴：方位角 181°，倾角 23°		*N* 轴：方位角 13°，倾角 3°	
T 轴：方位角 7°，倾角 66°		*T* 轴：方位角 141°，倾角 86°	
1989 年 4 月 9 日；M_S=4.6；康马县北东 30 km	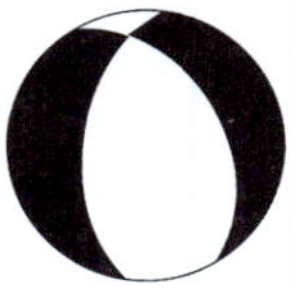	1989 年 2 月 3 日；M_S=5.2；拉萨市当雄北 18 km	
28.74° N、89.94° E；震源深度 15.0 km		29.74° N、90.13° E；震源深度 15.0 km	
断面：走向 330°；倾角 43°；滑动方向 −119°		断面：走向 221°；倾角 77°；滑动方向 −9°	
断面：走向 187°；倾角 53°；滑动方向 −65°		断面：走向 313°；倾角 82°；滑动方向 −166°	
P 轴：方位角 260°，倾角 5°		*P* 轴：方位角 87°，倾角 3°	
N 轴：方位角 352°，倾角 19°		*N* 轴：方位角 345°，倾角 74°	
T 轴：方位角 155°，倾角 70°		*T* 轴：方位角 178°，倾角 16°	

续上表

震源信息	机制解	震源信息	机制解
1988 年 1 月 25 日；M_S＝5.0；林芝北 18 km 29.80° N、94.87° E；震源深度 33.0 km 断面：走向 37°；倾角 69°；滑动方向 159° 断面：走向 135°；倾角 71°；滑动方向 23° *P* 轴：方位角 356°，倾角 29° *N* 轴：方位角 173°，倾角 61° *T* 轴：方位角 265°，倾角 1°		1987 年 9 月 25 日；M_S＝4.9；拉萨市尼木南 17 km 29.47° N、90.34° E；震源深度 15.0 km 断面：走向 201°；倾角 45°；滑动方向－90° 断面：走向 21°；倾角 45°；滑动方向－90° *P* 轴：方位角 111°，倾角 0° *N* 轴：方位角 21°，倾角 0° *T* 轴：方位角 180°，倾角 90°	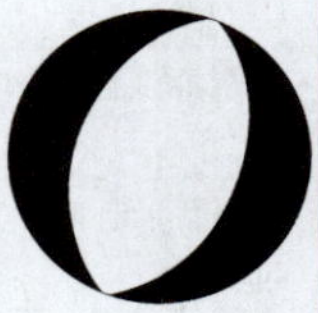
1985 年 8 月 1 日；M_S＝5.2；墨脱县西南 20 km 29.24° N、95.53° E；震源深度 40.0 km； 断面：走向 176°；倾角 15°；滑动方向 153° 断面：走向 292°；倾角 83°；滑动方向 76° *P* 轴：方位角 187°，倾角 50° *N* 轴：方位角 294°，倾角 14° *T* 轴：方位角 34°，倾角 37°	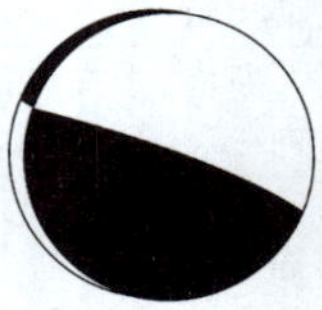	1982 年 1 月 22 日；M_S＝5.3；仁错约玛附近 30.87° N、89.79° E；震源深度 10.0 km 断面：走向 139°；倾角 36°；滑动方向－132° 断面：走向 7°；倾角 64°；滑动方向－64° *P* 轴：方位角 87°，倾角 15° *N* 轴：方位角 174°，倾角 23° *T* 轴：方位角 318°，倾角 62°	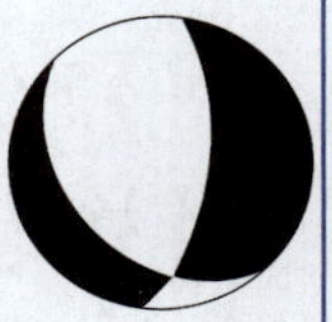
1980 年 2 月 22 日；M_S＝6.2；塔尔玛乡东 5.5 km 30.69°N、89.16°E；深度 10.0 km 断面：走向 7°；倾角 39°；滑动方向－84° 断面：走向 180°；倾角 51°；滑动方向－95° *P* 轴：方位角 273°，倾角 6° *N* 轴：方位角 183°，倾角 4° *T* 轴：方位角 62°，倾角 83°			

（2）这种 *P* 轴水平、*T* 轴变化的现代构造应力场特征，决定了发生地震的断层性质的多样性，包括逆冲、正断和走滑等不同性质；同时控制着断层运动性质（表 7.4）。

表 7.4　现代构造应力场作用下的断层错动形式

构造应力场特征			不同走向活动性断层的力学性质	
应力轴	方位	倾角	断层走向	运动性质
P 轴	NNE～近 SN	近水平	NNE 和 NE	左旋走滑—正断
T 轴	近 EW	近水平、近垂直	NWW	右旋走滑
N 轴			近 EW	逆冲

(3)震源机制解在区域不同位置上均具有两组优势节面。北部为北北东和北西西向，与这两组优势节面走向一致的断裂易发生走滑兼正断型地震；南部是近东西和近南北向，易发生逆冲型和正断兼走滑型地震。

高喜马拉雅构造带现代构造应力场为北东向的挤压应力；在东构造结突出部的构造应力场方向转化为东西向，如图 7.4 所示。

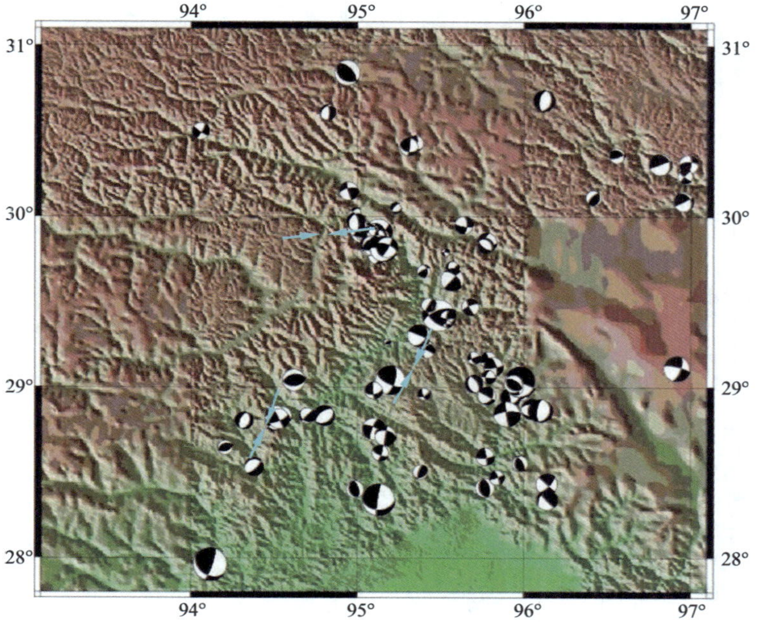

图 7.4　东部高喜马拉雅地区域震源机制解图示

2. 地壳构造应力场的现今特征

1)区域最大主应力 σ_1

受印度洋板块向北强力推挤碰撞作用的控制，青藏高原东南部地壳岩体承受着强烈的近南北向挤压作用，最大主应力 σ_1 作用的基本特征(图 7.5)主要为：

(1)区域最大主应力 σ_1 作用方向总体上为北北东向。

(2)受区域地壳运动形式和深大断裂的影响，主应力作用方向在不同区段有所不同。区域南部受印度洋板块向北推及作用控制，最大主应力以近南北向为主；东部由于高喜马拉雅地块(东构造结)向北北东方向的强力楔劈挤入所产生的侧向挤压作用，其端部东、西两侧 σ_1 作用方向局部转为近东西向。

(3)研究区北东部波密一带，受右旋走滑的甲贡—龙布断裂和狮泉河—嘉黎—易贡湖断裂带控制，最大主应力方向转变为东西向。

2)地壳岩体三向应力状态的分区性

总体上，区域现今构造应力场以近南北向的压应力为主，东西张应力为辅。通过

图 7.5　区域构造应力场（震源机制解）与地块位移方向

断裂最新活动特征、震源机制解所反映的震源应力状态、地应力测量、新断裂网络遥感解译及其数值模拟等方面的分析，发现区域地壳岩体的三向应力状态具有明显的分区特征。

(1)南部北喜马拉雅构造带受强大的近南北向挤压作用，发育一系列近东西走向的压性逆断层，地壳岩体的三向应力状态为“潜在逆断型”。

(2)中部拉萨—林芝地块内部，新断裂网络由北东及北西向两组共轭剪切破裂构成，显示出该区域三向应力状态为 σ_1 近南北向作用的“潜在走滑型”。

(3)东部高喜马拉雅地块(东构造结)的南部，受北北东向的现代构造应力场控制，发育北西、北东向的兼具走滑性质的逆冲断层，地壳岩体的三向应力状态为走滑—逆断型；北部地块向北突出区域，现代构造应力场局部转变为近东西向的侧向挤压作用，发育兼具左旋或右旋走滑性质的逆断层，地壳岩体的三向应力状态为“潜在走滑—逆断层”。

(4)西部当雄—羊八井—康马一带，北东走向的断裂活动表现出强烈的左旋走滑性质，其北东及南西两端近南北向的次级张性断裂极为发育，震源机制解资料所反映震源应力状态亦与此吻合。显然，该地区地应力状态处于“张—剪型”走滑—拉分状态。

(5)近东西向展布的雅鲁藏布江缝合带西段(夺松—比丁断层错位段以西)，处于北北东向强烈挤压状态，沿缝合带主要发育近南北向张性破裂。这或许显示缝合带处于较为强烈的正面受压挤密状态。

7.1.4 雅鲁藏布江缝合带的断裂活动性特征

就区域范畴而言，雅鲁藏布江缝合带“拉萨—林芝”段总体上处于相对较弱的活动状态。该区段的活动性断裂主要是切错缝合带的几条近南北向断层。

1. 雅鲁藏布江缝合带边界断裂

雅鲁藏布江缝合带由一系列构造岩片构成。这些近东西向展布的构造岩片遭受近南北向构造应力的强力挤压作用，相互紧密嵌合成一条巨大的构造结合体，其嵌合形成时期主要在中三叠世(T_2)至早白垩世(K_1)，现已基本上“焊接”愈合，总体上不具明显的新活动性。应注意的是，缝合带南、北边界主断裂的局部区段表现出一定的活动性。

1)北边界断裂

雅鲁藏布江缝合带北边界断裂在米林西侧被夺松—比丁延展型走滑断裂左旋位错分为东西两段。

东段米林—雅鲁藏布江大峡谷段表现出明显的活动性。主要表现为沿断裂带第四纪覆盖层内发育褶皱、断层，且地震活动频繁，地热异常等。断层泥测年数据为距今约 12 万 a(图 7.6)。

图 7.6　雅鲁藏布江缝合带北界断裂东段断层泥测年

（据中国地震局物理研究所）

西段晚第四系以来活动性相对较弱，断裂扰动三级阶地砾石层（图 7.7），推测活动时间为中更新世～晚更新世早期。

图 7.7　雅鲁藏布江缝合带北界断裂错动三级阶地砾石层

2）南边界断裂

雅鲁藏布江缝合带南边界断裂实际上也是其南侧喜马拉雅地震带的北边界构造。根据现场地质调查，断裂带结构松软，广泛发育较厚的软塑状断层泥，如图 7.8 所示。断裂带控制现代地貌及水系发育，沿断裂带温泉出露、地震活动频繁，总体上表现出全新世断裂的形貌特征。

图 7.8 雅鲁藏布江缝合带南边界断裂的松软结构特征

2. 雅鲁藏布江河谷的活动性断裂构造

沿雅鲁藏布江缝合带发育夺松—比丁断裂、里龙断裂和沃卡—错那断裂等 3 条主要的活动断裂。

1)夺松—比丁断裂

夺松—比丁断裂为一延展型走滑断裂,走向近南北,南段弯曲呈北东向,韧性剪切破碎带发育,碎裂化糜棱岩、构造角砾岩及断层擦痕断续可见。断裂面倾向西,倾角 45°~60°,主要表现为左旋走滑兼正断层特征,左旋切错雅鲁藏布江缝合带东段(图 7.9),错距约 23 km。在米林南伊村附近,断裂正断扰动洪积粉砂及卵砾石层(图 7.10),推测为全新世活动断裂。

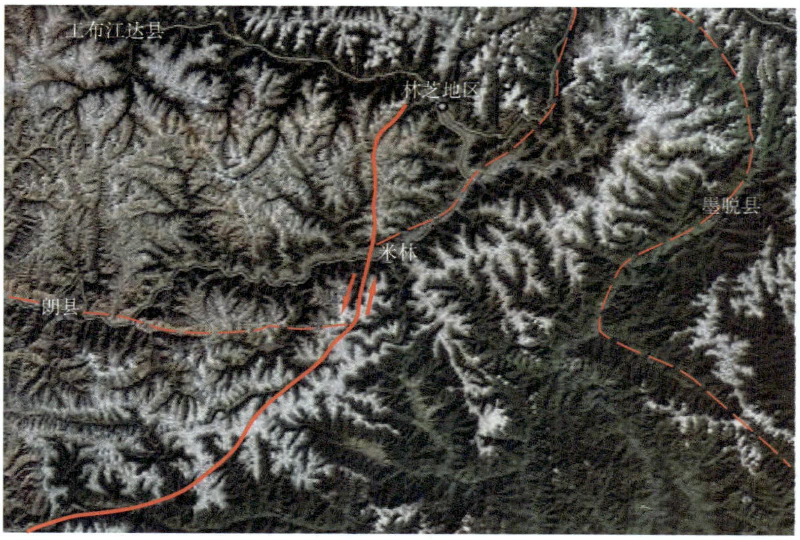

图 7.9 夺松—比丁断裂左旋切错雅鲁藏布江缝合带

夺松—比丁断裂早期的韧性剪切变形明显，韧性剪切变形带宽约 15 m，碎裂化糜棱岩发育，在糜棱岩基础上后期发育有宽 20～30 cm 的同方向脆性断裂破碎带，破碎带内断层泥和断层角砾基本上未固结，如图 7.11 所示，反映出较新的断层活动。

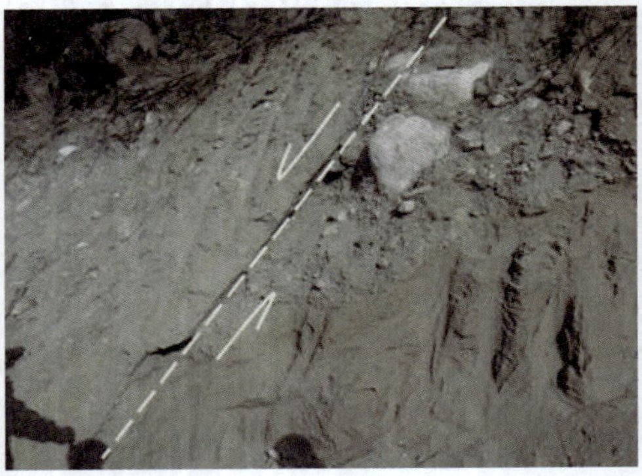

图 7.10　米林南伊沟断裂正断错动洪积层（粉砂、卵砾石）

图 7.11　断层脆性破碎带

2)里龙断裂

里龙断裂发育于米林西约 35 km 处的里龙乡，断裂西侧主要构造走向为近东西向，东侧构造线走向转为北东方向。该断裂起自喜马拉雅山南坡，切错分水岭，向北北东方向延伸，在里龙乡西侧附近切过雅鲁藏布江后继续向北延伸。

里龙镇西侧公路边，断层发育于晚更新世的雅鲁藏布江河流阶地的冲洪积砾石～湖积粉土层中，破碎带可见宽度近 30 m，砾石～粉土层被掀斜、褶皱和断错而极不连续，标志层的错动显示为逆冲断层，如图 7.12 和图 7.13 所示。

图 7.12　里龙断裂错动晚更新世冲洪积砾石层、粉土层

在里龙沟口晚更新世晚期Ⅱ级阶地冲积层[ESR 年龄为(3.2±0.3)万 a]遭受强烈扰动变形、褶皱，清晰可见地震楔、震积岩(图 7.14)等现代地震活动遗迹。该处第四纪断层测年为(1.8±0.2)万 a(ESR)，沿断裂带地震活动强烈，1947 年朗县东南 7.7 级地震与该断裂带的活动有关，为全新世活动断层。

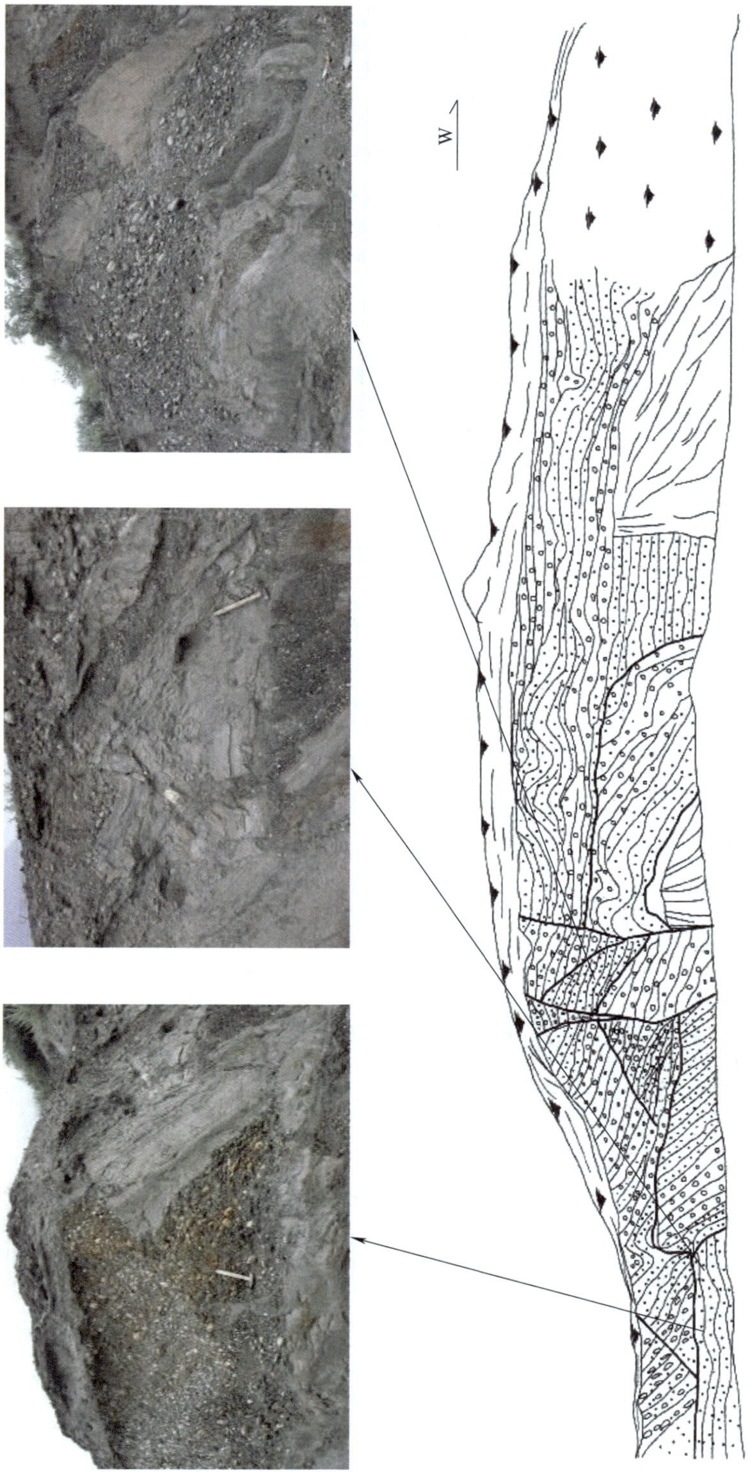

图 7.13 里龙西侧地震断层(据中国地震局物理研究所)

(照片:左—标志层的错动显示逆冲性质;中—挤压引起的褶皱;右—被填隙的地裂缝)

图 7.14　里龙沟第四系活动断层构造现象

3)沃卡—错那断裂

沃卡—错那断裂始于沃卡以北，向南切过雅鲁藏布江河谷及缝合带，断续延伸至错那一带，长约 220 km，宽 30～40 km，是一条由一系列北北东、北北西和近南北向断层组成的近南北向断裂体系。

断裂带控制水系、湖盆和地堑、半地堑式断陷盆地。主要断陷盆地有邱多江断陷盆地、马如断陷盆地、拿日雍错断陷盆地、哲古错断陷盆地及曲松盆地等。

断裂带构造变形强烈，断层岩破碎、松散，断层泥发育。在沃卡增期乡可见Ⅲ级阶地(上更新统)被断错的现象(图 7.15)。沿断陷带两侧边界断裂有较强烈的地热和地震活动。如 1915 年 12 月 3 日沃卡 7 级地震发生在该断裂带与雅鲁藏布江断裂带的交汇处附近，沿断裂带温泉呈线性分布，显然，该断裂带为一条全新世活动断裂带。

图 7.15　增期沟错断晚更新世Ⅲ级阶地的第四纪断层(据成都勘测设计研究院)

7.2 区域地质建造对区域工程地质条件的形成与发展影响

印度洋板块—欧亚板块碰撞是新生代地球上最为壮观的重大地质事件。这一事件导致区域地貌、地质环境以及地壳深部结构都发生了显著变化，同时也必然对区域工程地质条件的形成与发展产生重大影响。

拉萨—林芝段铁路工程区所在的雅鲁藏布江下游区域，恰处于冈瓦纳古陆（古印度洋板块）北缘喜马拉雅造山带与劳亚古陆（古欧亚板块）南缘冈底斯—念青唐古拉微陆块相接触的板块缝合带（雅鲁藏布江缝合带）特殊部位，区域地质建造及构造变动对区域工程地质条件的影响，主要体现在区域工程地质条件的分区性和工程地质问题的差异性等两个方面。根据工程地质条件的明显差异，可将研究区分为雅鲁藏布江嵌合构造岩片侵蚀谷地区、拉萨—林芝块状岩构造剥蚀高原区、北喜马拉雅构造剥蚀山原区和高喜马拉雅深变质结晶岩构造剥蚀高山区等四个工程地质分区（图 7.16），各分区地质建造存在极大的差异（表 7.5）。

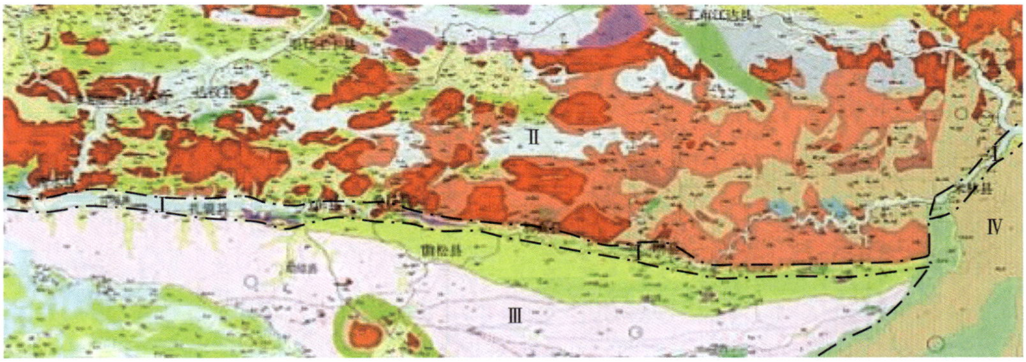

图 7.16 区域工程地质分区图

Ⅰ—雅鲁藏布江嵌合构造岩片侵蚀谷地区；Ⅱ—拉萨—林芝块状岩构造剥蚀高原区；
Ⅲ—北喜马拉雅构造剥蚀山原区；Ⅳ—高喜马拉雅深变质结晶岩构造剥蚀高山区

表 7.5 区域工程地质分区表

工程地质分区	工程地质条件				主要工程地质问题
	地形地貌	岩性	地质构造	不良地质现象	
雅鲁藏布江嵌合构造岩片侵蚀谷地区（Ⅰ）	侵蚀河谷	构造混杂岩（板岩、石英砂岩、结晶灰岩、基性岩）；蛇绿构造混杂岩（蛇纹石化橄辉岩、蛇纹直闪石片岩、蛇纹石化滑石橄榄辉石岩）；第四系（冲洪积、冰水堆积、湖积、风积）	地壳缝合带、构造岩片紧密镶嵌，南、北边界为岩石圈断裂	古滑坡、泥石流	高地应力、深厚覆盖层、南边界断裂的活动性

续上表

工程地质分区	工程地质条件				主要工程地质问题
	地形地貌	岩　性	地质构造	不良地质现象	
拉萨—林芝块状岩构造剥蚀高原区（Ⅱ）	剥蚀高原	花岗岩类、花岗质片麻岩类、石英岩类及复理石建造	地壳岩体的完整性相对较好。NE及NW向小断裂较发育	泥石流	洪水泥石流、花岗岩体的强风化问题
北喜马拉雅构造剥蚀山原区（Ⅲ）	剥蚀山原	片麻岩、结晶片岩、糜棱岩化片岩、绿泥绿帘片岩、变质岩屑石英砂岩、炭质绢云板岩、硅质岩、石英安山岩、玄武岩、凝灰岩	岩层强烈揉皱变形，压扭性断裂极为发育	滑坡、泥石流	易滑岩体的斜坡稳定性、洪水及融雪泥石流、岩体大变形问题
高喜马拉雅深变质结晶岩构造剥蚀高山区（Ⅳ）	剥蚀高山	斜长（角闪、蓝晶石）片麻岩、变粒岩、角闪（片）岩、中～基性片岩、石英岩	地壳深变质结晶基底	融雪泥石流	高陡斜坡岩体稳定性、高地应力、融雪泥石流

1. 雅鲁藏布江嵌合构造岩片侵蚀谷地区（Ⅰ）

雅鲁藏布江嵌合构造岩片侵蚀谷地区（Ⅰ）包括受板块缝合带控制的雅鲁藏布江河谷地区。

雅鲁藏布江缝合带作为印度洋板块与冈底斯板块或欧亚板块之间的规模巨大的板块缝合带，是一条较为复杂的构造带，具有一套复杂的构造—建造组合。地形地貌呈现出规模宏大的侵蚀河谷，地层岩石建造主要包括片岩、板岩、石英砂岩、结晶灰岩、基性岩及超基性岩（图 7.17），构造组合具有十分紧密的构造岩片嵌合特征。

主要的工程地质问题是高地应力、南边界断裂的活动性以及与河谷深厚覆盖层相关的问题。

图　7.17

图 7.17 雅鲁藏布江区（Ⅰ）的嵌合构造岩片（片岩、板岩、石英砂岩、结晶灰岩、基性岩）

2. 拉萨—林芝块状岩构造剥蚀高原区（Ⅱ）

拉萨—林芝块状岩构造剥蚀高原区（Ⅱ）包括雅鲁藏布江缝合带以北的广袤高原地域。地形地貌特征为构造剥蚀高原，地层岩石建造以块状花岗岩类花岗岩、花岗片麻岩、石英板岩（图 7.18）等为主，地质构造主要为北东及北西向较小规模断裂，褶皱不甚发育，地壳岩体的完整性相对较好，表现出较为明显的相对刚性特征。主要的工程地质问题是洪水泥石流、花岗岩体的深风化问题。

图 7.18 拉萨-林芝区（Ⅱ）块状岩浆岩（花岗岩、花岗片麻岩、石英板岩）

3. 北喜马拉雅构造剥蚀山原区(Ⅲ)

北喜马拉雅构造剥蚀山原区(Ⅲ)包括雅鲁藏布江缝合带以南雄伟的喜马拉雅山北麓广阔的山原地域。区内地层岩石建造以片麻岩、结晶片岩、糜棱岩化片岩、绿泥绿帘片岩、变质岩屑石英砂岩及炭质绢云板岩等变质岩系为主,褶皱及断裂十分复杂(图 7.19),地壳岩体表现出极为突出的柔性(塑性)特征。

图 7.19　北喜马拉雅区(Ⅲ)变质岩、揉皱、断裂

受特殊的地质建造制约,一方面由易滑地层构成的斜坡及工程边坡,将面临极为严重的岩体稳定问题;另一方面,由于地壳岩体的塑性特征所致,隧道及涵洞等地下工程亦将面临突出的大变形问题。此外,该分区内的洪水及融雪泥石流问题也是不可忽视的严重问题。

4. 高喜马拉雅深变质结晶岩构造剥蚀高山区(Ⅳ)

高喜马拉雅深变质结晶岩构造剥蚀高山区(Ⅳ)包括雅鲁藏布江缝合带东段南侧南迦巴瓦地区。该区呈现出地形高差极大的典型构造剥蚀高山地貌,地层岩石建造为以含蓝晶石斜长、角闪片麻岩类和变粒岩、角闪(片)岩等为主的深变质结晶岩系(南迦巴瓦岩群,图 7.20),构成著名的南迦巴瓦构造结。高喜马拉雅基底逆冲结晶岩带是由一系列向北缓倾的大型韧性推覆剪切带、主中央冲断裂和主边界冲断裂等一系列新生代逆冲断裂组成的一个巨型陆壳逆冲叠覆岩片体。

由于该区处于印度洋板块向欧亚板块推挤前端南迦巴瓦构造结这一特殊的地质环境，一方面持续的板块推力致使地壳岩体承受强力的挤压作用，高地应力问题十分突出；另一方面，高海拔和巨大的地形高差使得区内的融雪及洪水泥石流灾害十分严重。

图 7.20　高喜马拉雅区（Ⅳ）深变质结晶岩（南迦巴瓦群）

参考文献

[1] 西藏自治区地质矿产局．西藏自治区岩石地层[M]．北京：中国地质大学出版社，1997.

[2] 西藏自治区地质矿产局．西藏自治区区域地质志[M]．北京：地质出版社，1993.

[3] 郝子文．西南地区区域地层[M]．北京：中国地质大学出版社，1999.

[4] 四川省地质矿产局．四川省岩石地层[M]．北京：中国地质大学出版社，1997.

[5] 伍纯昊，崔鹏，李渝生，等．青藏高原东缘活动断裂带地壳岩体构造损伤特征与模式讨论[J]．工程地质学报，2021，29(2)：289-306.

[6] 徐新学，陈宇坤，高武平，等．基于大地电磁测深的藏南雅鲁藏布江缝合带电性结构研究[J]．地震学报，2020，42(4)：406-418，509.

[7] 张鑫全，王金贵，张振利，等．对雅鲁藏布江缝合带嘎学组和泽当组的新认识[J]．中国地质调查，2020，7(2)：72-80.

[8] 王瑞琪，王学良，刘海洋，等．基于精细 DEM 的崩塌滑坡灾害识别及主控因素分析：以雅鲁藏布江缝合带加查—朗县段为例[J]．工程地质学报，2019，27(5)：1146-1152.

[9] 李彦宝，陈立春，王虎，等．雅鲁藏布江断裂带昂仁段晚第四纪活动证据[J]．地震地质，2019，41(5)：1091-1104.

[10] 辛聪聪．基于 DEM 雅鲁藏布江东构造结河谷地貌及其地质环境效应研究[D]．成都：成都理工大学，2019.

[11] 严健，何川，汪波，等．雅鲁藏布江缝合带深埋长大隧道群岩爆孕育及特征[J]．岩石力学与工程学报，2019，38(4)：769-781.

[12] 张敏，张广泽，蒋良文，等．川藏铁路雅鲁藏布江缝合带地质选线研究[J]．资源信息与工程，2019，34(1)：164-166.

[13] 杨文采，瞿辰，任浩然，等．青藏高原地壳地震纵波速度的层析成像[J]．地质论评，2019，65(1)：2-14.

[14] 欧小强，肖丙辰，刘志强，等．拉林铁路板块缝合带岩爆隧道数值计算分析[J]．高速铁路技术，2018(增刊)：38-44.

[15] 郭纪盛．浅谈雅鲁藏布江流域地震分布特征及区域稳定性[J]．科技与创新，2018(15)：44-46，51.

[16] 赵慧．西藏雅鲁藏布江缝合带西段错不扎蛇绿岩中铬铁矿成因[D]．北京：中国地质大学(北京)，2018.

[17] 程晨，夏斌，郑浩，等．西藏雅鲁藏布江缝合带西段达巴蛇绿岩年代学、地球化学特征及其构造意义[J]．地球科学，2018，43(4)：975-990.

[18] 王庆武，巨能攀，杜玲丽，等．拉林铁路桑日至加查段三维地应力场反演分析[J]．岩土力学，2018，39(4)：1450-1462.

[19] 刘凯，李渝生，蒋良文，等．川藏铁路昌都—然乌段班公湖—怒江结合带的工程效应研究[J]．科学技术与工程，2018，18(2)：42-48.

[20] 张雄. 青藏高原雅鲁藏布江缝合带造山型金矿成矿作用研究[D]. 北京:中国地质大学(北京),2017.
[21] 李渝生,黄超,蒋良文,等. 川藏铁路金沙江结合带地壳构造动力学效应[J]. 铁道工程学报,2016,33(11):1-5,11.
[22] 李渝生,易树健,蒋良文,等. 川藏铁路澜沧江断裂应力形变及工程效应研究[J]. 铁道工程学报,2016,33(5):6-10,17.
[23] 贺拿,陈宁生,谢万银,等. 雅鲁藏布江街需水电站坝址区九锥沟泥石流发育特征[J]. 中国地质灾害与防治学报,2015,26(3):57-64.
[24] 邓起东,程绍平,马冀,等. 青藏高原地震活动特征及当前地震活动形势[J]. 地球物理学报,2014,57(7):2025-2042.
[25] 蔡晓亮. 西藏米林地区断裂活动性及构造稳定性评价[D]. 成都:成都理工大学,2014.
[26] 吴中海,周春景,冯卉,等. 青海玉树地区活动断裂与地震[J]. 地质通报,2014,33(4):419-469.
[27] 彭小龙,王道永. 雅鲁藏布江断裂带活动构造特征与活动性分析[J]. 长江大学学报(自科版),2013,10(26):41-44.
[28] 罗娜. 川藏线缝合带特征与工程对策研究[D]. 成都:西南交通大学,2013.
[29] 陈立军. 青藏高原的地震构造与地震活动[J]. 地震研究,2013,36(1):123-131,142.
[30] 卢波,丁秀丽,邬爱清,等. 地应力测试数据甄别综合分析方法研究[J]. 岩石力学与工程学报,2012,31(8):1614-1626.
[31] 张万平. 雅鲁藏布江缝合带东段朗县蛇绿岩的地质特征、年代学及大地构造意义[D]. 北京:中国地质大学(北京),2012.
[32] 祝嵩. 雅鲁藏布江河谷地貌与地质环境演化[D]. 北京:中国地质科学院,2012.
[33] 曹广鹏. 雅鲁藏布江缝合带米林—曲水段现今应力—形变特征的数值模拟研究[D]. 成都:成都理工大学,2012.
[34] 袁广祥,吴琦,尚彦军,等. 雅鲁藏布江大拐弯北段区域工程地质及其对地质灾害发育的影响[J]. 地质灾害与环境保护,2010,21(3):34-41.
[35] 刘小汉,李广伟,刘小兵,等. 雅鲁藏布江缝合带区域性构造—沉积特征[J]. 地质科学,2009,44(4):1312-1326.
[36] 邵翠茹,尤惠川,曹忠权,等. 雅鲁藏布大峡谷地区构造和地震活动特征[J]. 震灾防御技术,2008,3(4):398-412.
[37] 朱菲菲. 雅鲁藏布江中游谢通门南北向活动断裂带特征及工程效应研究[D]. 成都:成都理工大学,2008.
[38] 苏学军,段国玺,彭兴阶,等. 西藏乃东—米林地区雅鲁藏布江结合带的地质特征及构造演化[J]. 地质通报,2006,25(6):700-707.
[39] 卢占武,高锐,李秋生,等. 中国青藏高原深部地球物理探测与地球动力学研究(1958—2004)[J]. 地球物理学报,2006,49(3):753-770.
[40] 吴新国,贾建称,崔邢涛. 雅鲁藏布江缝合带开合演化模式的探讨[J]. 现代地质,2005,19(4):488-494.
[41] 孙立新,万晓樵,贾建称,等. 雅鲁藏布江缝合带中部硅岩地球化学特征及构造环境制约[J]. 地质学报,2004,78(3):380-389.
[42] 中国地质调查局. 雅鲁藏布江结合带区域地质调查成果与进展[J]. 地质通报,2004,23,(1):40-44.

[43] 姚正煦,周伏洪,薛典军,等.雅鲁藏布江航磁异常带性质及其意义[J].物探与化探,2001,25(4):241-252.

[44] 滕吉文,熊绍柏,张中杰.青藏高原深部结构与构造地球物理研究的回顾和展望[J].地球物理学报,1997,40(S1):121-139.

[45] 滕吉文,王绍舟,姚振兴,等.青藏高原及其邻近地区的地球物理场特征与大陆板块构造[J].地球物理学报,1980,23(3):254-268.

[46] 焦荣昌.喜马拉雅—雅鲁藏布江中段地球物理场特征及其初步分析[C]//中国地质学会.青藏高原地质文集(1):构造地质·地质力学.北京:地质出版社,1979:362-378.